이 책의 특징

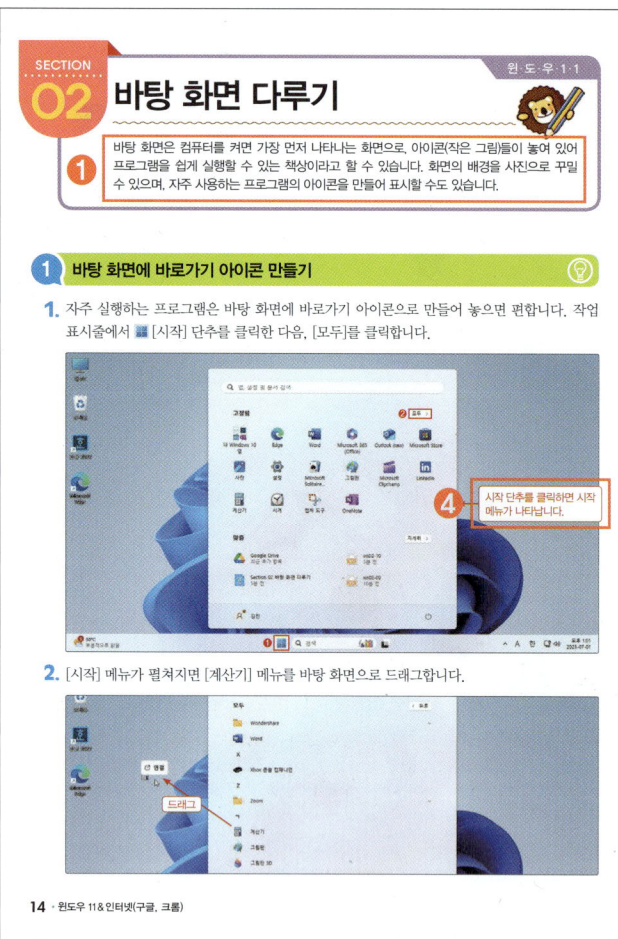
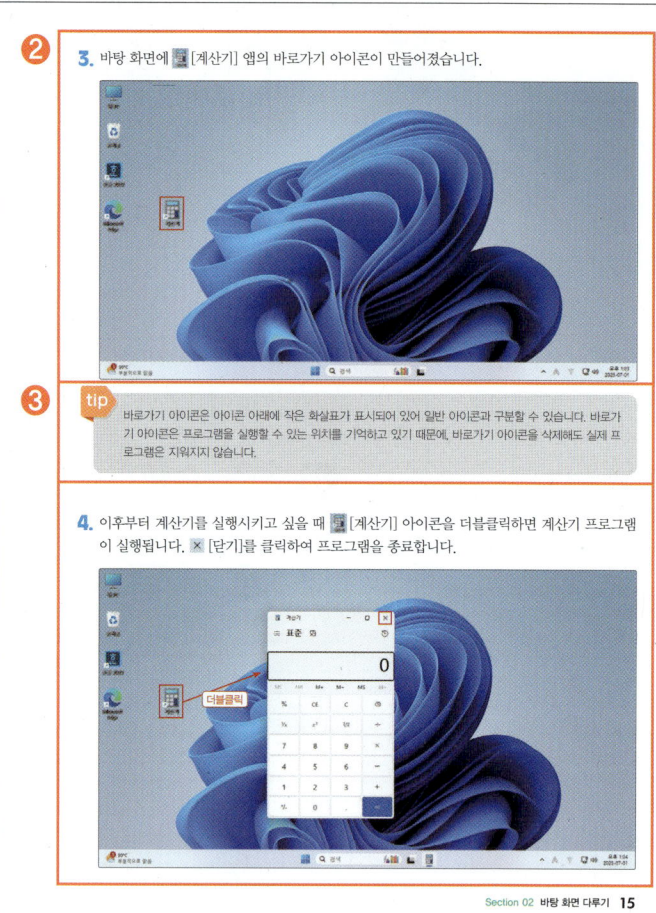

❶ 섹션 설명

해당 단원에서 배울 내용에 대한 전체적인 개념을 짚어줌으로써 단원에 대한 이해도를 증진시키도록 합니다.

❷ 따라하기

본문 내용을 하나씩 따라해 가면서 실습하다 보면 자연스럽게 관련 기능을 이해하여 활용할 수 있도록 하였습니다.

❸ Tip

실습을 따라하는 과정에서 알아두면 도움이 되는 내용 및 저자만이 가지고 있는 다양한 노하우를 제공합니다.

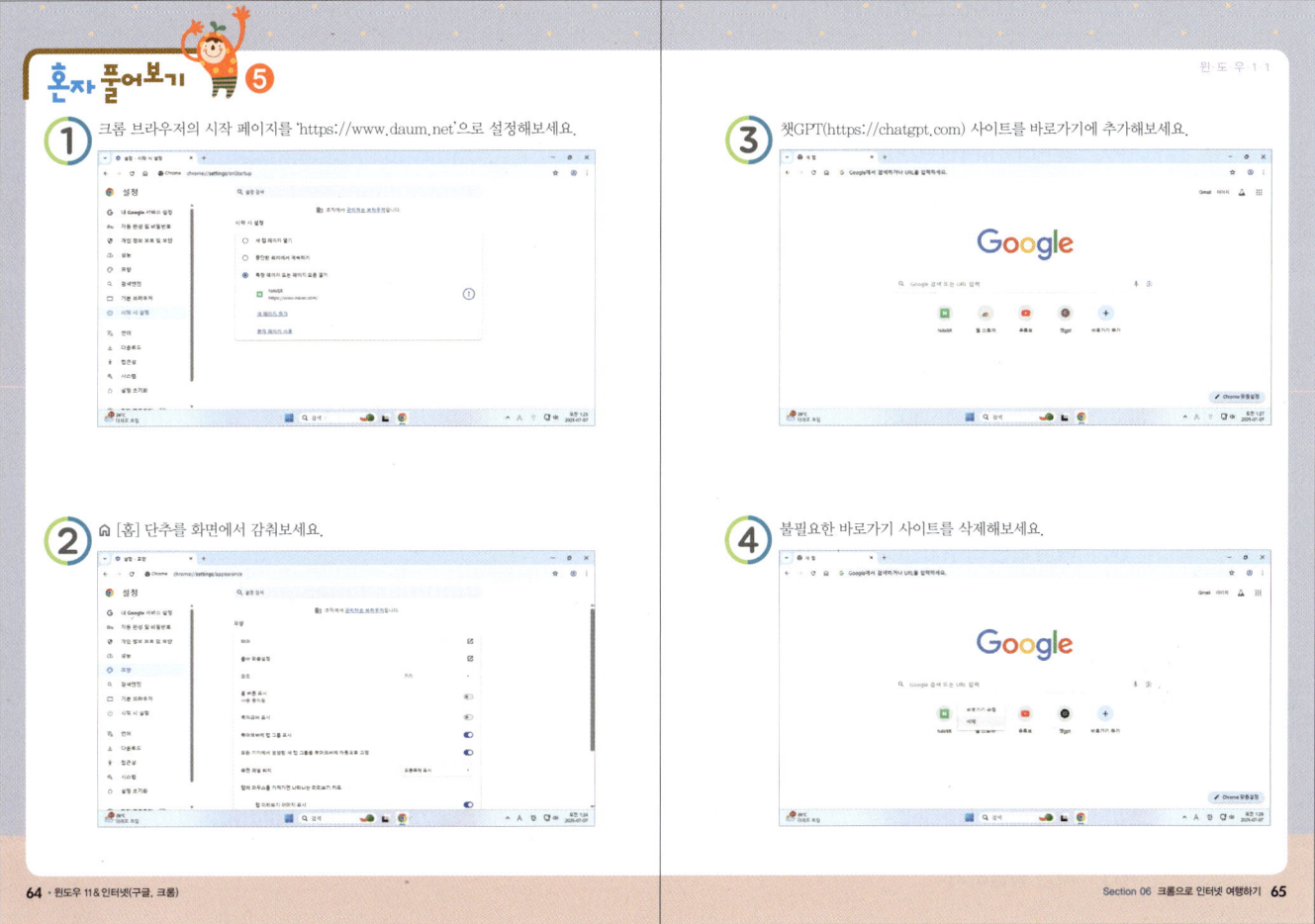

④ Key point

내용을 좀더 쉽게 이해할 수 있도록 핵심 설명을 달아놓았습니다.

⑤ 혼자 풀어보기

본문에서 배운 내용을 다양한 예제를 통하여 실습하면서 확실하게 익힐 수 있도록 실습 문제를 담았습니다.

차례

Section 01 윈도우 11과 친해지기 ... 6
- 01 | 윈도우 화면 알아보기
- 02 | 프로그램 실행하기
- 03 | 창 다루기(최대화, 이전 크기로 복원, 최소화)

Section 02 바탕 화면 다루기 ... 14
- 01 | 바탕 화면에 바로가기 아이콘 만들기
- 02 | 작업 표시줄에 아이콘 등록/삭제하기
- 03 | 해상도 배율 설정하기
- 04 | 배경 화면 바꾸기

Section 03 [내 PC] 창 익히기 ... 26
- 01 | [내 PC] 창 살펴보기
- 02 | 파일과 폴더 알아보기
- 03 | 파일 정렬하기

Section 04 폴더와 파일 관리하기 ... 36
- 01 | 폴더 만들기와 이름 바꾸기
- 02 | 파일 만들어 폴더에 저장하기
- 03 | 파일 복사와 이동하기
- 04 | 폴더/파일 삭제와 복원하기
- 05 | 휴대폰 컴퓨터와 연결하기

Section 05 컴퓨터 점검하기 ... 52
- 01 | 내 컴퓨터 사양 알아보기
- 02 | 디스크 최적화 예약하기
- 03 | 디스크 오류 검사하기

Section 06 크롬으로 인터넷 여행하기 58

01 | 크롬 브라우저 창 알아보기
02 | 크롬 브라우저 환경 설정하기
03 | 바로가기 추가하기

Section 07 구글로 정보 찾기 66

01 | 정보 검색하기
02 | 원하는 이미지 검색하여 다운로드 받기
03 | 텍스트가 아닌 이미지로 검색하기

Section 08 크롬 관리하기 76

01 | 북마크 등록하기
02 | 북마크 관리하기
03 | 북마크바 활용하기
04 | 인터넷 사용 기록 삭제하기

Section 09 구글 드라이브 다루기 90

01 | 구글 계정 휴대폰과 연결하기
02 | 파일 업로드하기
03 | 폴더 만들어 업로드하기

Section 10 구글 앱 활용하기 102

01 | 잃어버린 내 휴대폰 찾기
02 | 구글 캘린더로 일정 관리하기
03 | 구글 번역 이용하기

SECTION 01 윈도우 11과 친해지기

윈·도·우·1·1

컴퓨터 본체와 모니터를 켜고 잠시 기다리면 모니터에 처음 뜨는 화면을 바탕 화면이라고 합니다. 윈도우 11에서 프로그램을 실행하는 방법과 창 조절하는 방법에 대해 알아보겠습니다.

1 윈도우 화면 알아보기

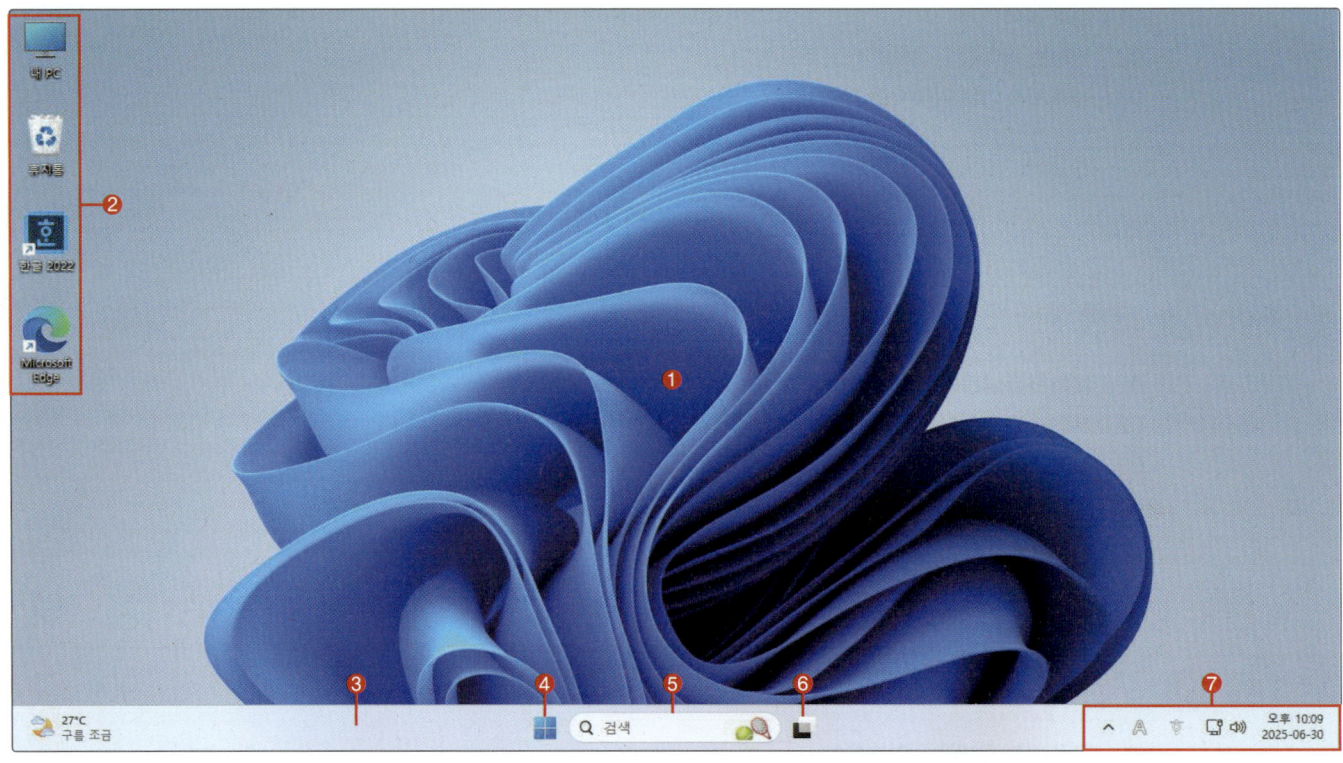

❶ **바탕 화면** : 컴퓨터를 켜면 가장 먼저 보이는 화면입니다.

❷ **아이콘** : 아이콘을 마우스로 더블클릭하면 프로그램이 실행되거나 문서 파일이 열립니다.

❸ **작업 표시줄** : 바탕 화면 가장 아래쪽에 위치한 긴 막대입니다. 시작 단추, 검색, 테스크톱, 자주 사용하는 아이콘, 시간과 날짜가 표시되어 있고, 프로그램을 실행하면 실행된 프로그램 아이콘이 표시됩니다.

❹ **시작 단추** : [시작] 메뉴가 화면에 표시되어 프로그램을 실행할 수 있고, 컴퓨터를 종료할 수 있습니다.

❺ **검색** : 컴퓨터에 저장되어 있는 문서나 프로그램 등을 빠르게 찾을 수 있습니다.

❻ **테스크톱** : 새로운 바탕 화면을 만들어 여러 개의 모니터를 사용하는 것처럼 할 수 있습니다.

❼ **알림(트레이) 영역** : 컴퓨터의 정보에 관련 있는 아이콘과 날짜와 시간이 표시됩니다.

2 프로그램 실행하기

● 바탕 화면에서 프로그램 실행하기

1. 바탕 화면에서 [내 PC] 아이콘을 더블클릭합니다.

2. [내 PC] 프로그램 창이 나타납니다. [내 PC] 창을 닫고 싶으면 창 오른쪽 끝에 × [닫기] 단추를 클릭합니다.

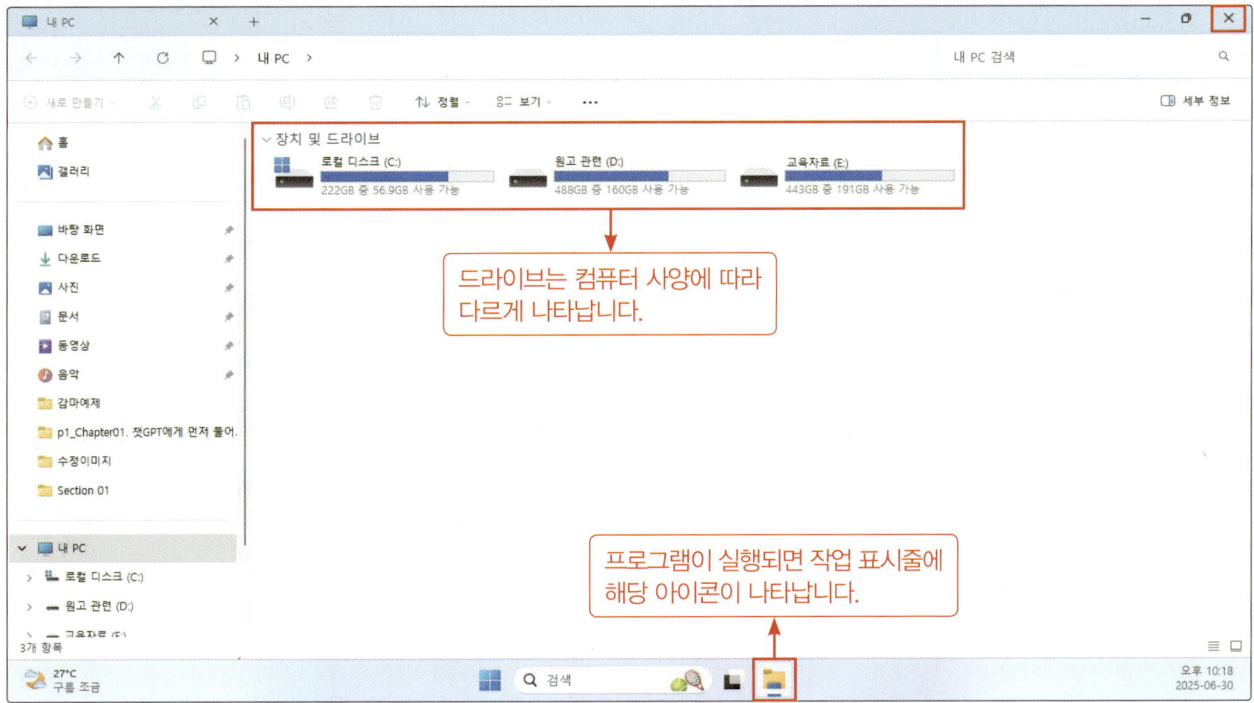

드라이브는 컴퓨터 사양에 따라 다르게 나타납니다.

프로그램이 실행되면 작업 표시줄에 해당 아이콘이 나타납니다.

Section 01 윈도우 11과 친해지기 **7**

◆ 시작 메뉴에서 실행하기

1. 작업 표시줄에서 ■ [시작] 단추를 클릭한 다음, [모두]를 클릭합니다.

시작 화면에 고정시킨 아이콘이 표시되어 있으며, 클릭하면 바로 실행됩니다.

> **tip** 키보드에서 ■ 키를 누르면 시작 메뉴가 나타납니다.

2. [시작] 메뉴가 펼쳐지면 스크롤바를 아래로 드래그하여 [메모장]을 클릭합니다.

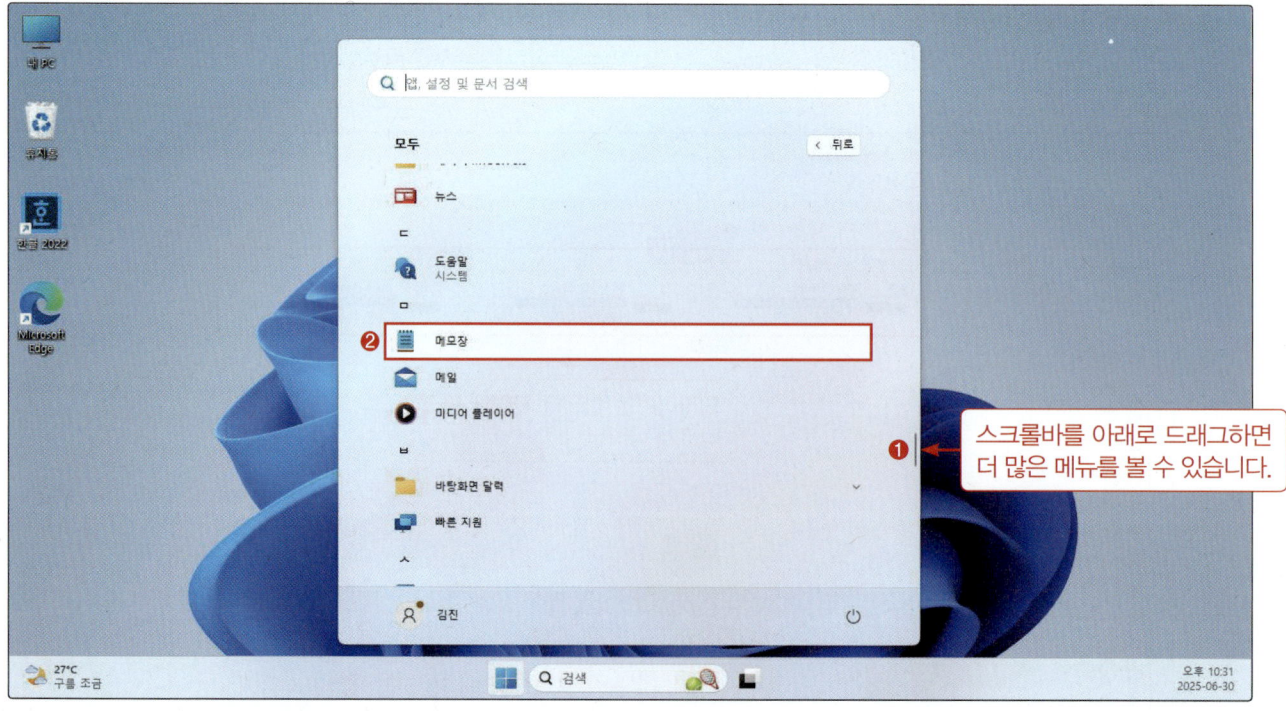

스크롤바를 아래로 드래그하면 더 많은 메뉴를 볼 수 있습니다.

> **tip** 시작 메뉴는 알파벳(A→Z), 한글(ㄱ→ㅎ) 순서로 나타납니다.

3. 메모장이 실행됩니다.

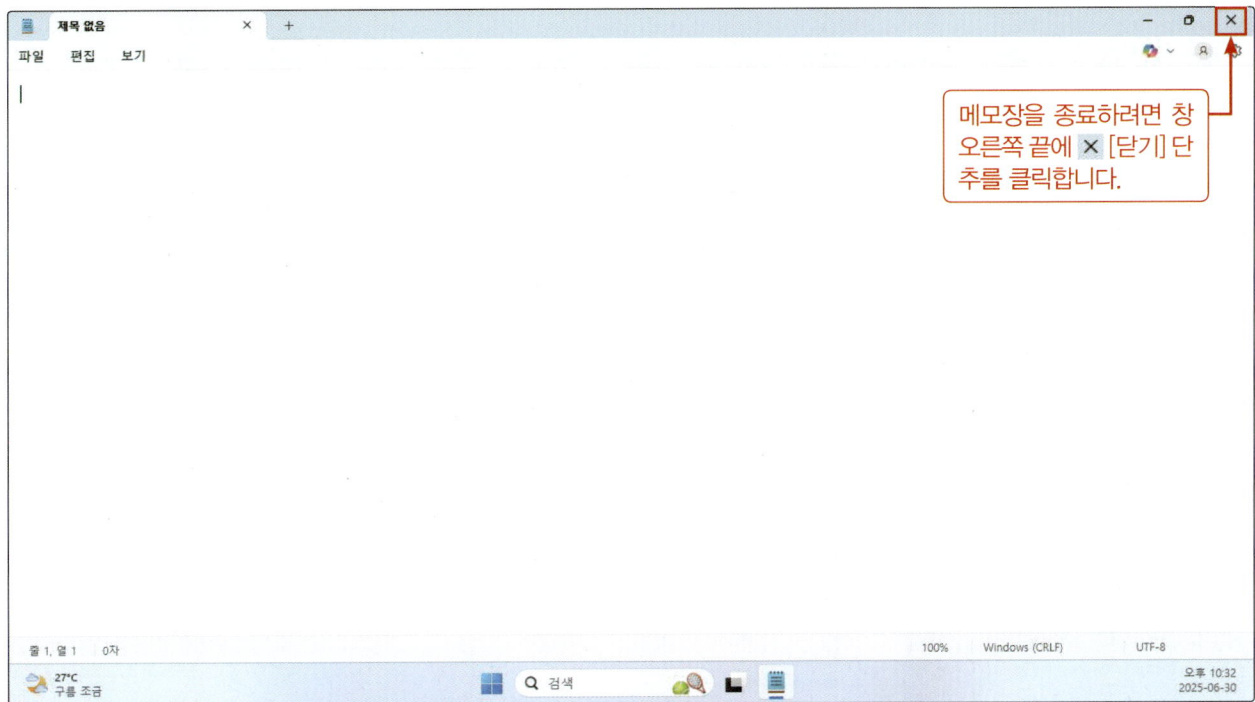

메모장을 종료하려면 창 오른쪽 끝에 × [닫기] 단추를 클릭합니다.

> **tip** × [닫기] 단추에 마우스 포인터를 올려 놓으면 닫기 단추 색이 빨간색으로 바뀝니다.

> **tip** **Windows 검색으로 프로그램 실행하기**
> 실행할 프로그램 이름을 정확히 알고 있으면 작업 표시줄에서 검색란에 실행할 프로그램 이름을 입력한 다음 Enter 를 누르면 프로그램을 빠르게 실행할 수 있습니다.

Section 01 윈도우 11과 친해지기 **9**

3 창 다루기(최대화, 이전 크기로 복원, 최소화)

1. [내 PC]를 더블클릭하면 [내 PC] 창이 실행됩니다. 창의 크기를 화면에 꽉 차게 하고 싶으면 제목 표시줄에서 □ [최대화] 단추를 클릭합니다.

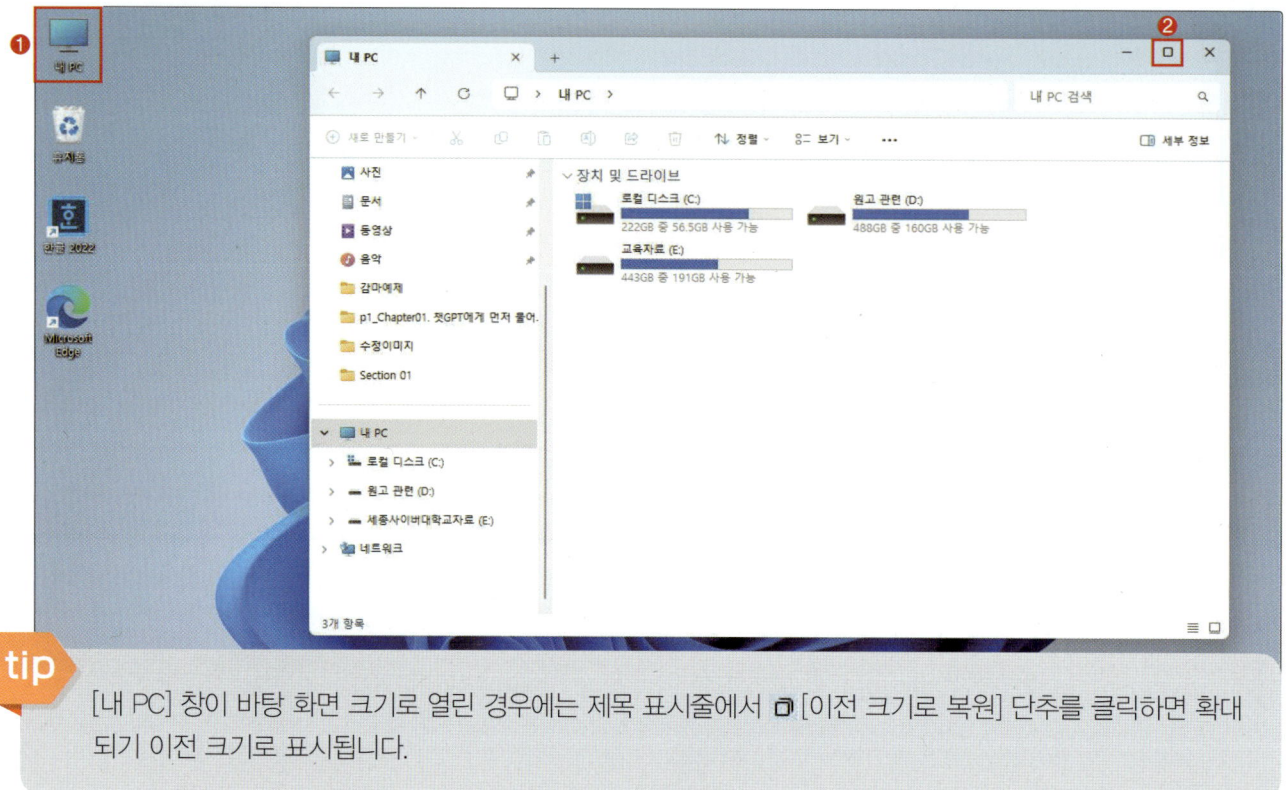

tip [내 PC] 창이 바탕 화면 크기로 열린 경우에는 제목 표시줄에서 □ [이전 크기로 복원] 단추를 클릭하면 확대되기 이전 크기로 표시됩니다.

2. [내 PC] 창이 바탕 화면 크기만큼 커지고 □ [최대화] 단추가 □ [이전 크기로 복원] 단추로 바뀌었습니다. 다시 □ [이전 크기로 복원] 단추를 클릭합니다.

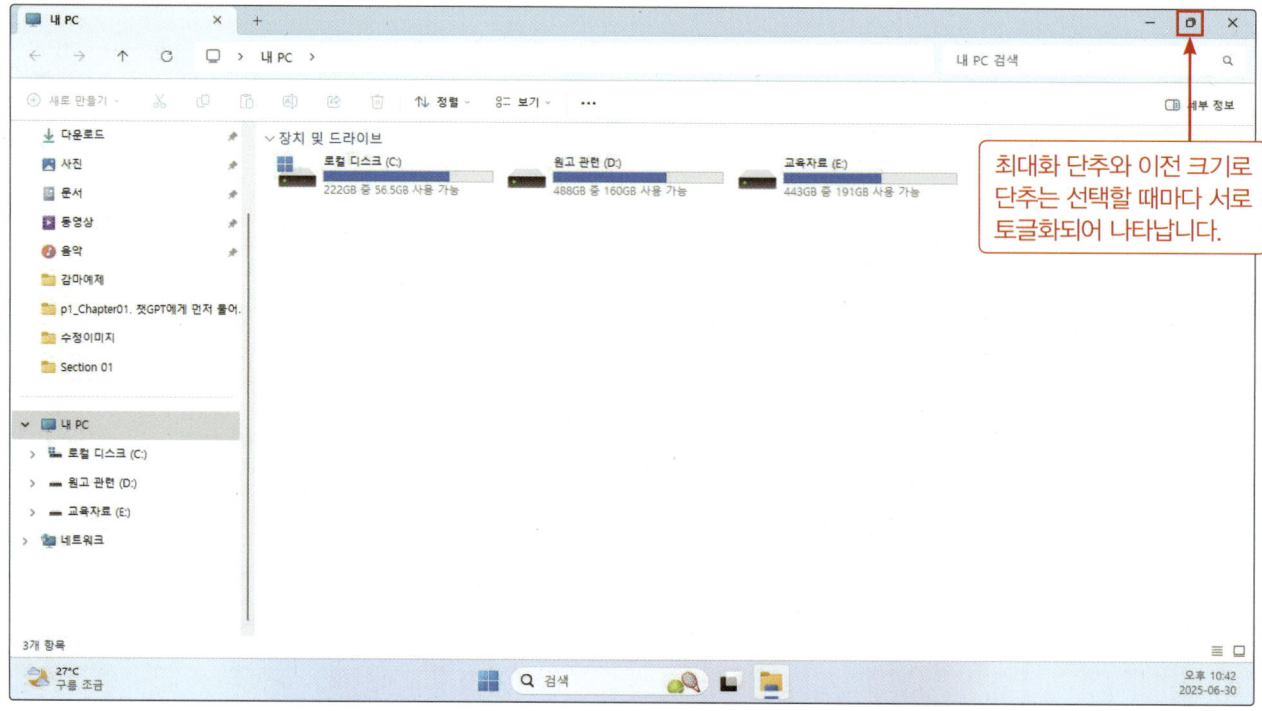

최대화 단추와 이전 크기로 단추는 선택할 때마다 서로 토글화되어 나타납니다.

3. 파일 탐색기 창이 이전 크기로 되돌아 왔습니다. 이번에는 창을 작업 표시줄로 숨기기 위해 [내 PC] 창의 제목 표시줄에서 — [최소화] 단추를 클릭합니다.

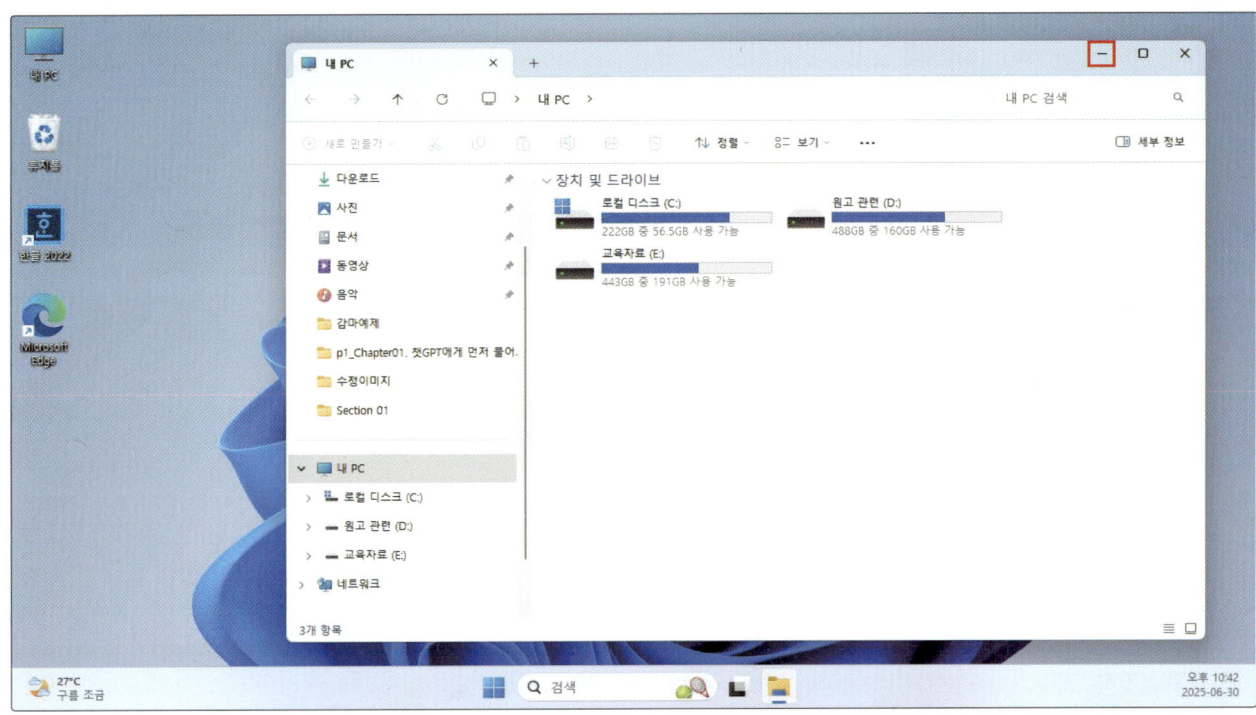

4. [내 PC] 창이 최소화되어 작업 표시줄에 숨겨졌습니다. 작업 표시줄에 숨겨진 창은 내 PC 아이콘 아래 파란색 선이 표시됩니다. 작업 표시줄에서 [내 PC] 아이콘을 클릭합니다.

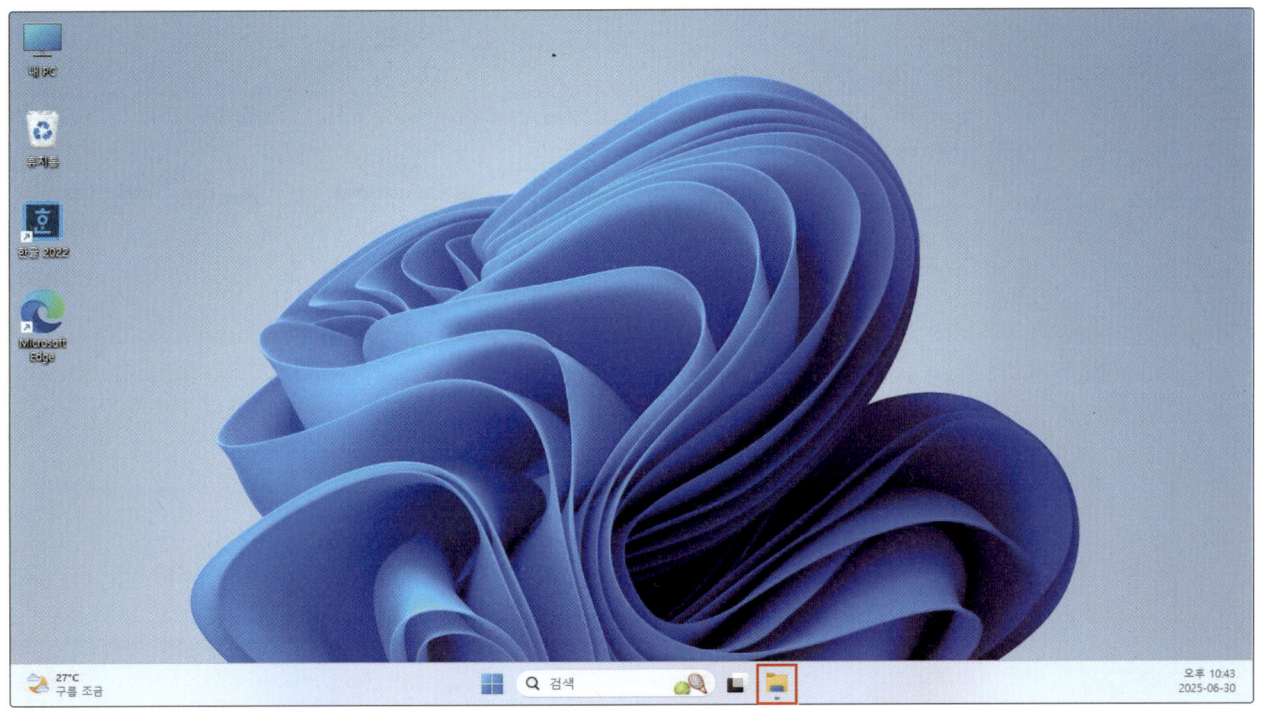

5. 바탕 화면에 다시 [내 PC] 창이 표시됩니다. 창 크기를 조절해보기로 합니다. [내 PC] 창 모서리에 마우스 포인터를 올려놓으면, 마우스 포인터 모양이 ⬉ 로 바뀝니다.

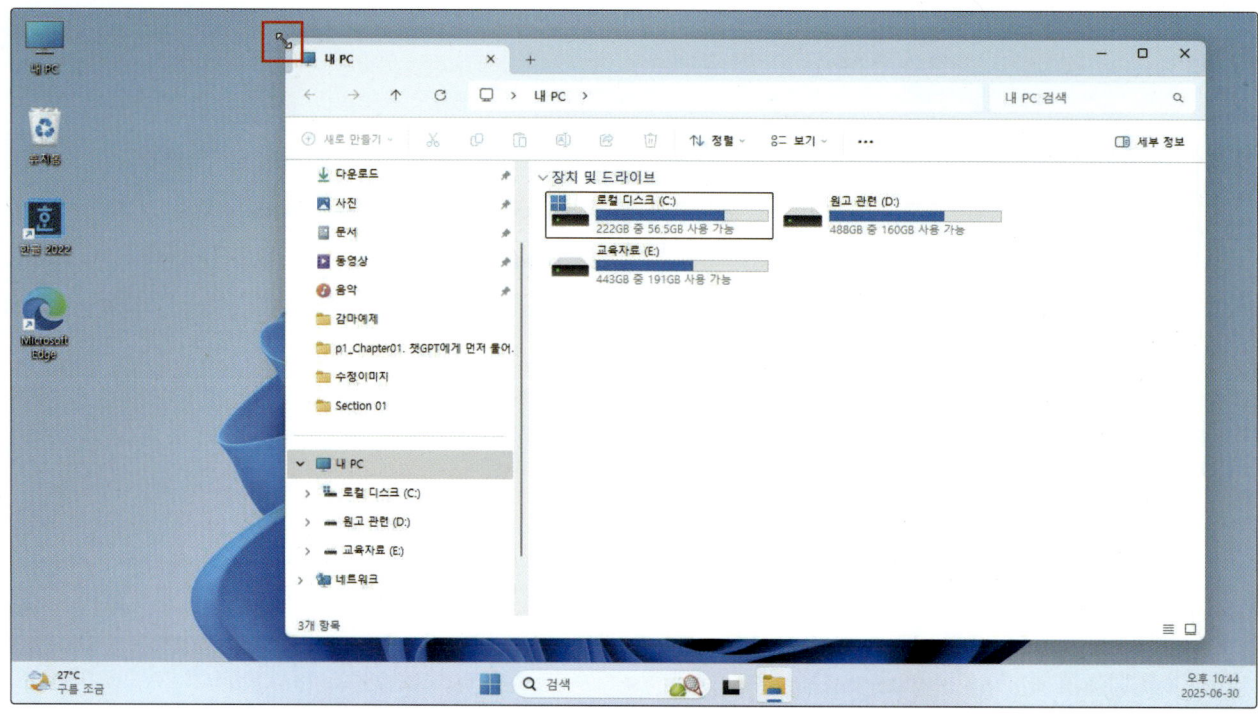

6. 마우스 포인터 모양이 ⬉ 로 바뀌면 크기를 조절할 수 있다는 뜻입니다. 마우스 왼쪽 단추를 클릭한 채 원하는 크기만큼 드래그하면 창 크기가 변경됩니다.

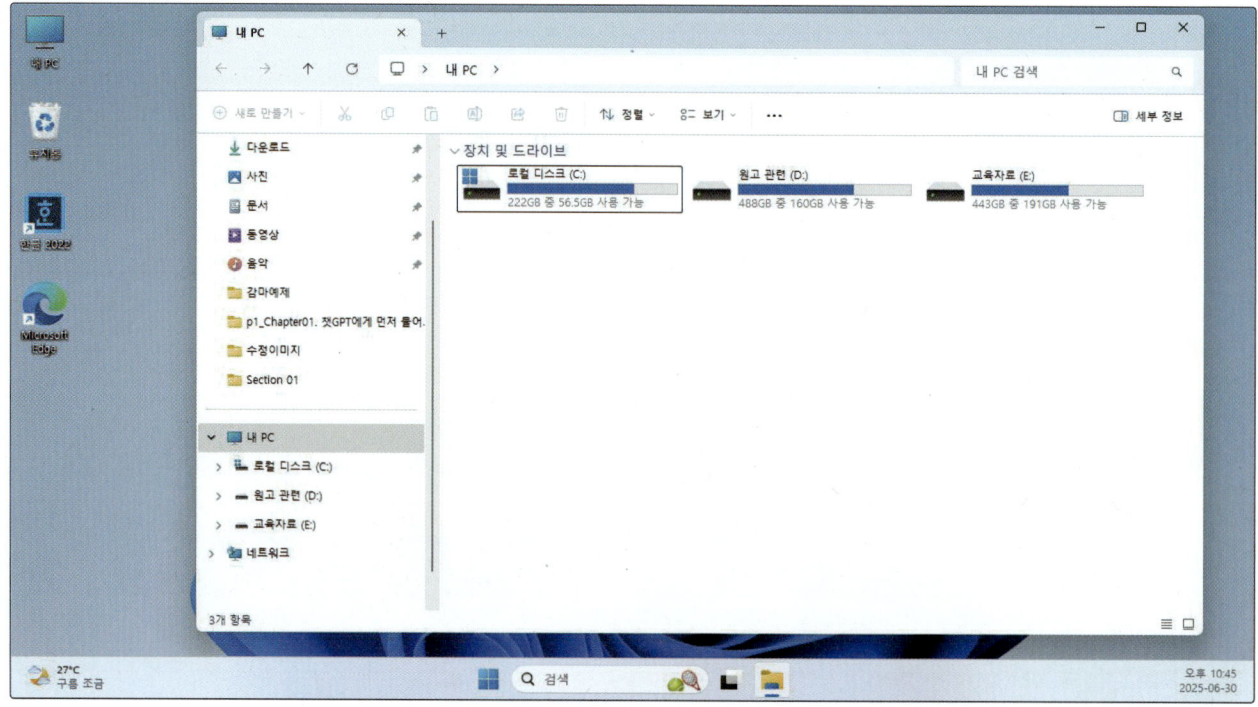

7. 창을 다른 위치로 이동시키고 싶으면 [내 PC] 창의 제목 표시줄에 마우스 포인터를 올려놓고, 마우스 왼쪽 단추를 클릭한 상태로 원하는 위치로 드래그합니다.

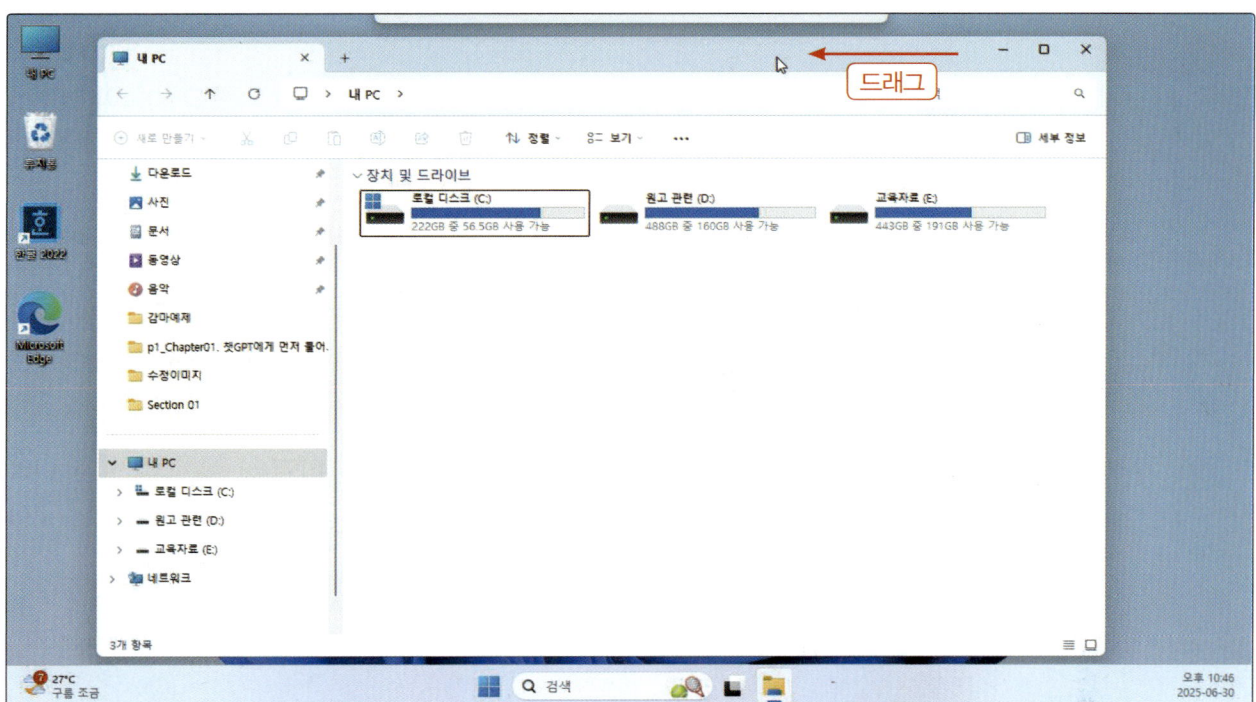

SECTION 02 바탕 화면 다루기

원·도·우·1·1

바탕 화면은 컴퓨터를 켜면 가장 먼저 나타나는 화면으로, 아이콘(작은 그림)들이 놓여 있어 프로그램을 쉽게 실행할 수 있는 책상이라고 할 수 있습니다. 화면의 배경을 사진으로 꾸밀 수 있으며, 자주 사용하는 프로그램의 아이콘을 만들어 표시할 수도 있습니다.

1 바탕 화면에 바로가기 아이콘 만들기

1. 자주 실행하는 프로그램은 바탕 화면에 바로가기 아이콘으로 만들어 놓으면 편합니다. 작업 표시줄에서 [시작] 단추를 클릭한 다음, [모두]를 클릭합니다.

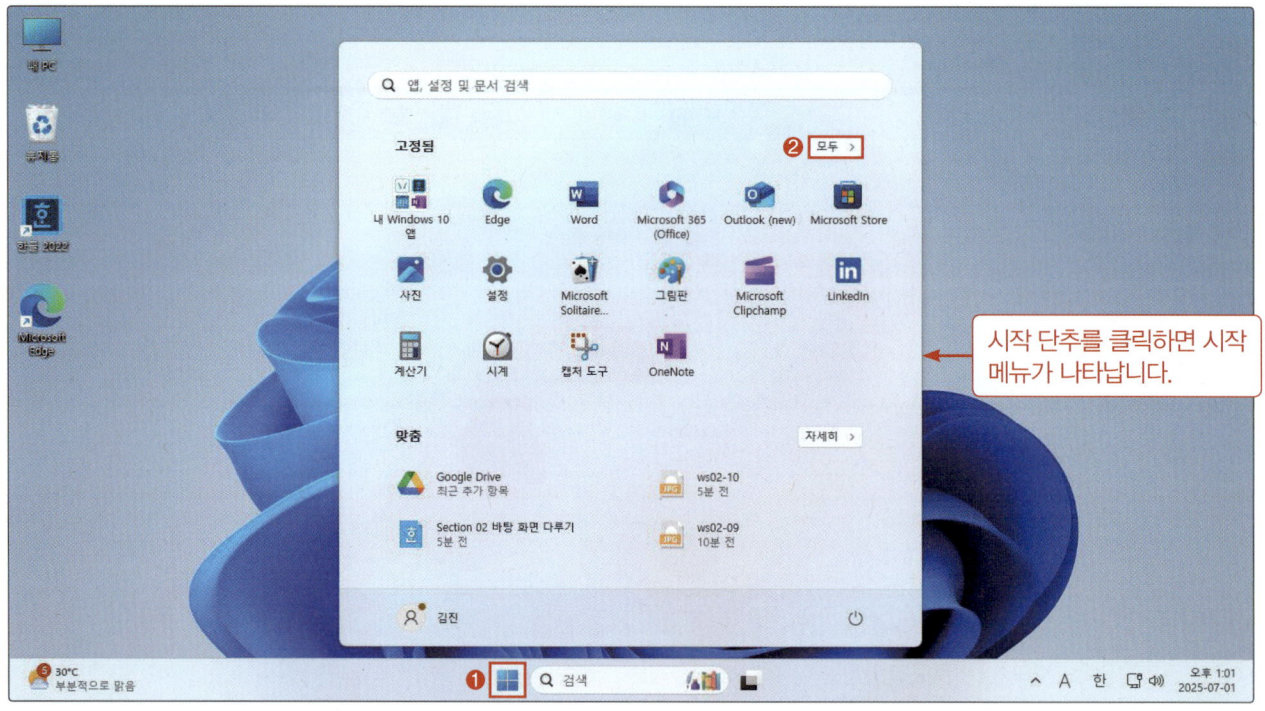

시작 단추를 클릭하면 시작 메뉴가 나타납니다.

2. [시작] 메뉴가 펼쳐지면 [계산기] 메뉴를 바탕 화면으로 드래그합니다.

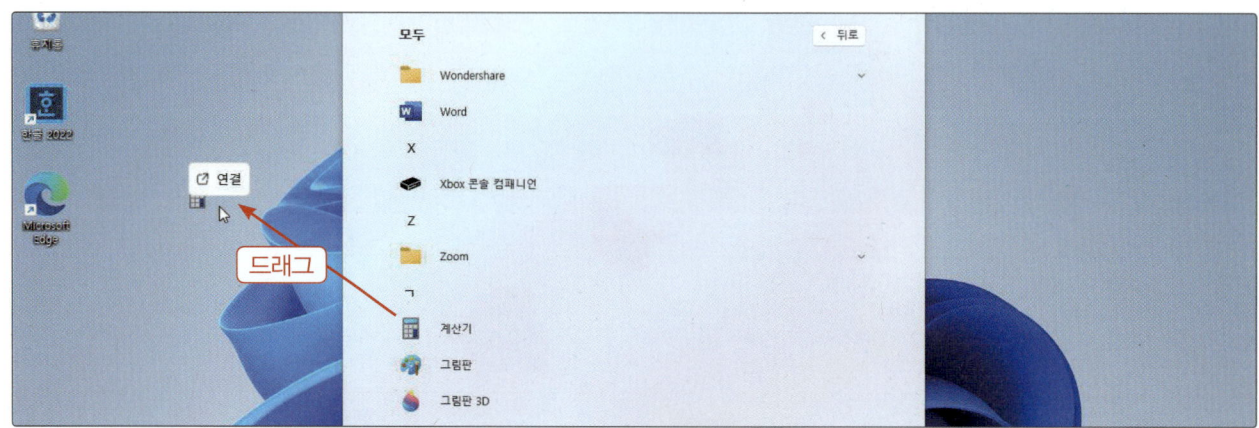

3. 바탕 화면에 [계산기] 앱의 바로가기 아이콘이 만들어졌습니다.

tip 바로가기 아이콘은 아이콘 아래에 작은 화살표가 표시되어 있어 일반 아이콘과 구분할 수 있습니다. 바로가기 아이콘은 프로그램을 실행할 수 있는 위치를 기억하고 있기 때문에, 바로가기 아이콘을 삭제해도 실제 프로그램은 지워지지 않습니다.

4. 이후부터 계산기를 실행시키고 싶을 때 [계산기] 아이콘을 더블클릭하면 계산기 프로그램이 실행됩니다. × [닫기]를 클릭하여 프로그램을 종료합니다.

Section 02 바탕 화면 다루기 **15**

5. 이번에는 계산기 앱의 바로가기 아이콘을 삭제하기 위해 바탕 화면에 있는 [계산기] 바로가기 아이콘에서 마우스 오른쪽 단추를 클릭하여 [삭제]를 클릭합니다.

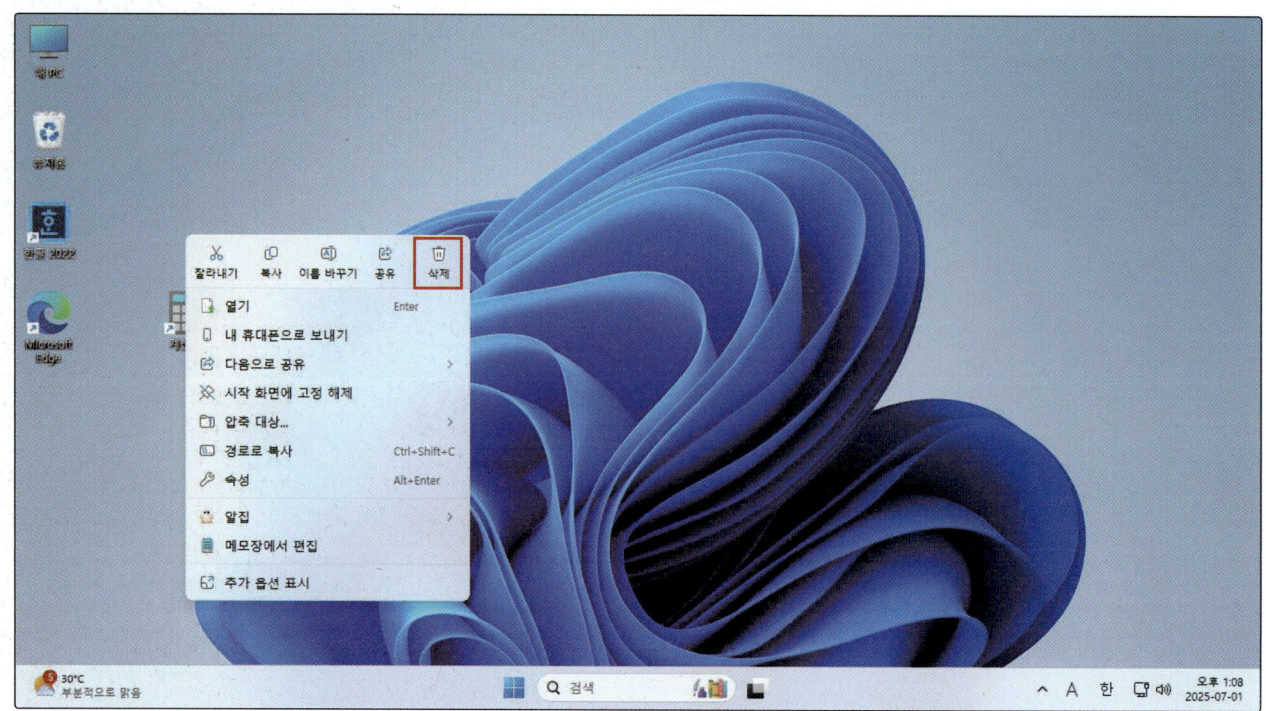

tip 아이콘을 클릭한 다음 Delete 를 눌러도 삭제할 수 있습니다.

6. 바탕 화면에서 계산기 앱의 바로가기 아이콘이 삭제되었습니다.

2 작업 표시줄에 아이콘 등록/삭제하기

1. 자주 사용하는 프로그램을 작업 표시줄에 아이콘 형태로 만들어 둘 수도 있습니다. [파일 탐색기]를 작업 표시줄에 등록해보기로 합니다. 작업 표시줄에서 ■[시작] 단추를 클릭한 다음 [모두]를 클릭합니다.

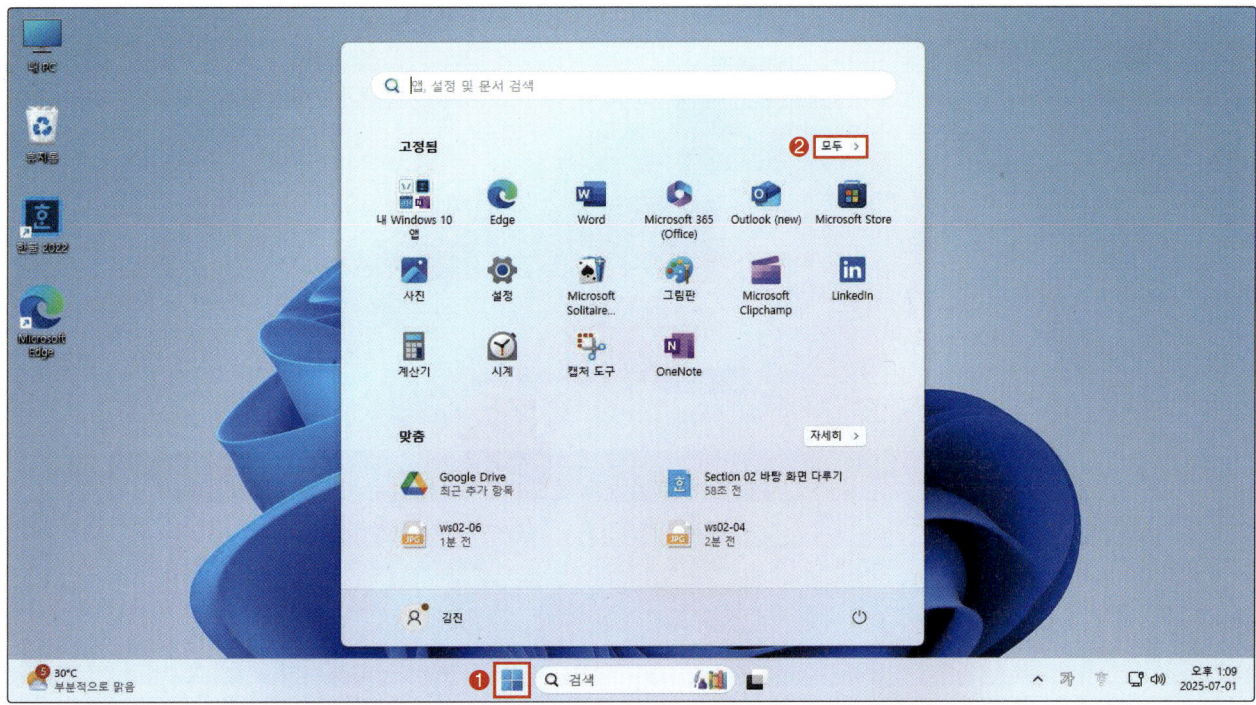

2. [파일 탐색기] 메뉴에서 마우스 오른쪽 단추를 클릭하여 [기타]-[작업 표시줄에 고정]을 클릭합니다.

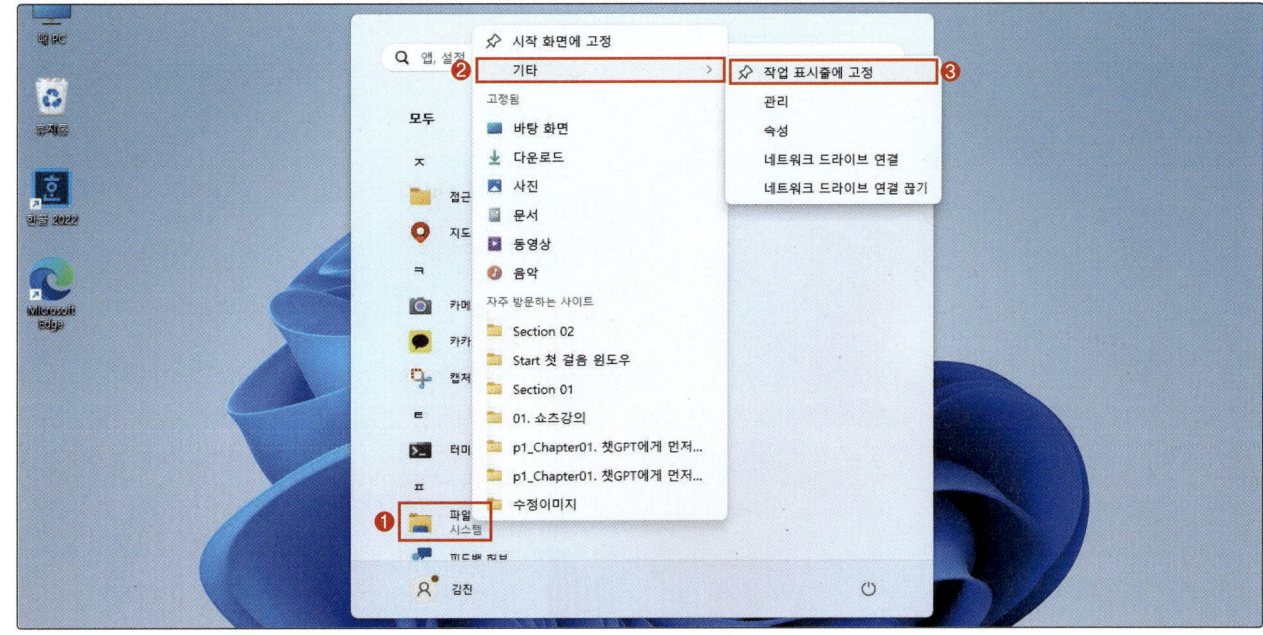

> **tip**
> [시작 화면에 고정]을 클릭하면 [파일 탐색기] 앱이 시작 메뉴에 고정됩니다.

3. 작업 표시줄에 파일 탐색기 바로가기 아이콘이 만들어졌습니다. 이후부터는 [파일 탐색기] 아이콘을 클릭하면 다음과 같이 창이 열립니다. ❌ [닫기] 단추를 클릭하여 창을 닫습니다.

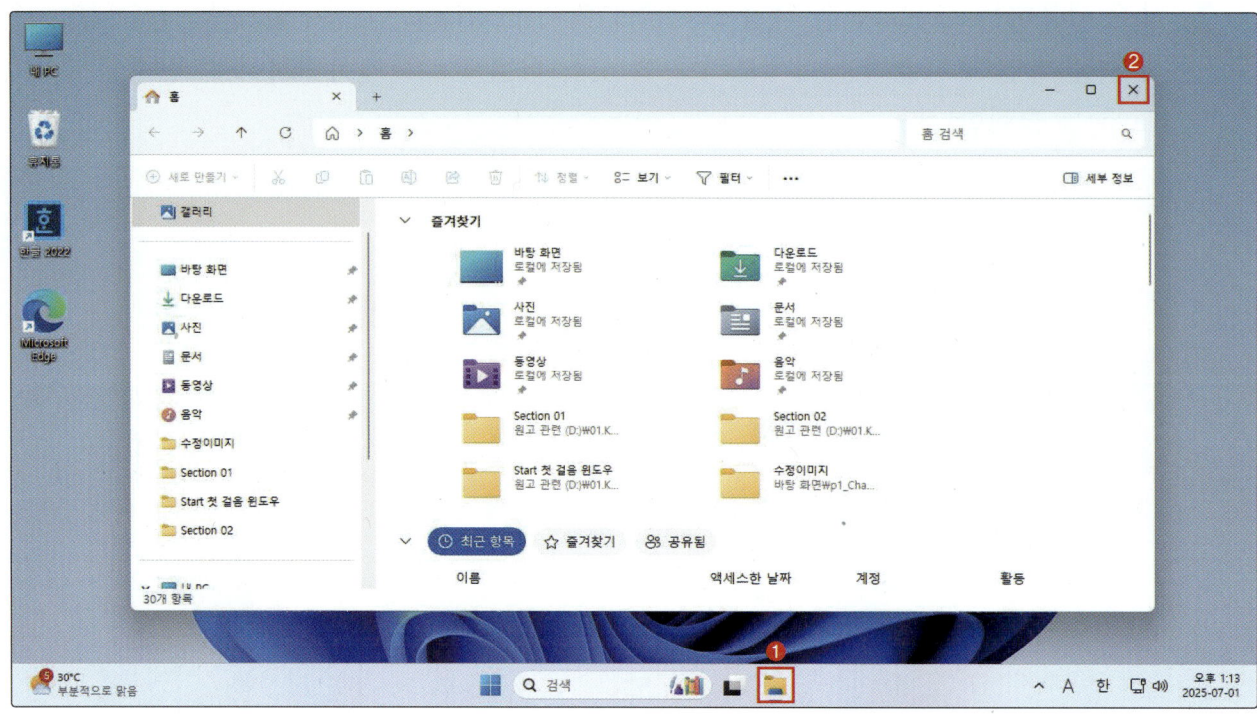

4. 작업 표시줄에 있는 [파일 탐색기] 바로가기 아이콘에서 마우스 오른쪽 단추를 클릭하여 [작업 표시줄에서 제거]를 클릭하면 고정된 아이콘을 삭제할 수 있습니다.

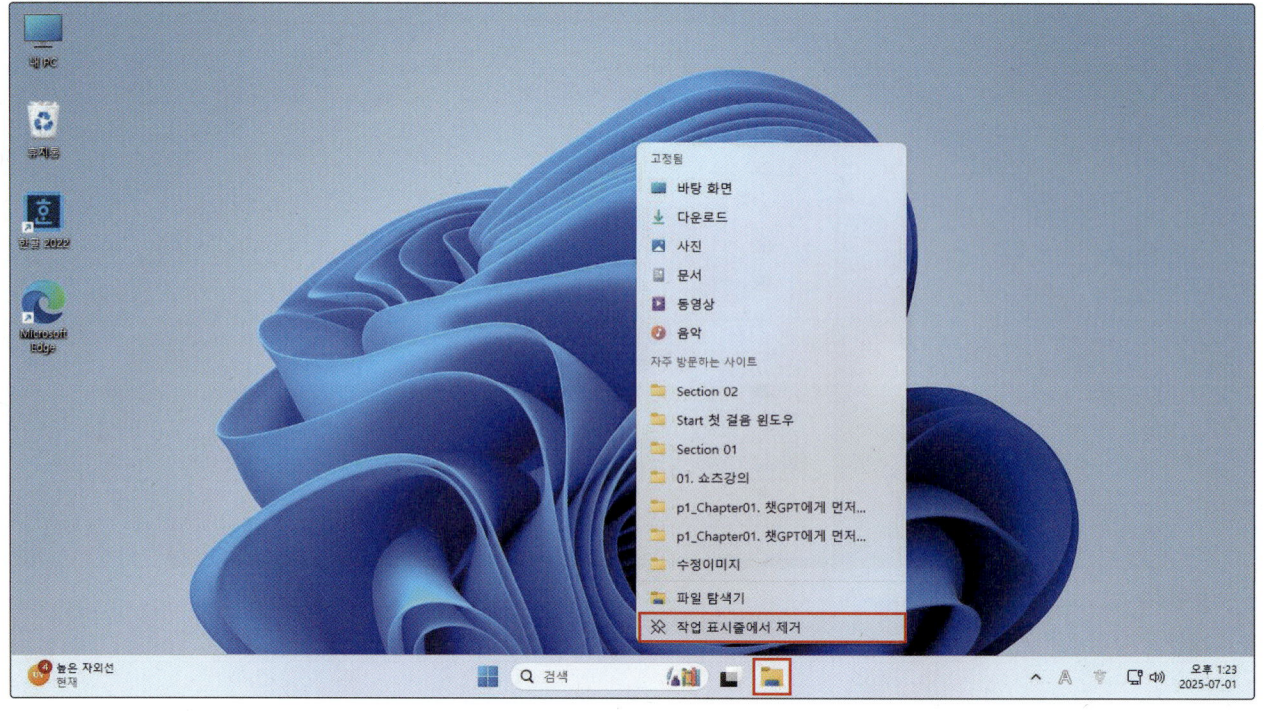

3 해상도 배율 설정하기

1. 바탕 화면에서 마우스 오른쪽 단추를 클릭하여 나타난 바로가기 메뉴에서 [디스플레이 설정]을 클릭합니다.

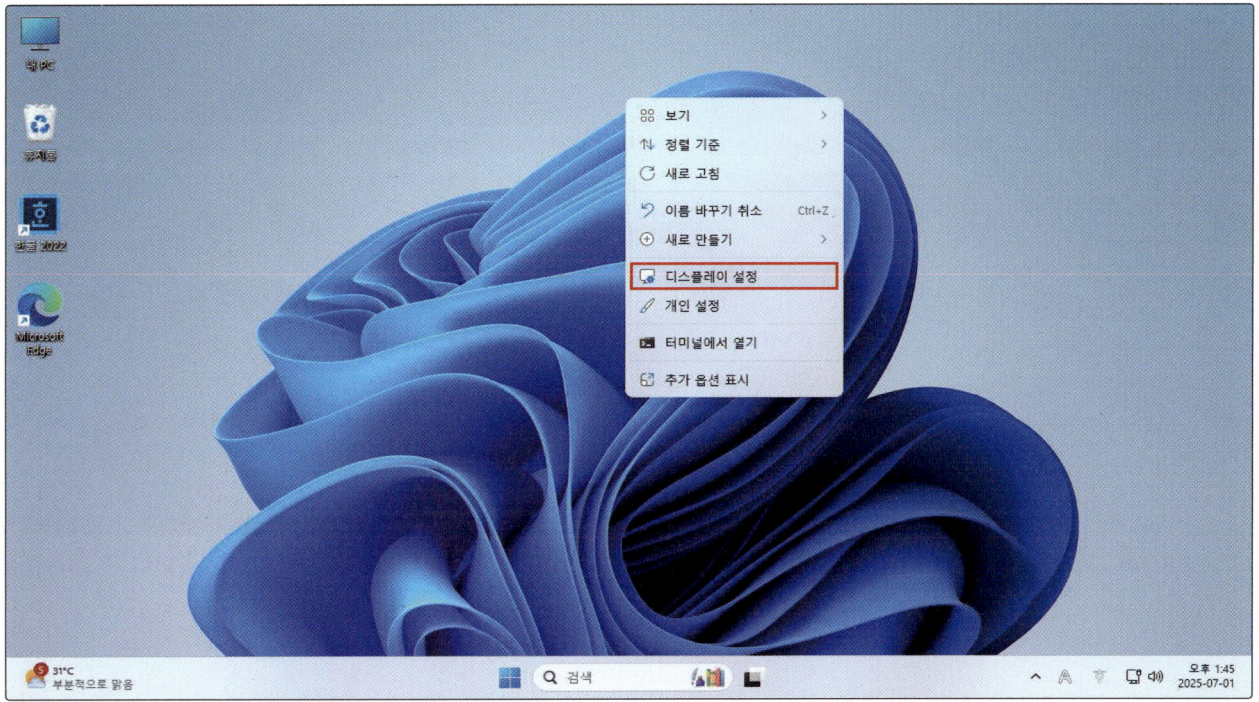

> **tip** 화면 배율을 조절하면 모니터에 보이는 글자나 아이콘의 크기를 조절할 수 있습니다.

2. [디스플레이] 설정 창에서 [배율 및 레이아웃]의 [배율]을 클릭하여 [125%]를 선택하고 창을 닫습니다.

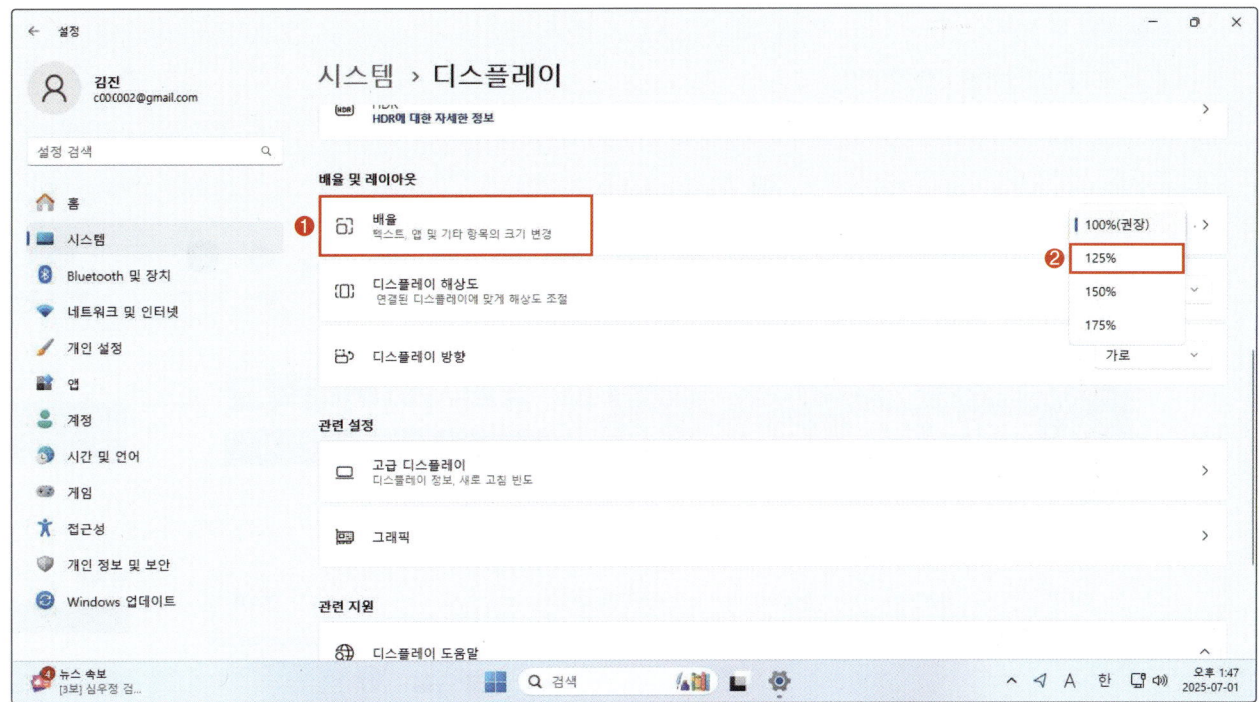

Section 02 바탕 화면 다루기 **19**

3. 바탕 화면의 아이콘 크기가 커진 것을 확인할 수 있습니다. 바탕 화면에서 [Micorsoft Edge]를 더블클릭하여 인터넷을 실행합니다.

4. 인터넷 화면과 글씨가 커진 것을 확인할 수 있습니다. ✕ [닫기] 단추를 클릭하여 창을 닫습니다.

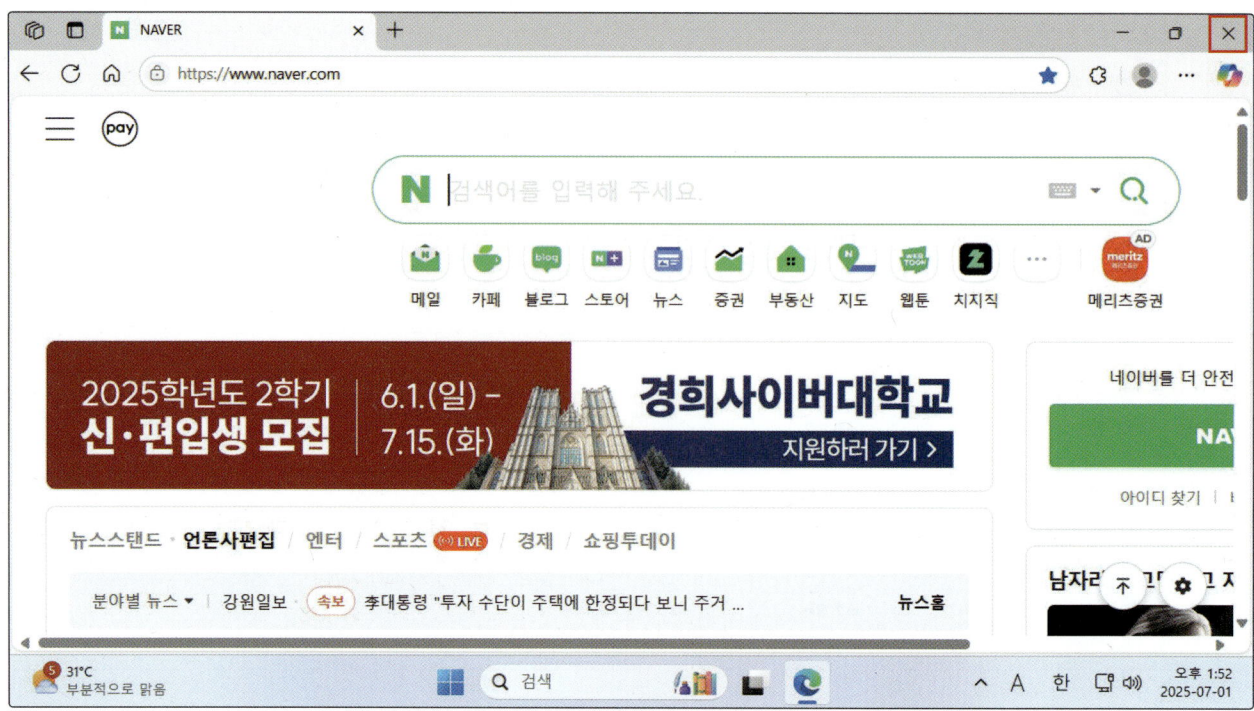

4 배경 화면 바꾸기

1. 바탕 화면에서 마우스 오른쪽 단추를 클릭하여 [개인 설정]을 클릭합니다.

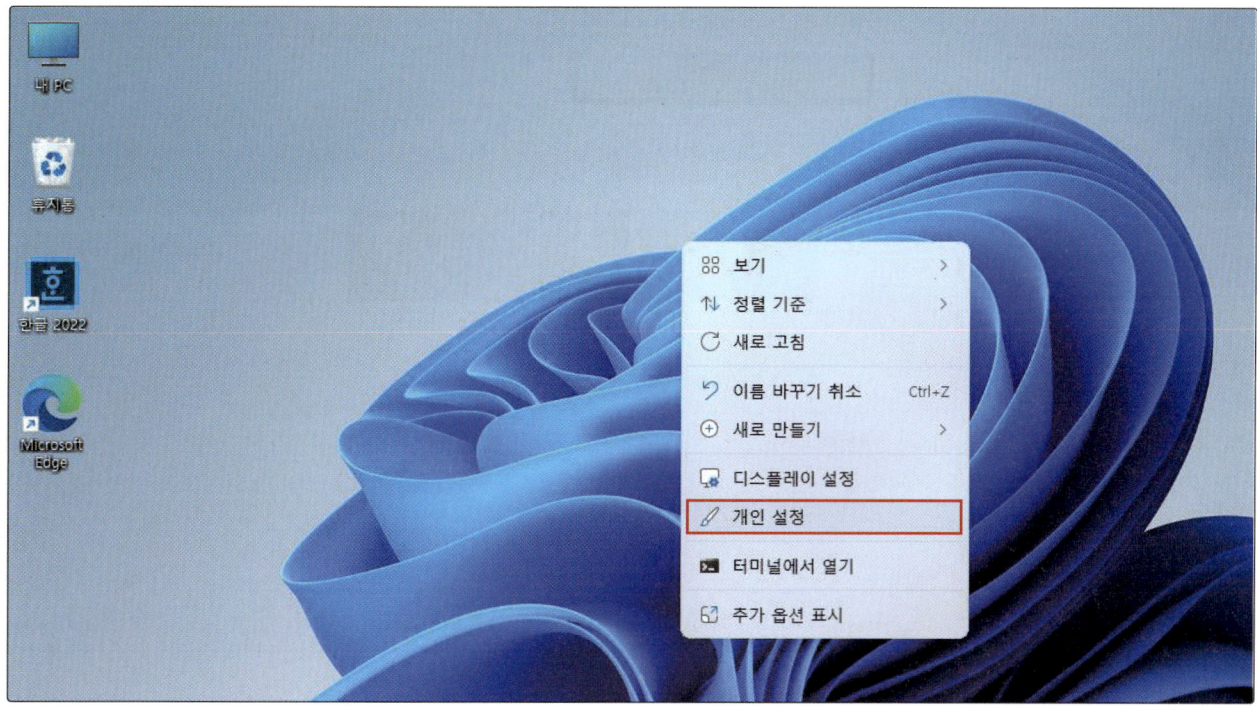

2. [개인 설정] 창이 나타나면 [배경]을 클릭합니다.

3. [배경 개인 설정]의 [사진] 목록 단추를 클릭하여 [Windows 추천]을 선택한 후 ✕ [닫기] 단추를 클릭합니다.

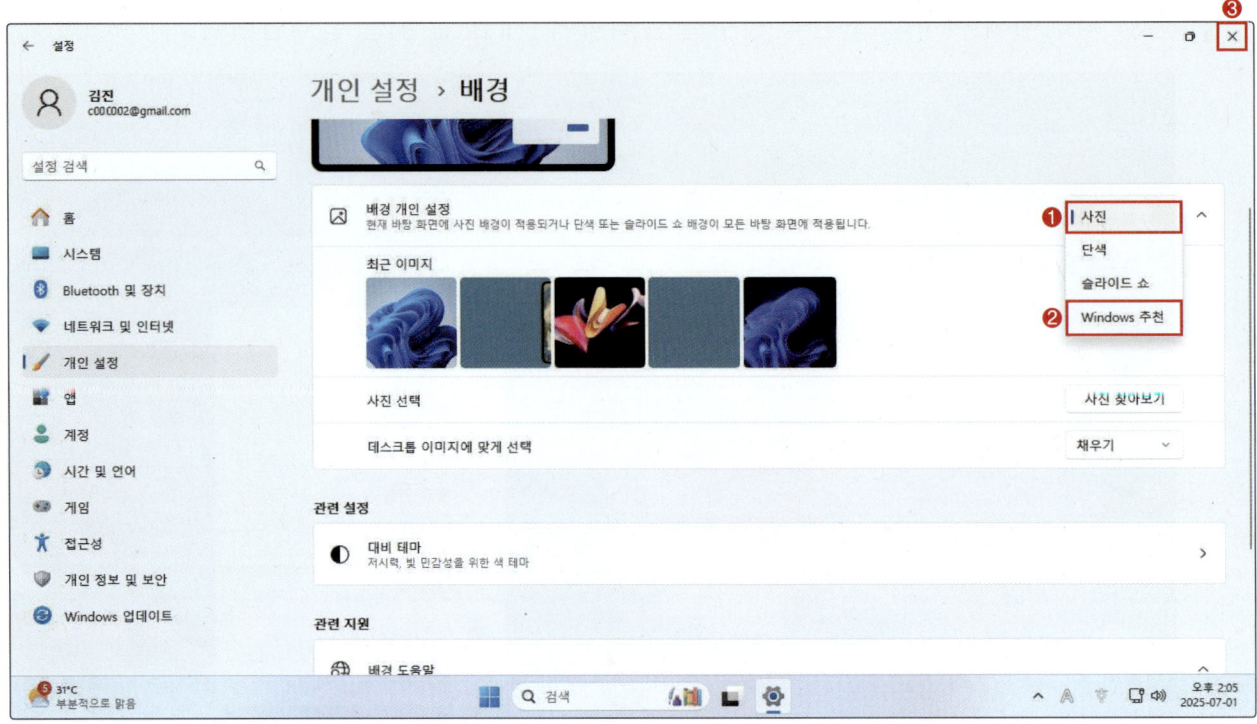

4. 바탕 화면의 배경 사진이 Windows 추천 사진으로 변경된 것을 알 수 있습니다.

5. 이번에는 컴퓨터에 저장되어 있는 사진으로 꾸미기 위해 바탕 화면에서 마우스 오른쪽 단추를 클릭하여 [개인 설정]을 클릭합니다.

6. [개인 설정] 창에서 [배경]을 클릭합니다.

7. [배경 개인 설정]의 [Windows 추천] 목록 단추를 클릭하여 [사진]을 클릭합니다.

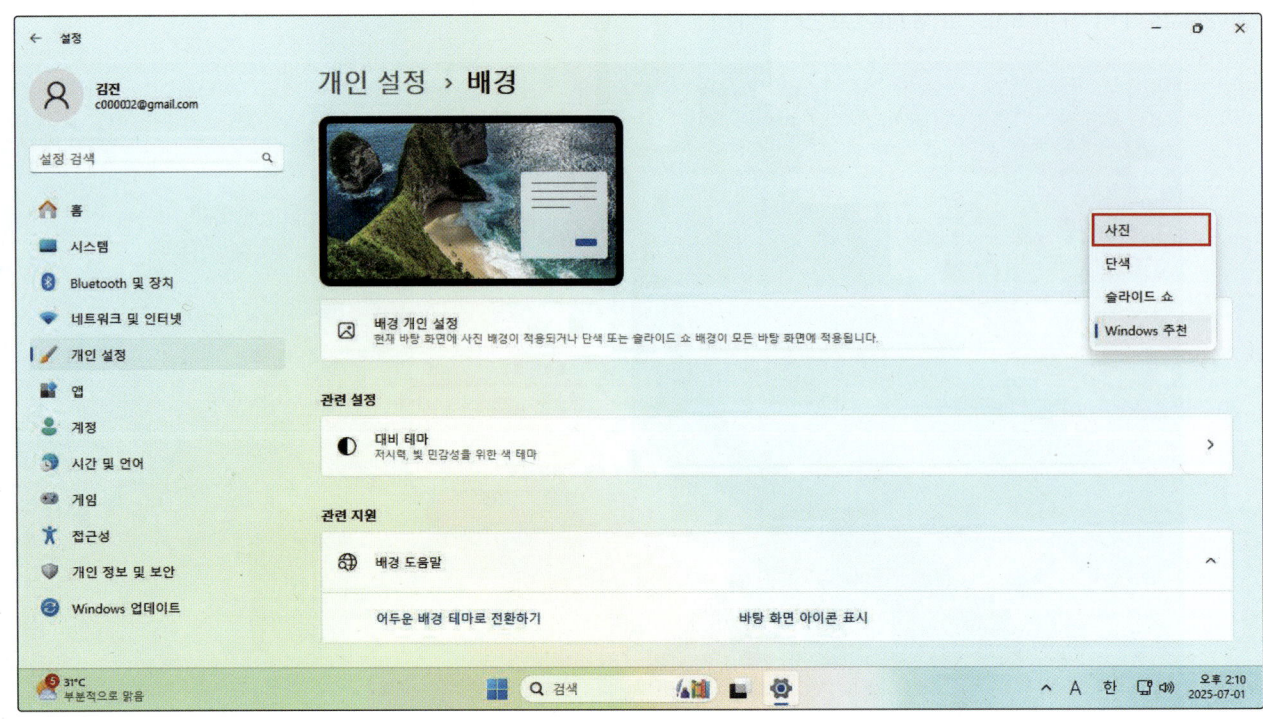

8. [사진 선택]에서 [사진 찾아보기]를 클릭합니다.

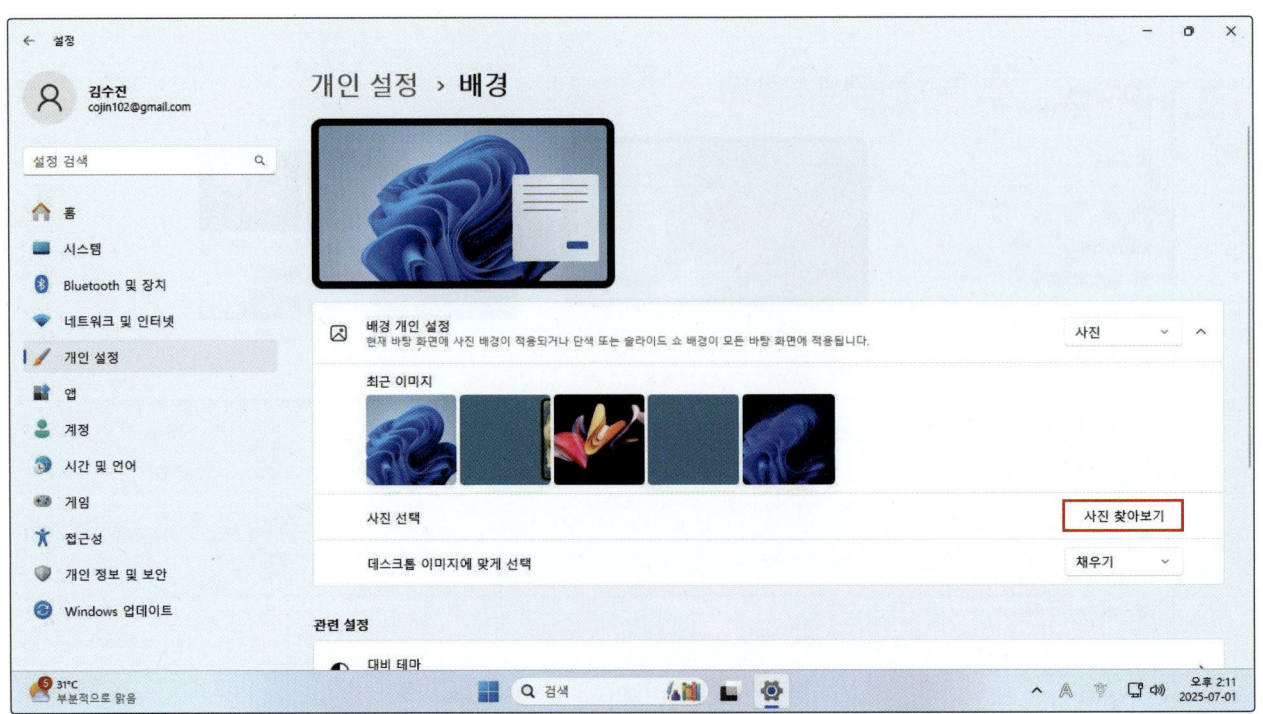

9. [열기] 대화상자가 나타나면 사진이 있는 폴더를 찾아가서 배경 화면에 적용할 사진을 선택한 후, [사진 선택]을 클릭합니다. [설정] 창으로 돌아가서 ✕ [닫기] 단추를 클릭합니다.

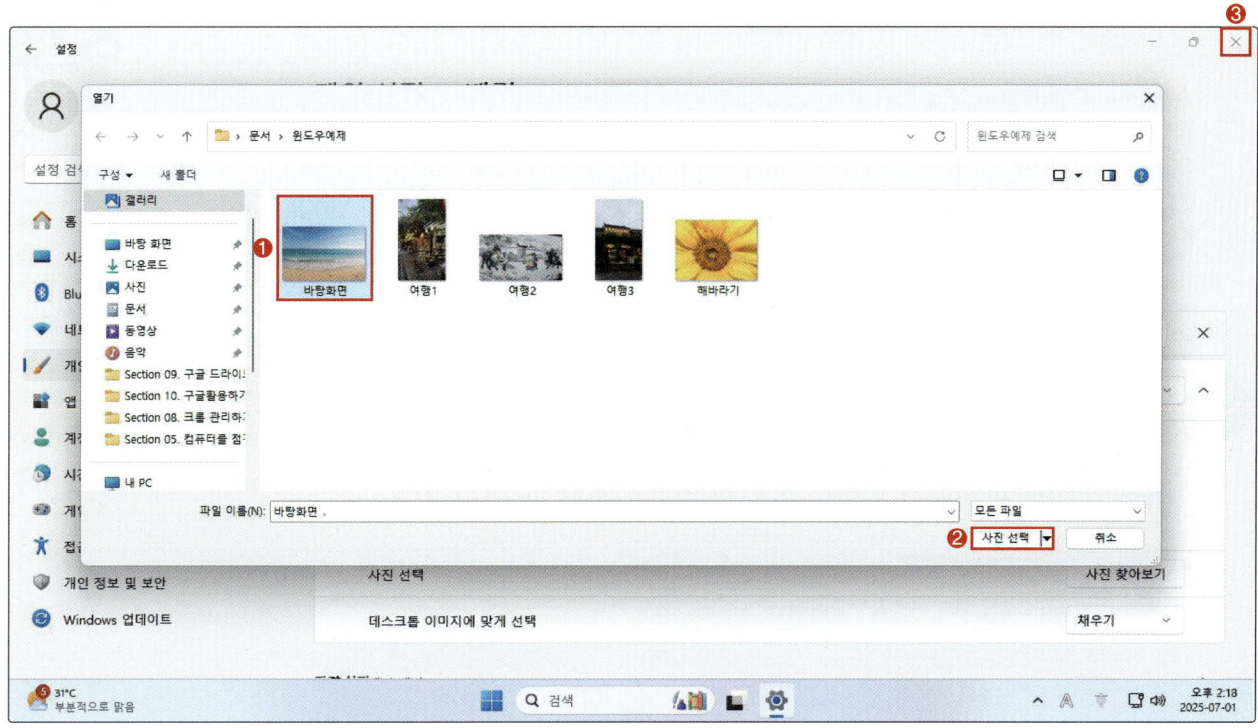

10. 다음과 같이 배경 화면이 선택한 사진으로 변경된 것을 확인할 수 있습니다.

Section 02 바탕 화면 다루기

SECTION 03 [내 PC] 창 익히기

윈·도·우·1·1

[내 PC] 창으로 컴퓨터에 연결되어 있는 디스크 드라이브와 폴더, 파일 등을 확인할 수 있습니다. 파일을 관리할 수 있도록 새로운 폴더를 만들 수 있으며, 저장되어 있는 파일을 다른 곳으로 복사하거나 이동하는 작업을 쉽게 할 수 있는 파일 관리 앱입니다.

1 [내 PC] 창 살펴보기

1. 바탕 화면에서 [내 PC] 아이콘을 더블클릭하여 실행합니다.

2. [내 PC] 창은 두 개로 나뉘어져 있습니다. 왼쪽 창에는 컴퓨터에 연결되어 있는 디스크 드라이브와 폴더가 표시되고, 오른쪽 창에는 디스크 드라이브나, 폴더 안에 있는 내용이 표시됩니다.

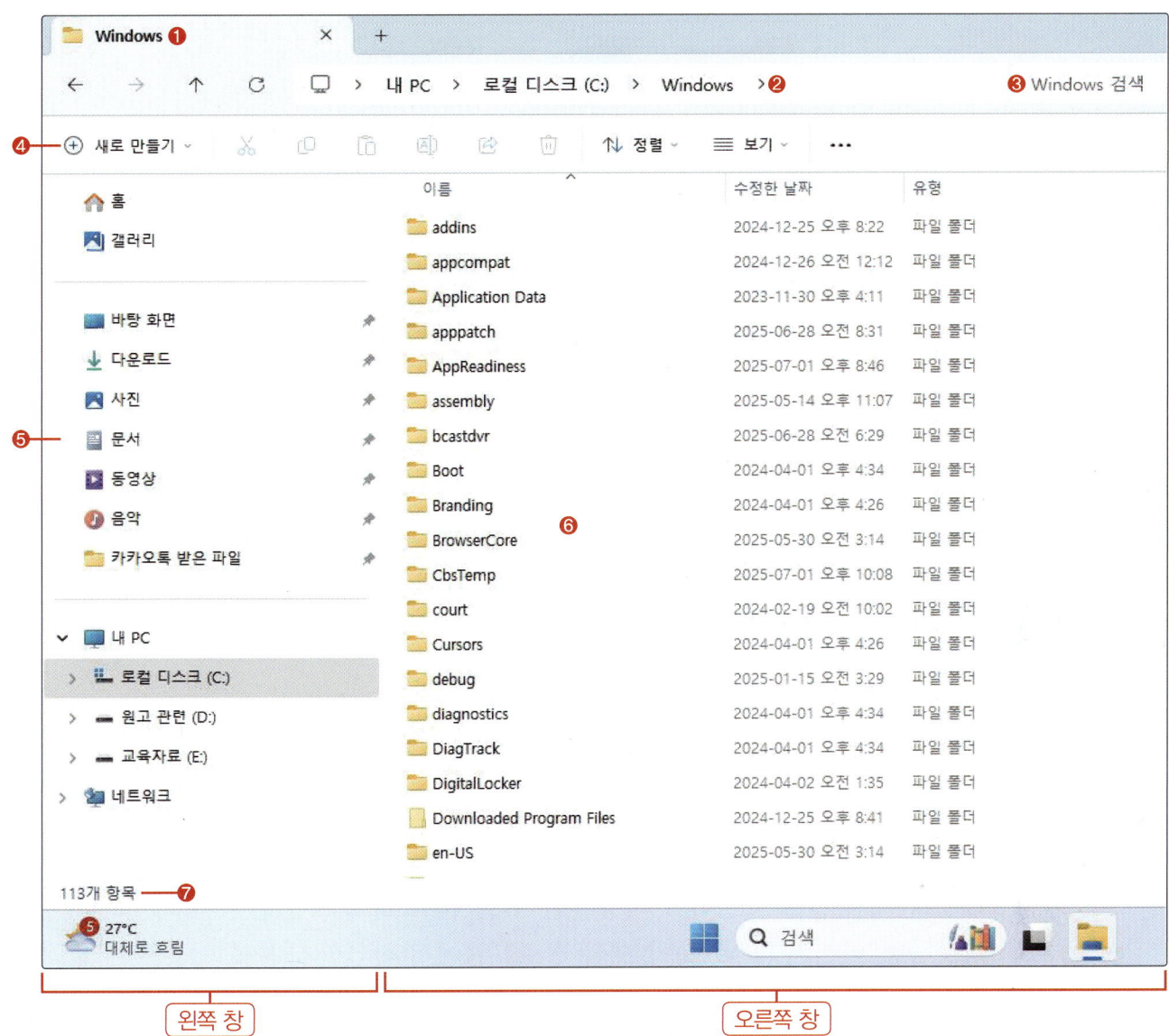

❶ **제목 표시줄** : 현재 파일 목록 창에 표시된 폴더의 이름이 표시되고, 창 조절(최소화, 최대화, 이전 크기로 복원, 닫기) 단추를 이용하여 창 크기를 조절할 수 있습니다.

❷ **주소 표시줄** : 선택한 폴더의 위치를 알려줍니다.

❸ **검색 창** : 현재 폴더에 있는 파일이나 폴더를 찾을 수 있습니다.

❹ **도구 모음** : 새 폴더 만들기, 이름 바꾸기와 같이 작업을 빠르게 할 수 있는 자주 사용하는 아이콘이 표시되어 있습니다.

❺ **탐색 창** : 파일이 들어 있는 폴더나 드라이브를 클릭하기만 하면 바로 열 수 있고, 쉽고 빠르게 원하는 위치로 이동할 수 있습니다.

❻ **파일 목록 창** : 탐색 창에서 폴더를 선택하면 선택한 폴더의 내용이 아이콘으로 표시됩니다.

❼ **상태 표시줄** : 선택한 항목의 개수, 총 용량 등의 정보가 표시됩니다.

2 파일과 폴더 알아보기

◉ 폴더

'폴더'는 파일을 보관하는 장소로, 파일을 효율적으로 관리하기 위해 사용됩니다. 컴퓨터에는 수많은 파일이 저장되어 있기 때문에, 어디에 저장했는지 모르면 원하는 파일을 찾는 데 시간이 오래 걸릴 수 있습니다. 이런 경우 같은 종류의 파일을 폴더에 모아 정리해 두면 필요한 파일을 훨씬 더 쉽게 찾을 수 있습니다.

◉ 파일

'파일'은 다양한 프로그램에서 작업한 결과를 저장할 때 만들어지는 데이터 단위입니다. 예를 들어, 한글 프로그램에서 글을 작성하고 저장하면 '한글 문서 파일'이 만들어지고, 그림판에서 그림을 그려 저장하면 '이미지 파일', 음악 제작 프로그램에서 작업한 내용을 저장하면 '음악 파일'이 생성됩니다. 이처럼 작업한 내용을 저장하면 파일이라는 형태로 컴퓨터에 보관되며, 사용하는 프로그램에 따라 파일의 종류도 달라집니다.

[한글 문서]　　[엑셀 문서]　　[이미지 파일]　　[텍스트 문서]

1. [내 PC]를 실행하면 내 컴퓨터와 연결되어 있는 드라이브를 확인할 수 있습니다. C 드라이브에 어떤 파일과 폴더가 있는지 알기 위해 [로컬 디스크(C:)]를 더블클릭합니다.

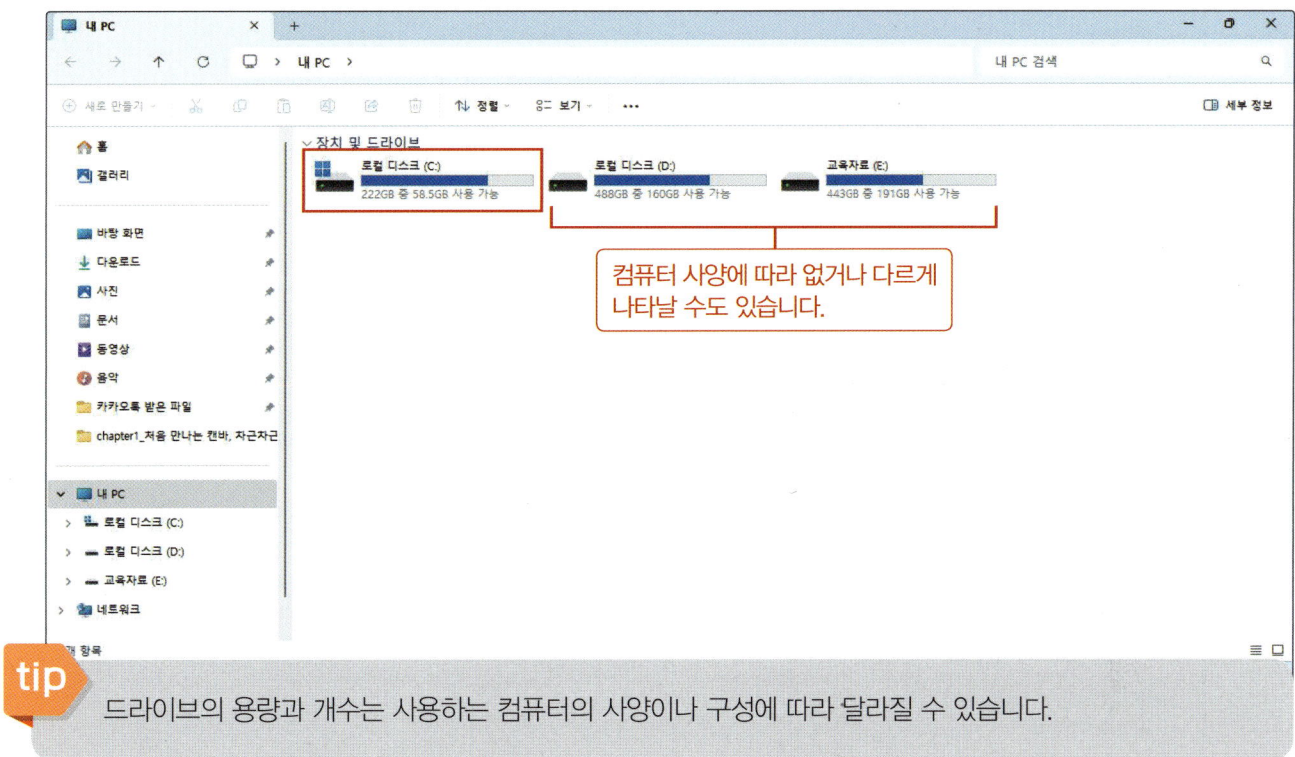

> 컴퓨터 사양에 따라 없거나 다르게 나타날 수도 있습니다.

tip 드라이브의 용량과 개수는 사용하는 컴퓨터의 사양이나 구성에 따라 달라질 수 있습니다.

2. [로컬 디스크(C:)] 창에 노란색 서류철 모양의 아이콘을 '폴더'라고 합니다. 이번에는 파일을 보기 위해 [Windows] 폴더를 더블클릭합니다.

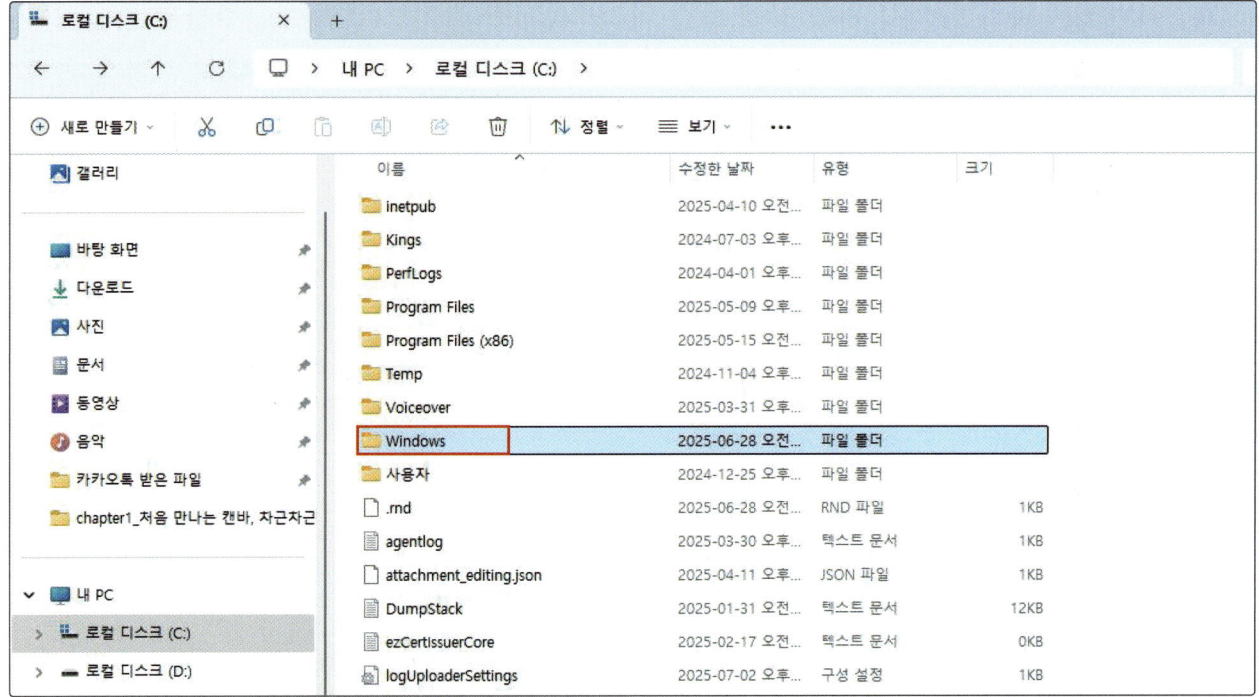

tip Windows 폴더에는 중요한 시스템 파일들이 있기 때문에 임의로 특정 파일을 지우면 안 됩니다.

Section 03 [내 PC] 창 익히기 **29**

3. [Windows] 폴더 창에서 스크롤바를 아래로 드래그하면 다양한 폴더와 파일을 확인할 수 있습니다.

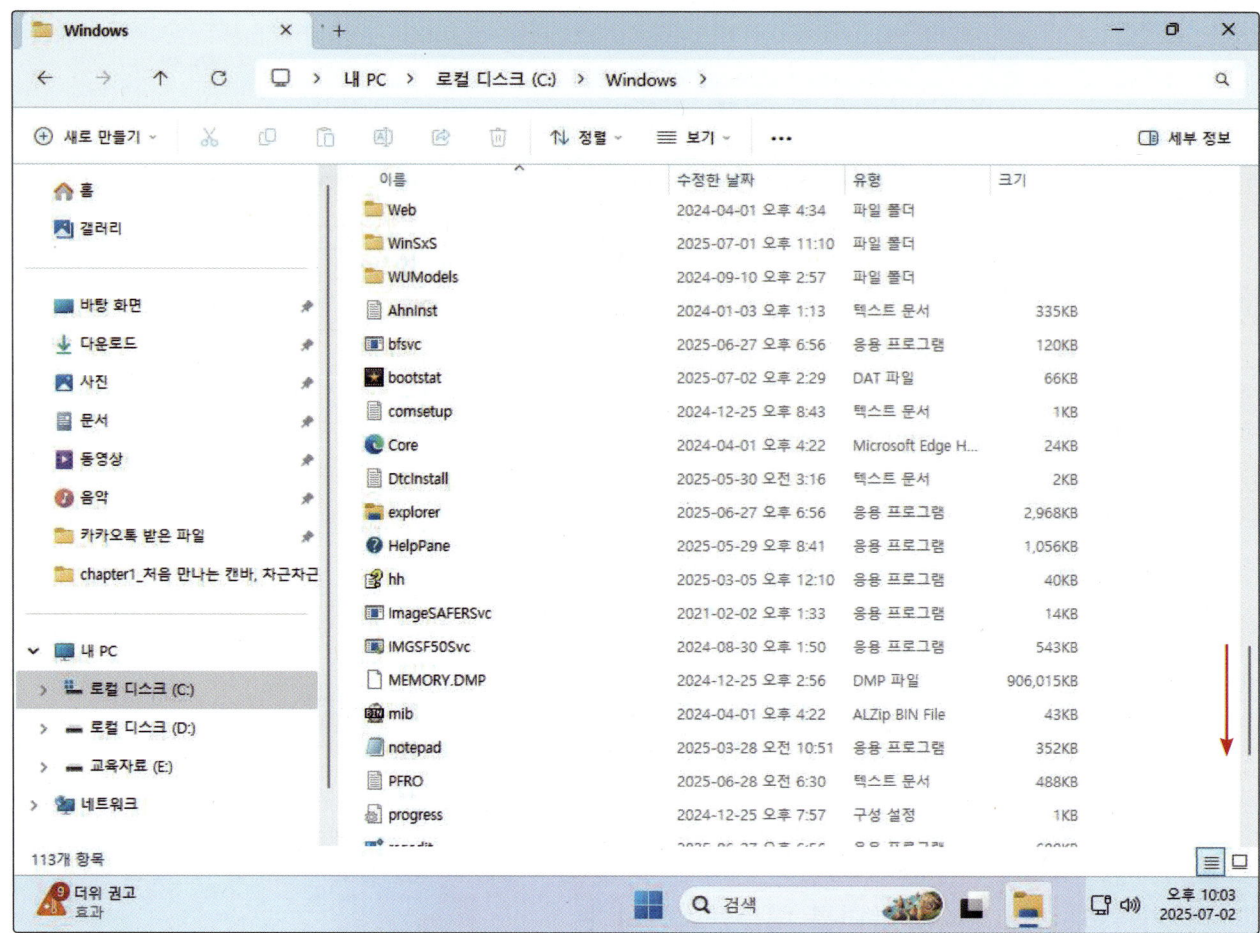

4. 이번에는 파일 탐색기 왼쪽 창에 로컬 디스크(C:) 드라이브 앞에 > 단추를 클릭합니다.

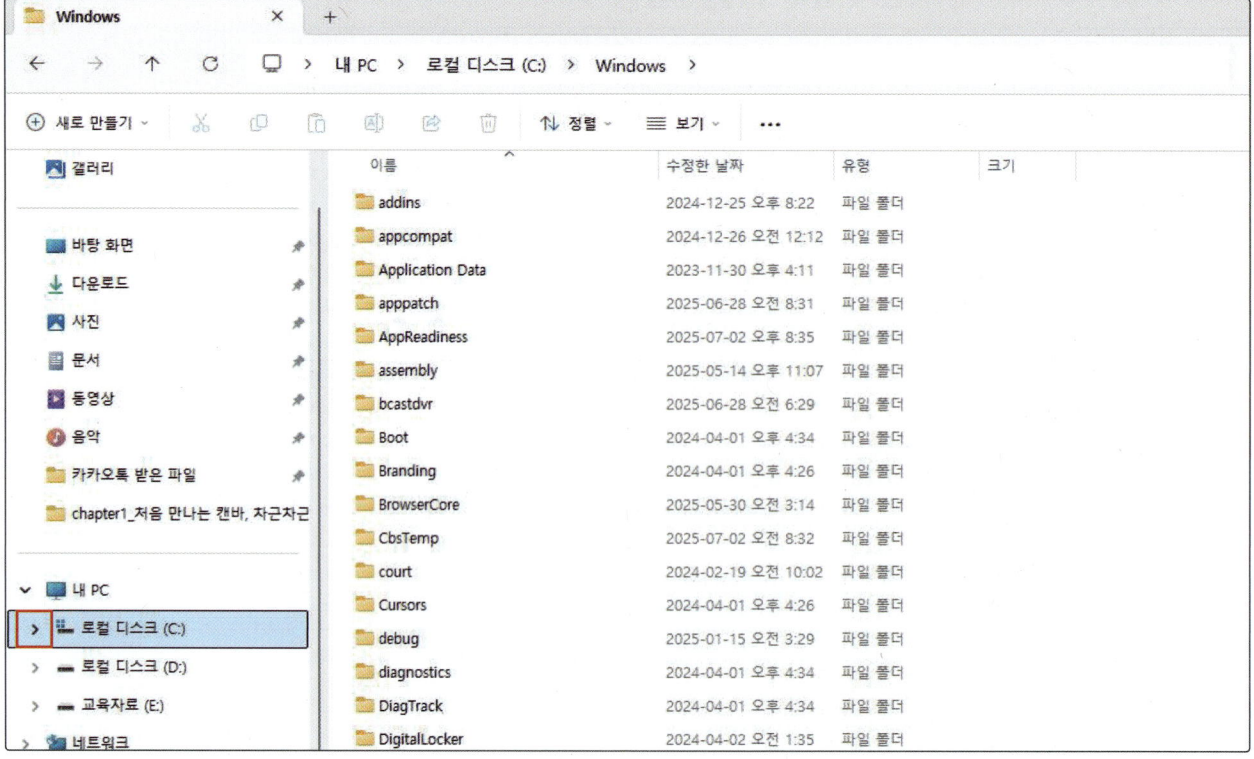

5. 로컬 디스크(C:) 드라이브에 있는 폴더가 파일 탐색기 왼쪽 창에 아래로 펼쳐집니다.

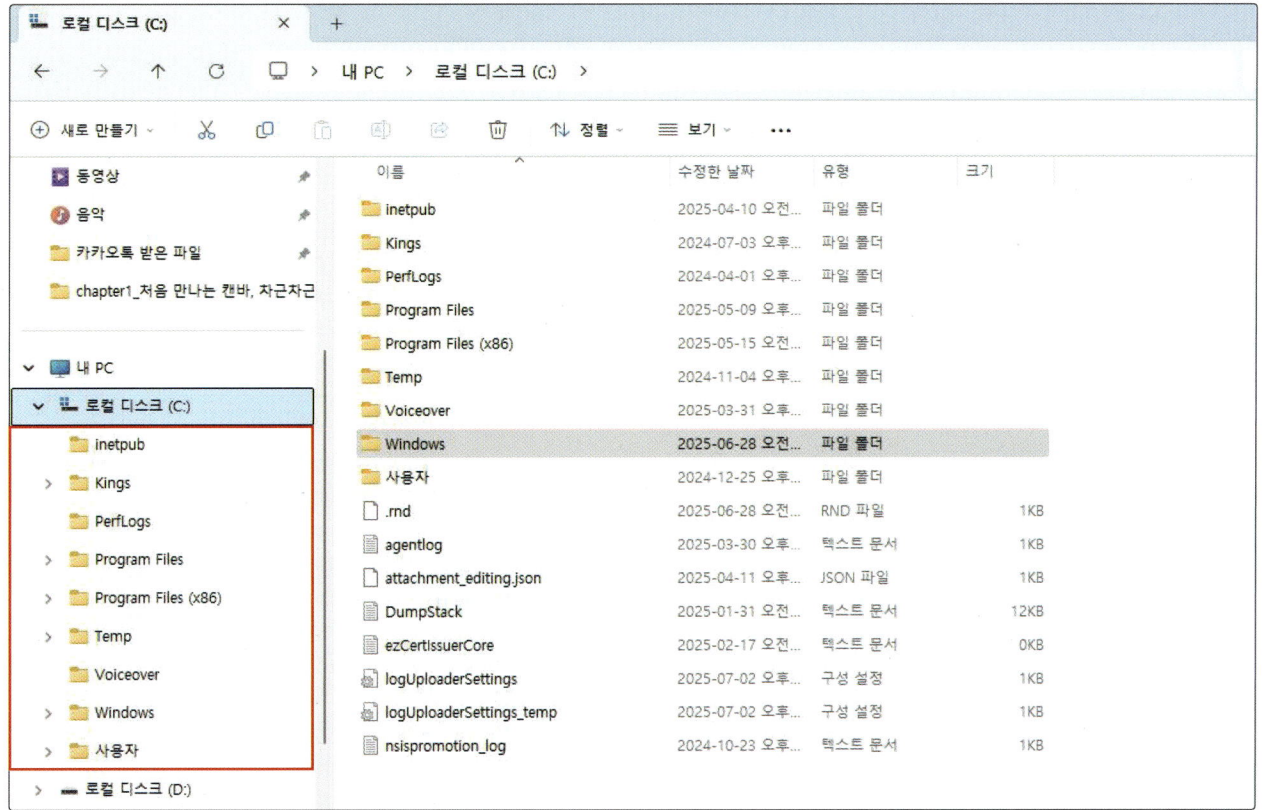

6. 로컬 디스크(C:) 드라이브 아래로 펼친 폴더 중에서 [Windows] 폴더의 > 단추를 클릭합니다.

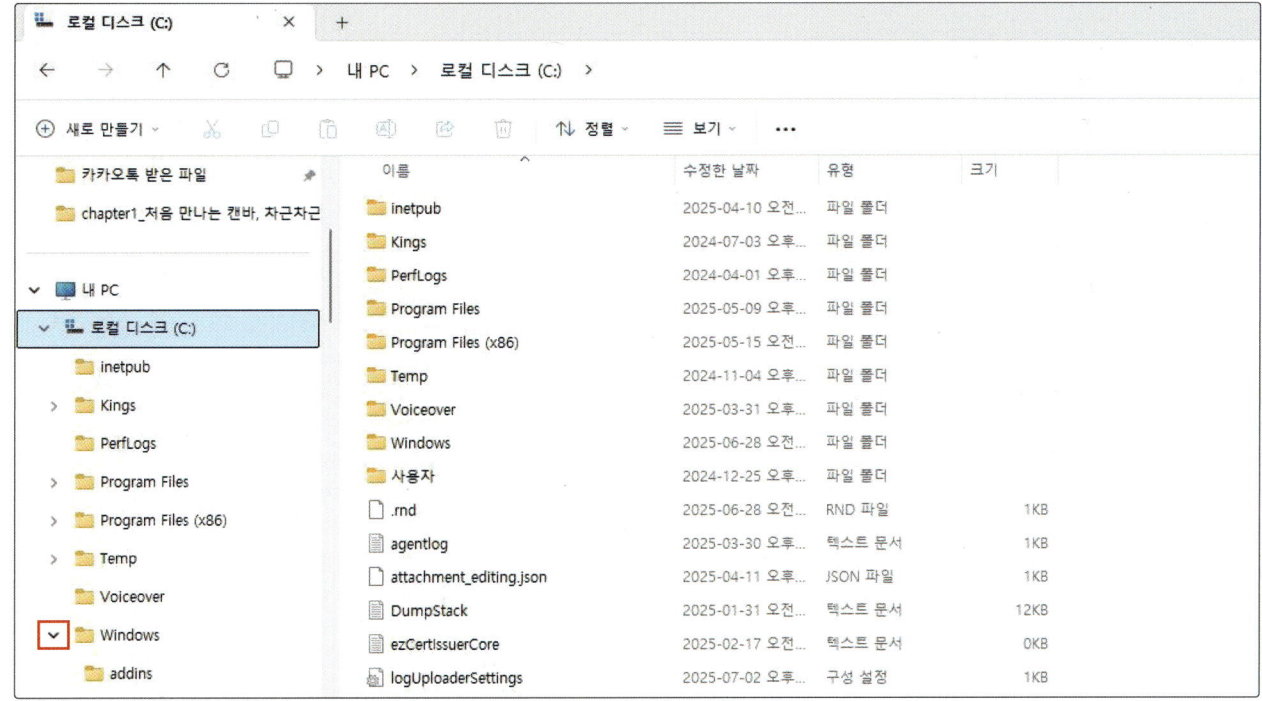

> **tip** 파일 탐색기에서 폴더 앞에 표시되는 > 단추를 클릭하면 하위 폴더만 펼쳐지고, 폴더 안에 있는 내용은 화면에 표시되지 않습니다.

7. [Windows] 폴더 안에 있는 하위 폴더가 아래로 펼쳐지고, > 단추는 ∨ 단추로 바뀝니다. 펼쳐진 하위 폴더를 감추기 위해 [Windows] 폴더 앞에 ∨ 단추를 클릭합니다.

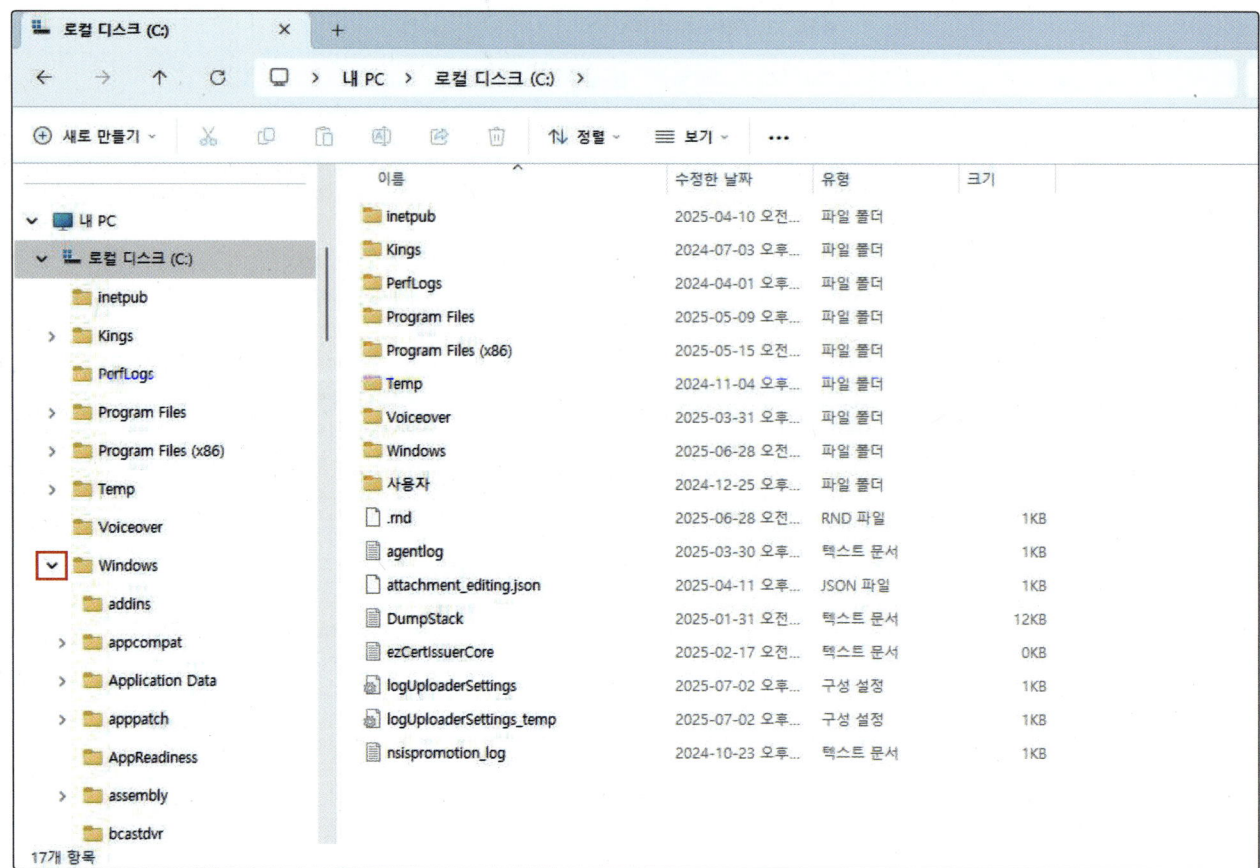

8. 아래로 펼쳐진 하위 폴더가 감춰진 것을 확인할 수 있습니다.

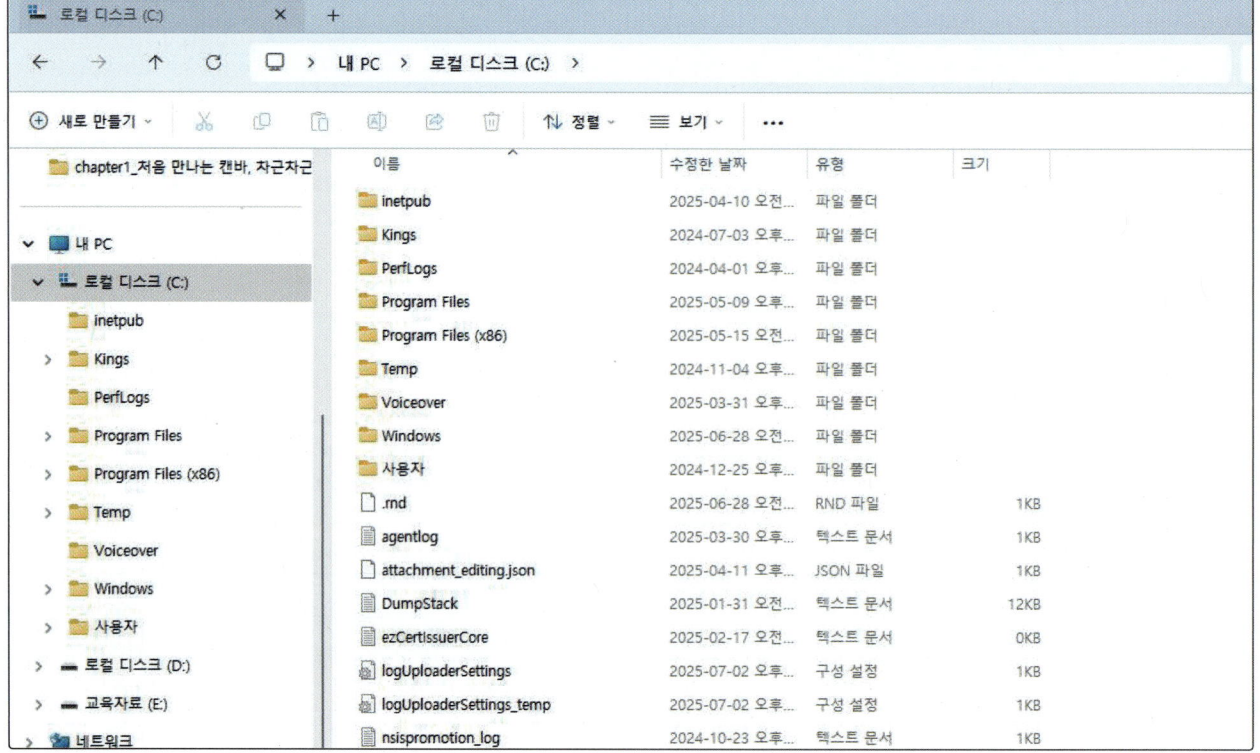

3 파일 정렬하기

1. [내 PC] 탐색 창에서 [문서]를 클릭하면 오른쪽 창에 문서 폴더의 내용이 나타납니다. 문서 폴더에 저장되어 있는 폴더와 파일의 크기를 크게 보기 위해 [보기]-[큰 아이콘]을 클릭합니다.

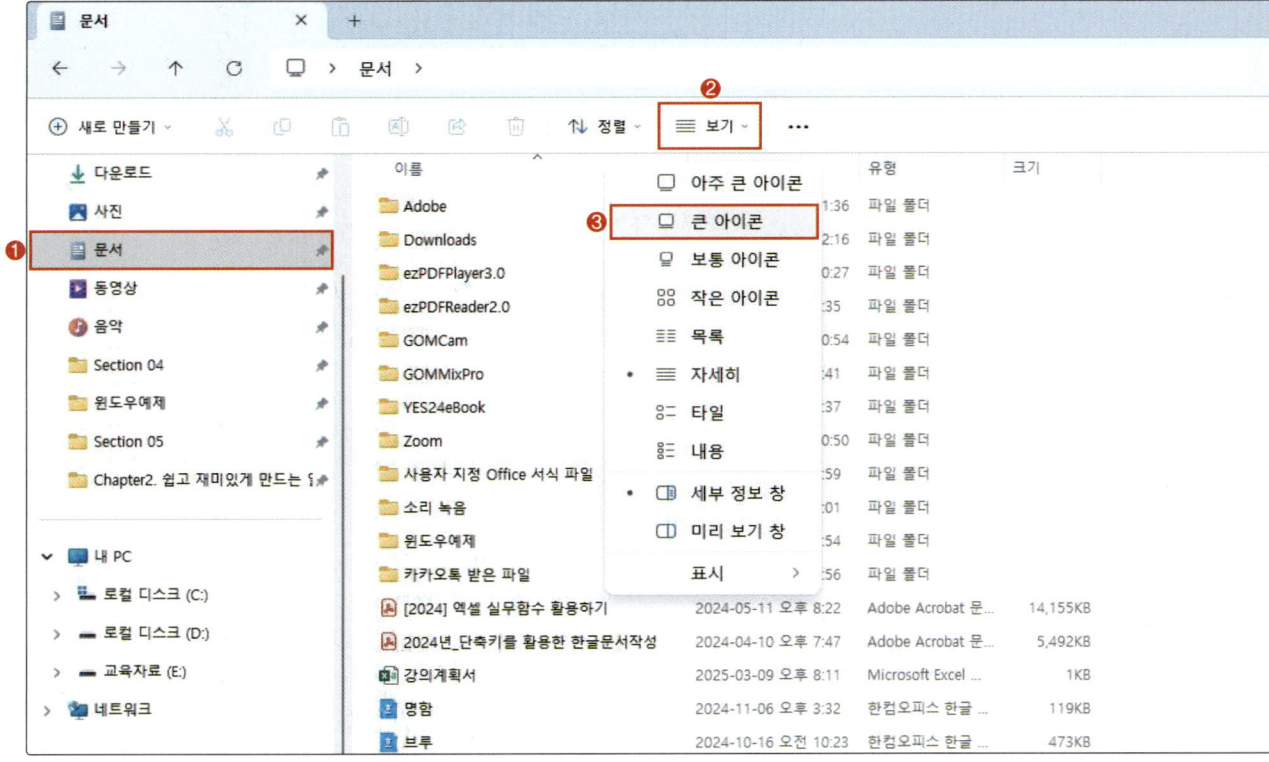

2. 아이콘의 크기가 커진 것을 확인할 수 있습니다. 이번에는 폴더나 파일이 수정한 날짜, 크기 등에 대한 자세한 정보를 표시해 보겠습니다. [보기]-[자세히]를 클릭합니다.

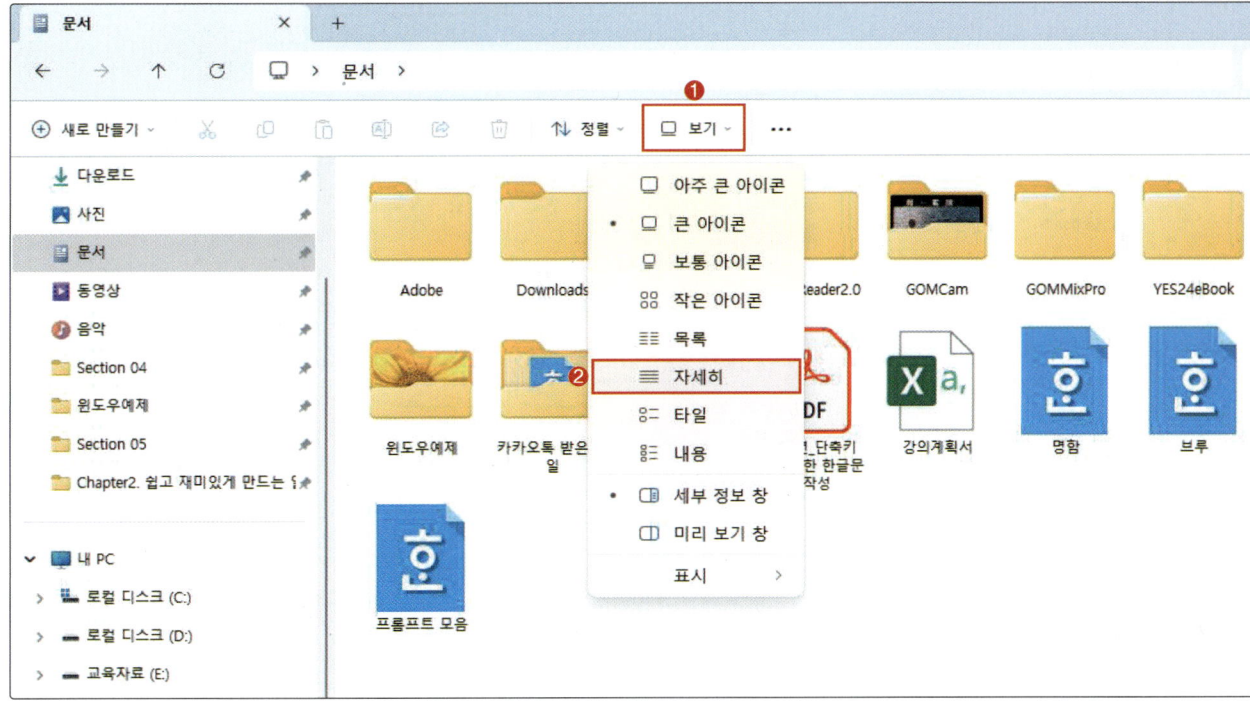

3. 파일 목록 창에 폴더가 먼저 표시되고 이어서 파일이 표시됩니다. 폴더와 파일을 수정한 날짜, 종류, 크기와 같은 정보를 확인할 수 있습니다.

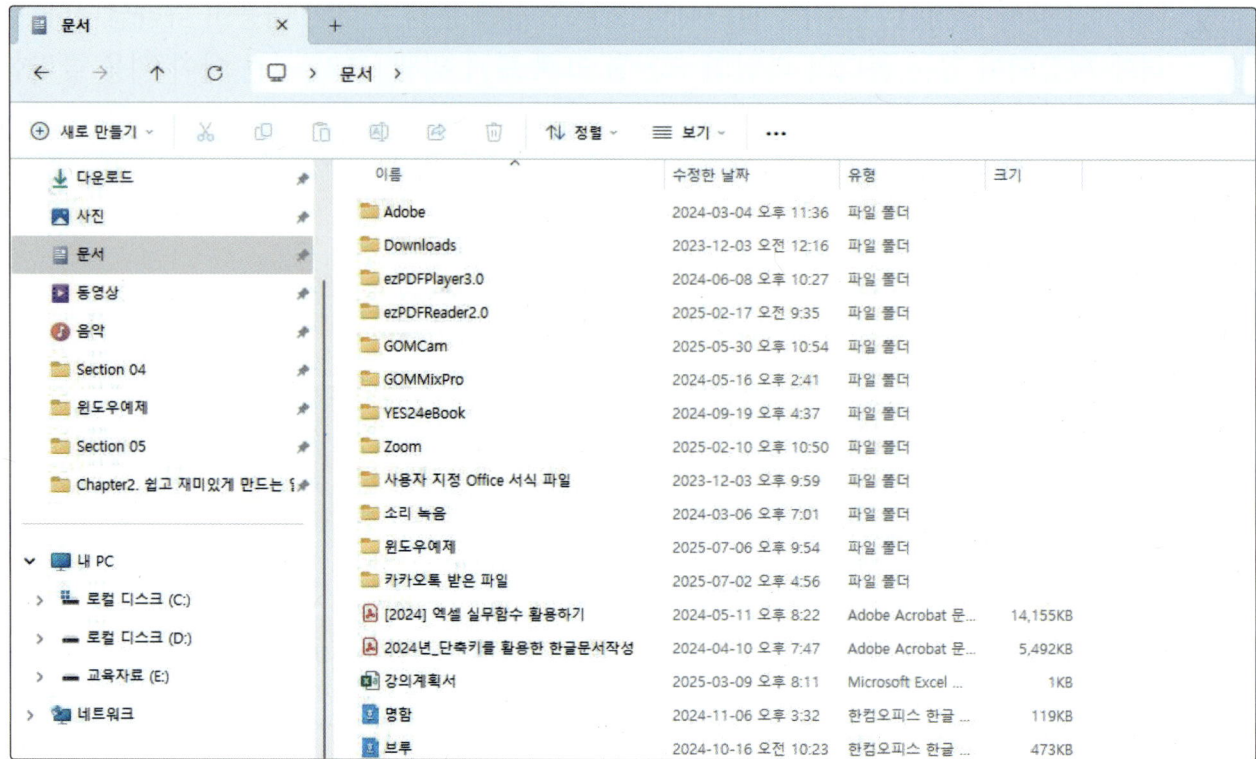

4. 최근에 수정한 날짜를 기준으로 정렬하기 위해 [수정한 날짜]를 클릭합니다. 가장 최근에 수정한 파일이 먼저 표시됩니다.

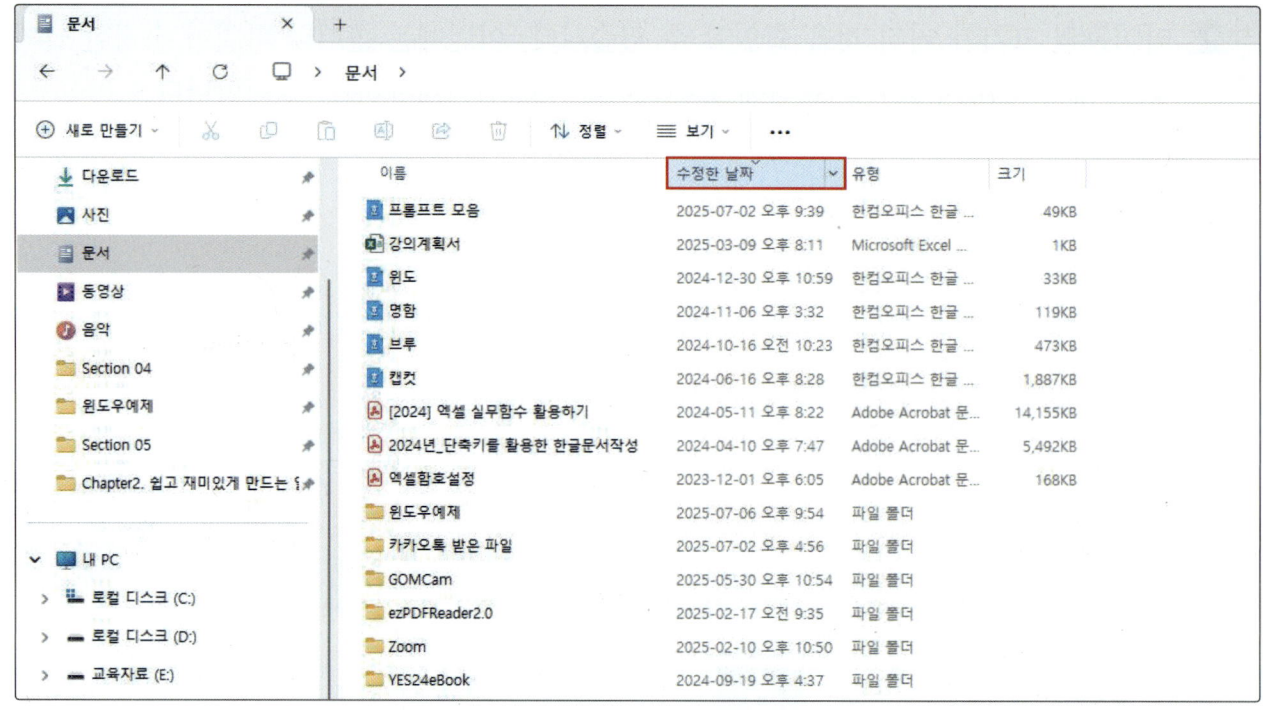

tip 수정한 날짜가 가장 최근 날짜 파일부터 정렬됩니다.

5. 같은 종류의 파일끼리 모아서 정렬하기 위해 이번에는 [유형]을 클릭합니다. 그러면 같은 종류의 파일들을 모아서 표시합니다.

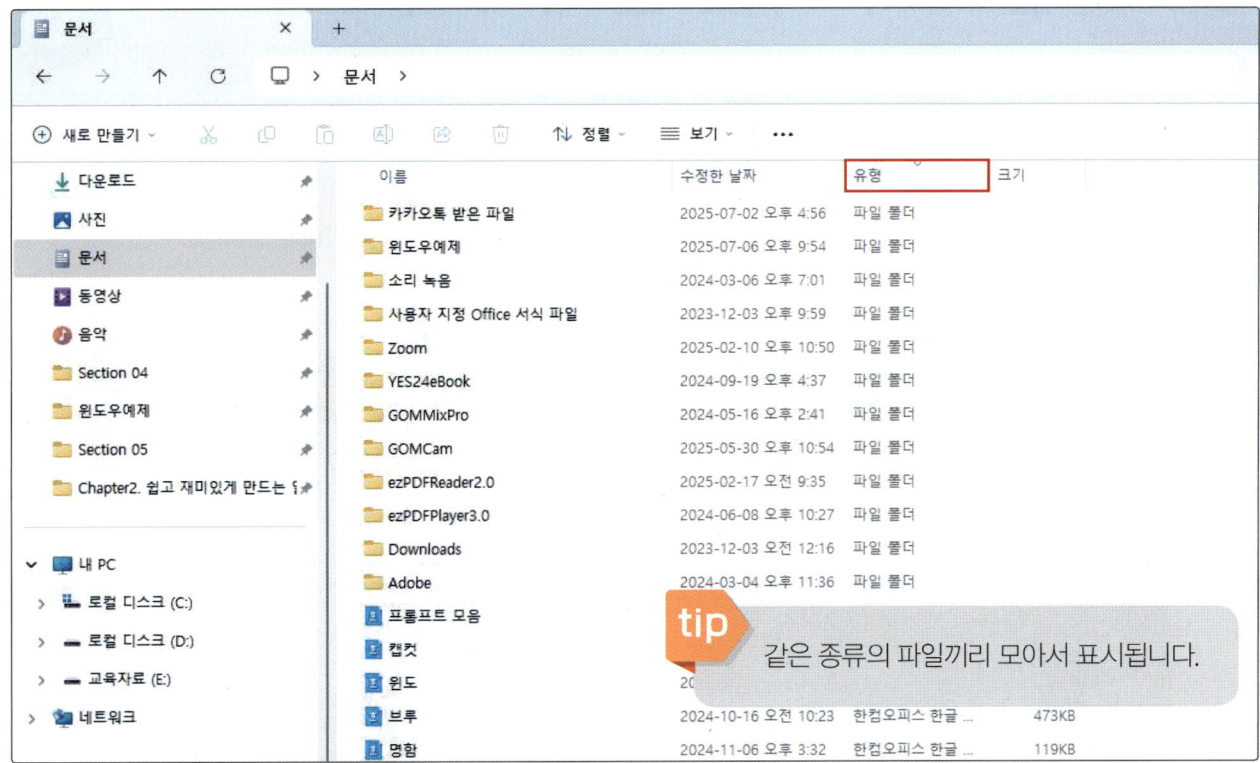

tip 같은 종류의 파일끼리 모아서 표시됩니다.

6. 이번에는 [이름]을 클릭하면 파일의 이름 순서대로 정렬됩니다.

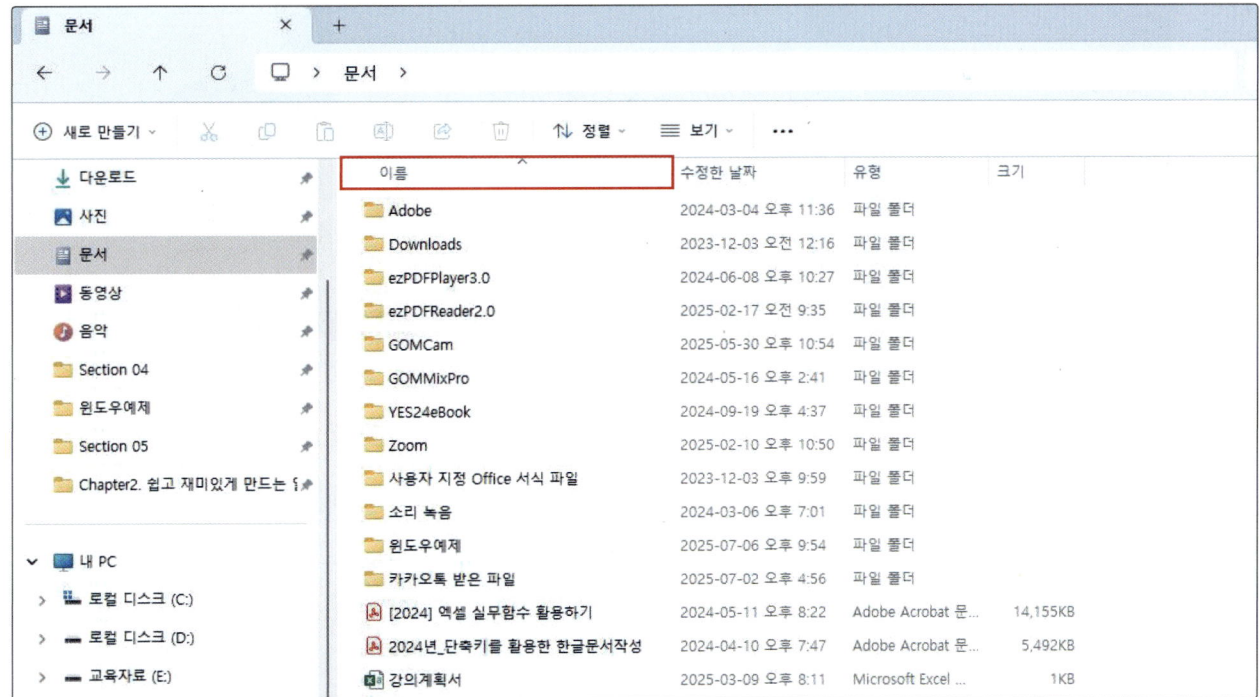

tip [이름]을 클릭하면 파일 이름이 오름차순(ㄱ→ㅎ)으로 나타납니다. 다시 한 번 클릭하면 내림차순(ㅎ→ㄱ)으로 정렬됩니다.

SECTION 04 폴더와 파일 관리하기

원·도·우·1·1

폴더는 필요한 개수만큼 만들 수 있습니다. 폴더를 만들면 이름을 붙여 주어야 됩니다. 한글과 영어, 숫자로 이름을 만들 수 있지만 ₩, /, :, *, ?, 〈, 〉, | 문자는 폴더의 이름으로 쓸 수 없습니다.

1 폴더 만들기와 이름 바꾸기

1. 바탕 화면에서 마우스 오른쪽 단추를 클릭하여 나타난 단축 메뉴에서 [새로 만들기]-[폴더]를 순서대로 클릭합니다.

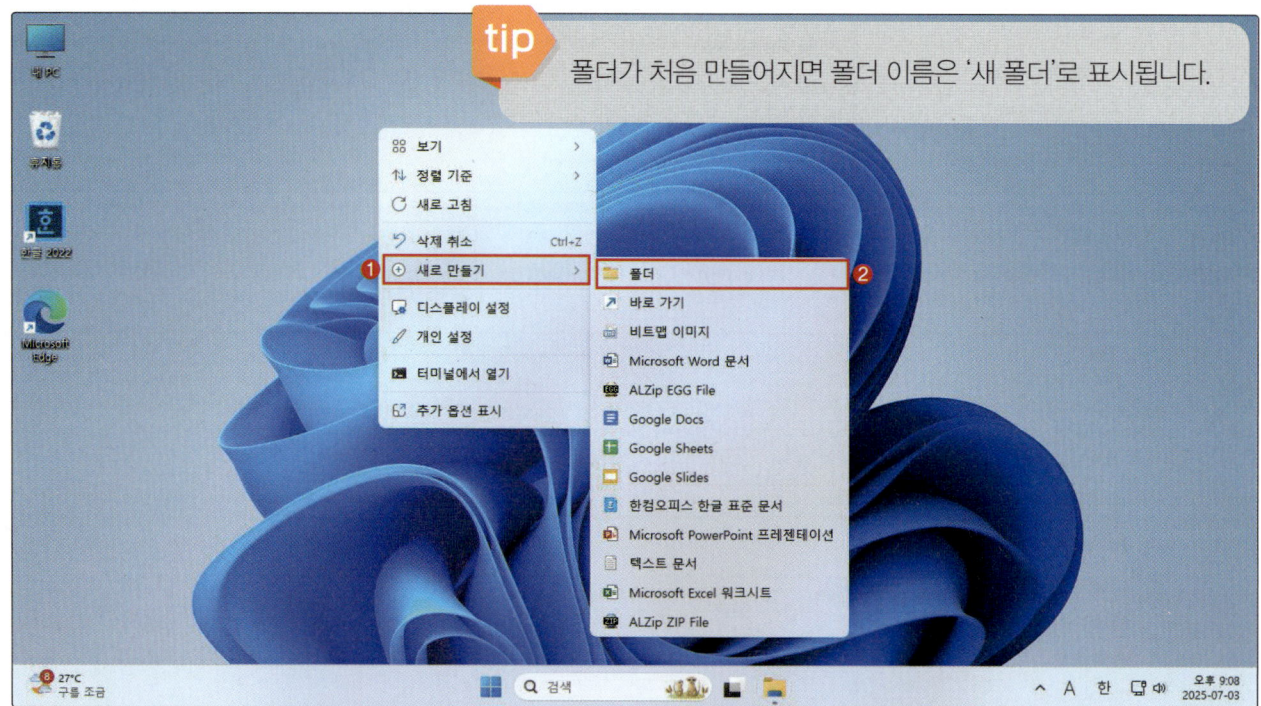

tip 폴더가 처음 만들어지면 폴더 이름은 '새 폴더'로 표시됩니다.

2. 바탕 화면에 폴더가 새롭게 만들어지면 폴더 이름을 '학습자료'로 입력하고 Enter 를 누릅니다.

tip 폴더 아이콘 모양은 노란색 서류철과 같은 모양입니다.

3. 바탕 화면에 노란색 '학습자료' 폴더가 만들어졌습니다. 폴더 안에 다른 폴더를 만들 수도 있습니다. 바탕 화면에서 '학습자료' 폴더를 더블클릭합니다.

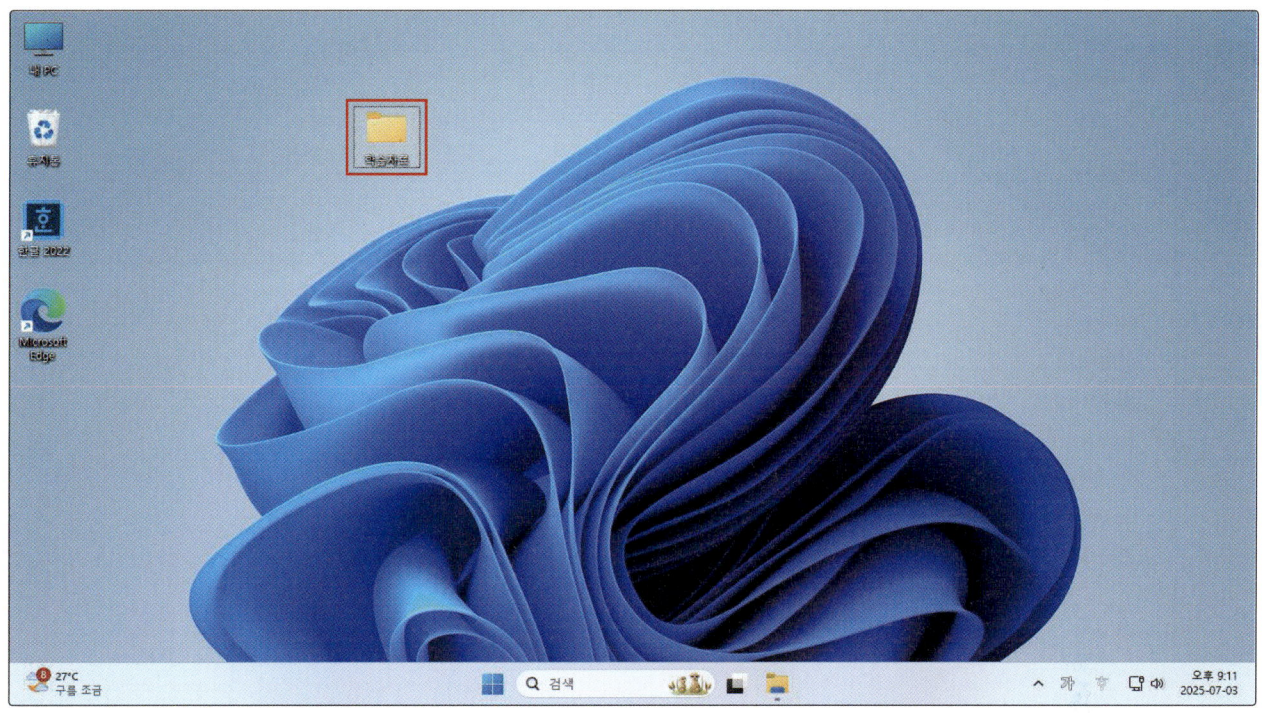

4. [학습자료] 폴더 창이 열렸습니다. 학습자료 폴더에 하위 폴더를 만들기 위해 폴더 빈 공간에서 마우스 오른쪽 단추를 클릭하여 [새로 만들기]-[폴더]를 순서대로 클릭합니다.

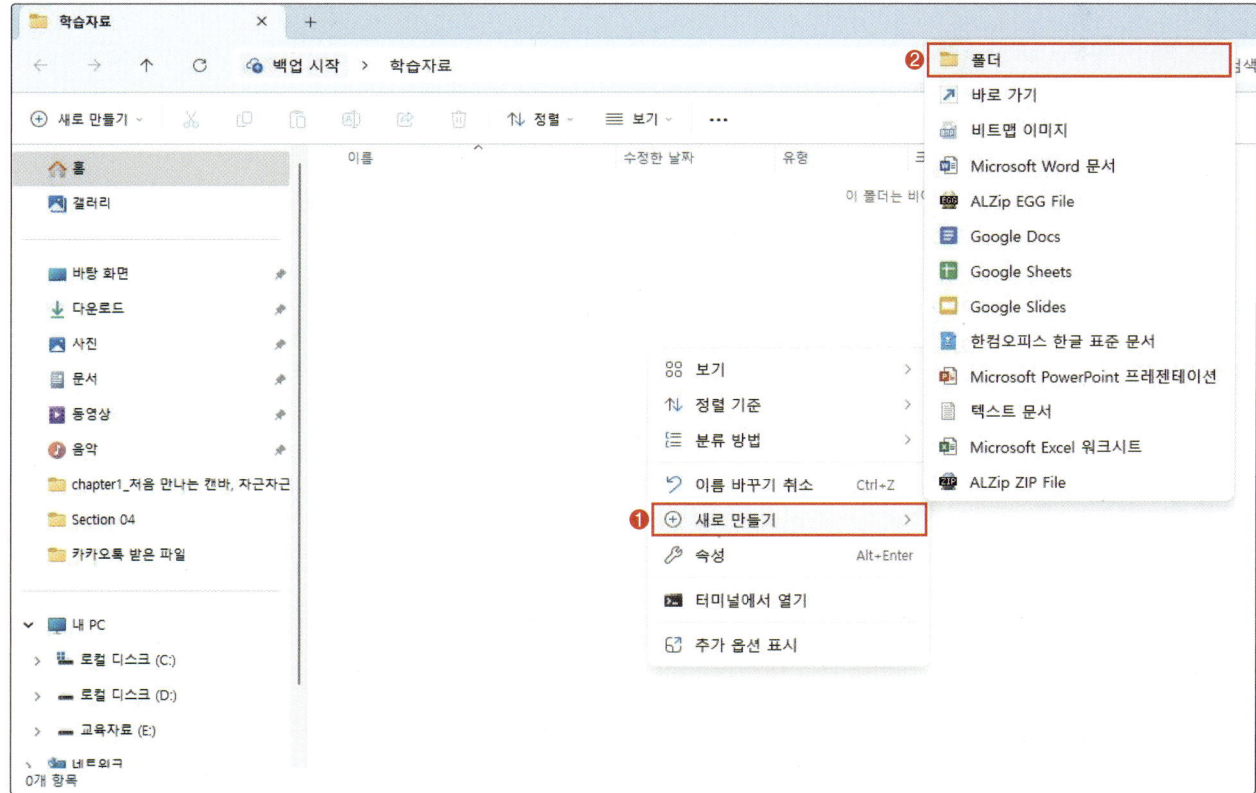

5. 폴더의 이름을 '한글'로 입력하고 Enter 를 누릅니다.

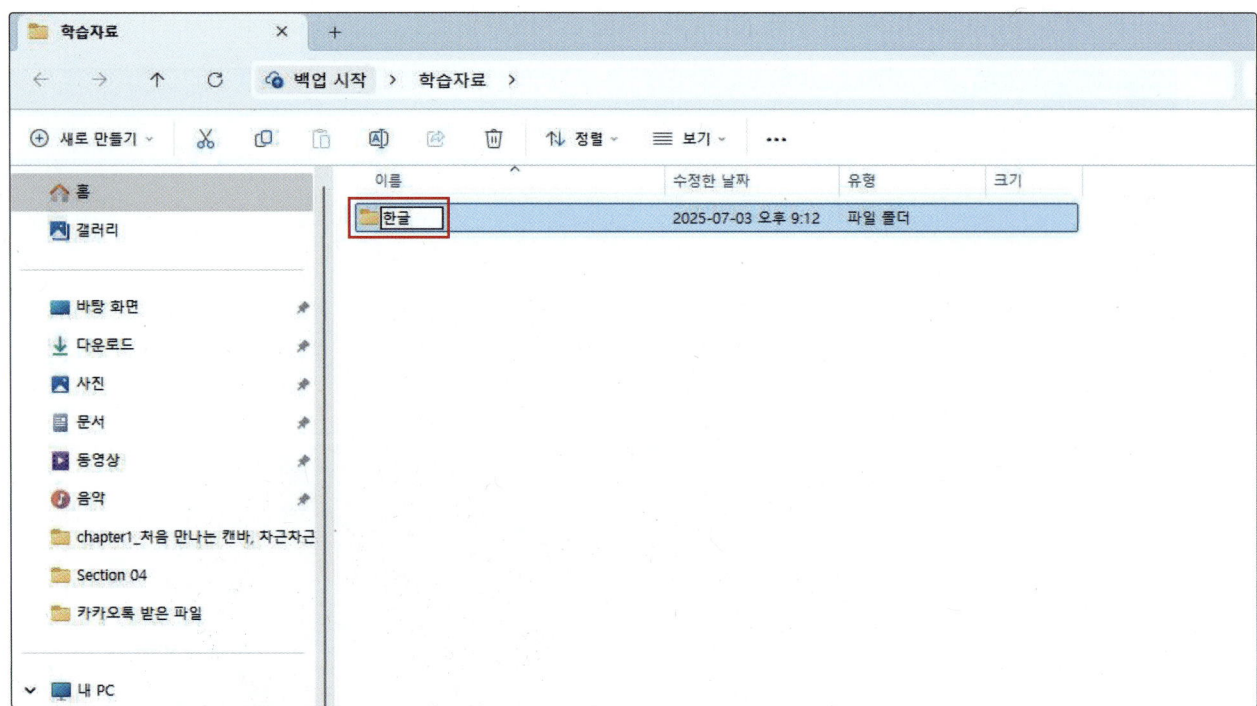

> **tip** 컴퓨터 사용 환경에 따라 아이콘 크기가 크게 보일 수도 있습니다.

6. 학습자료 폴더 안에 '한글' 폴더가 만들어졌습니다. 같은 방법으로 [파워포인트] 폴더와 [엑셀] 폴더도 만들어 봅니다.

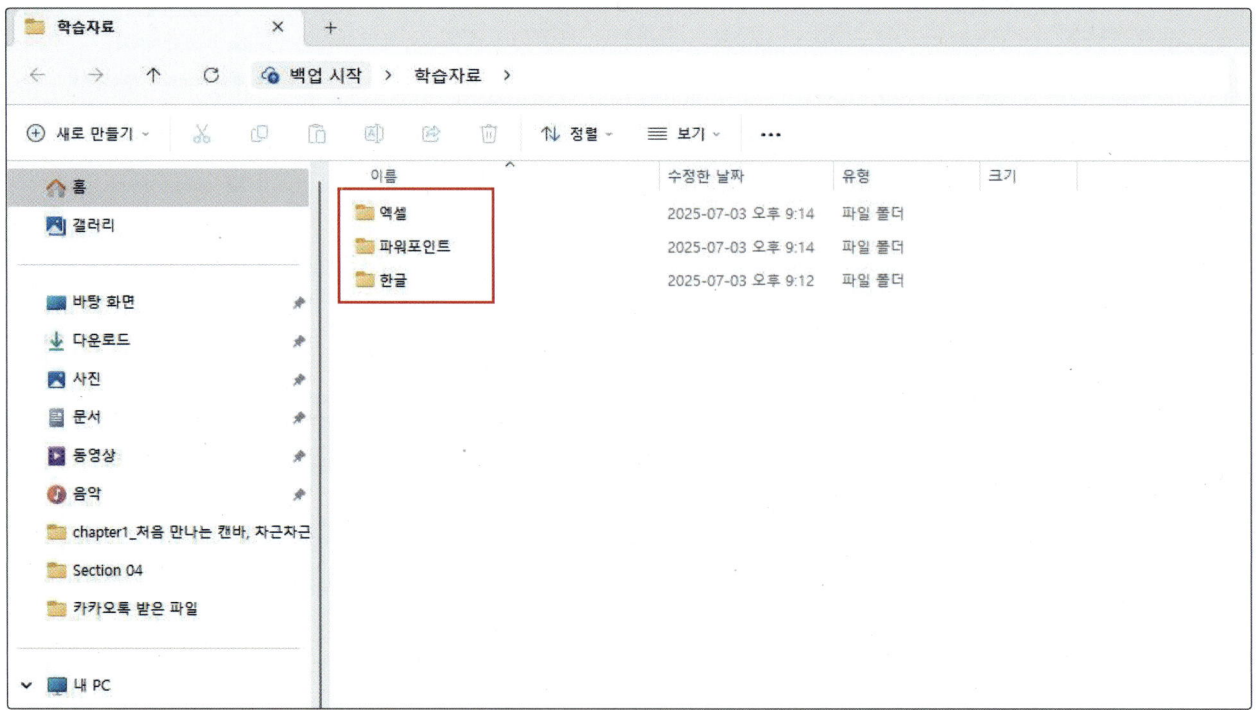

7. 폴더 이름을 잘못 입력했을 때에는 이름을 수정할 수 있습니다. [파워포인트] 폴더에서 마우스 오른쪽 단추를 클릭하여 [이름 바꾸기]를 클릭합니다.

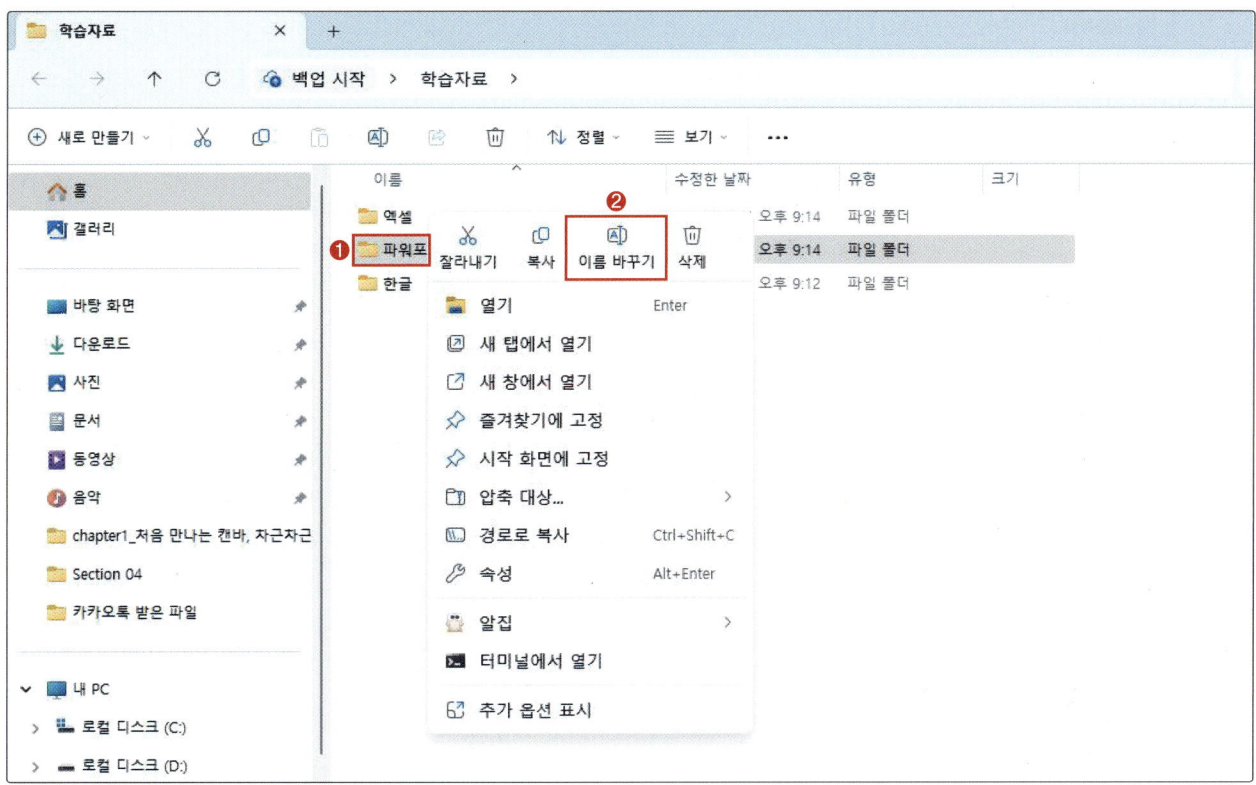

8. 폴더 이름 수정 상태가 되면 폴더 이름을 '메모장'으로 입력하고 Enter 를 누릅니다.

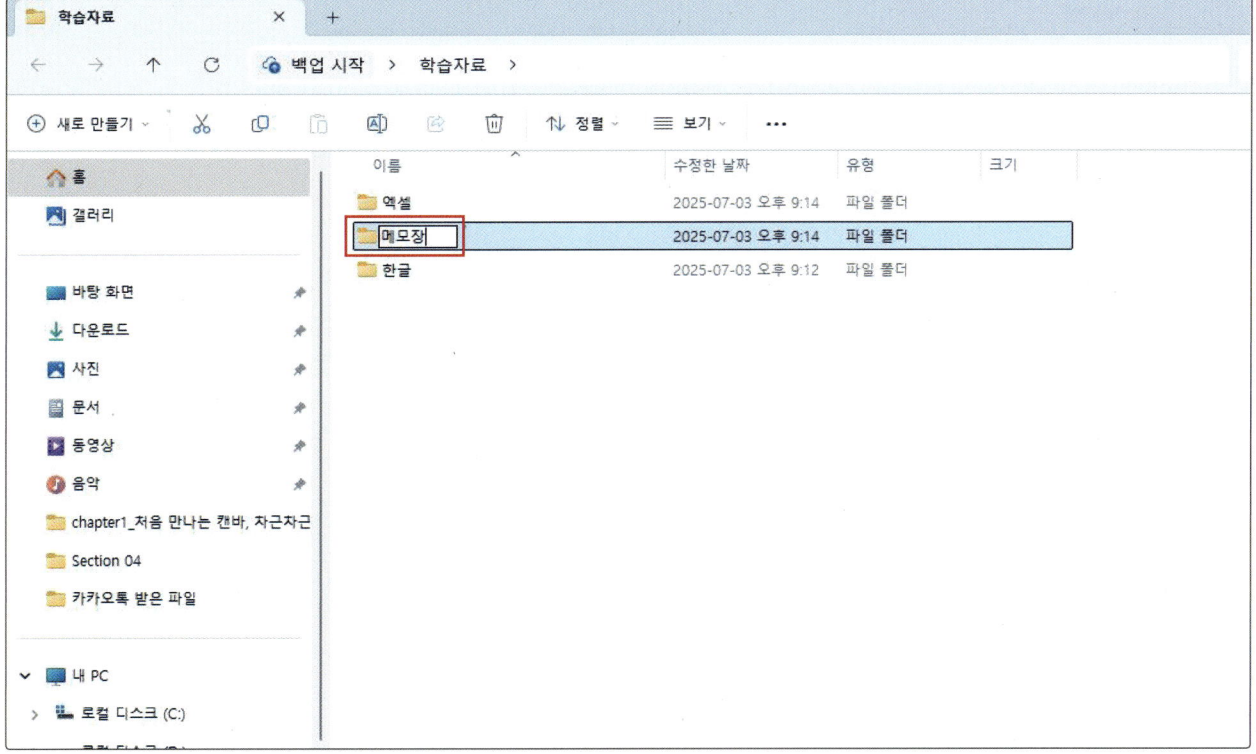

9. 아이콘 크기를 키우기 위해 폴더 빈 공간에서 마우스 오른쪽 단추를 클릭하여 [보기]-[큰 아이콘]을 클릭합니다.

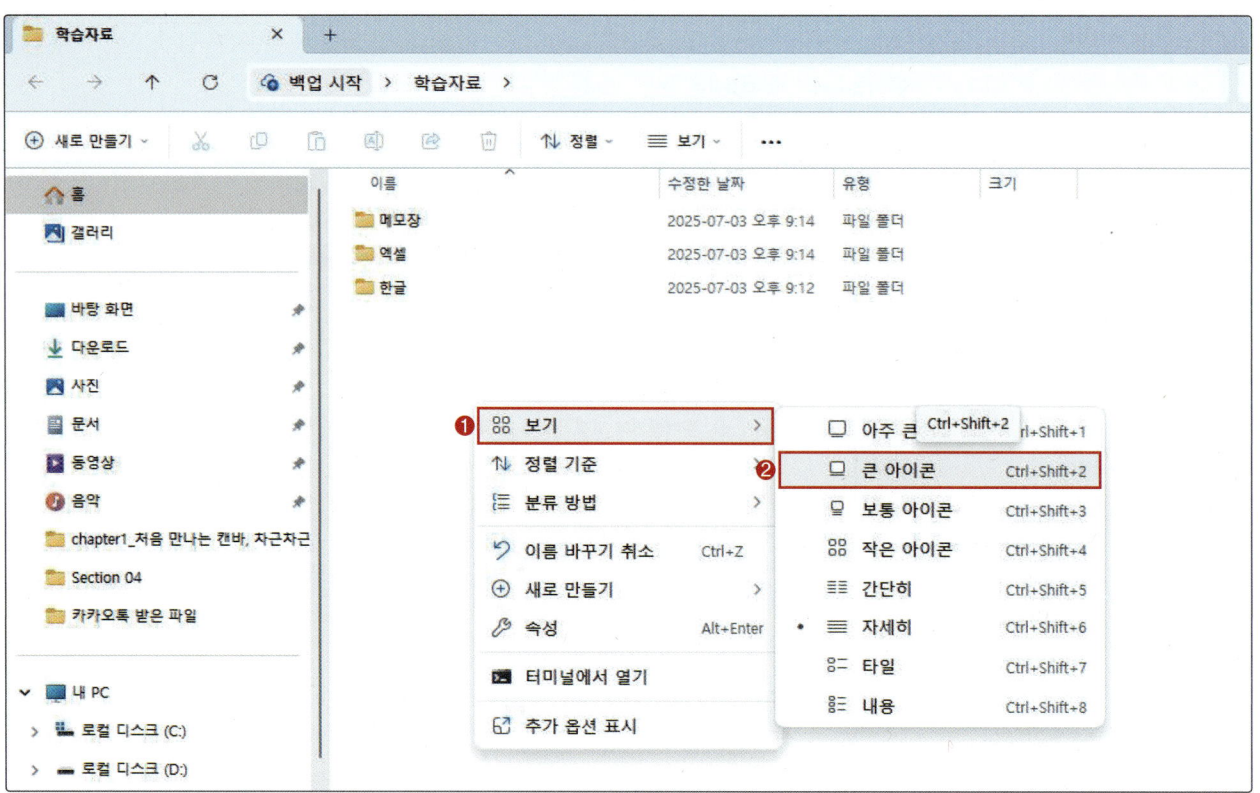

10. 아이콘의 크기가 커진 것을 확인할 수 있습니다.

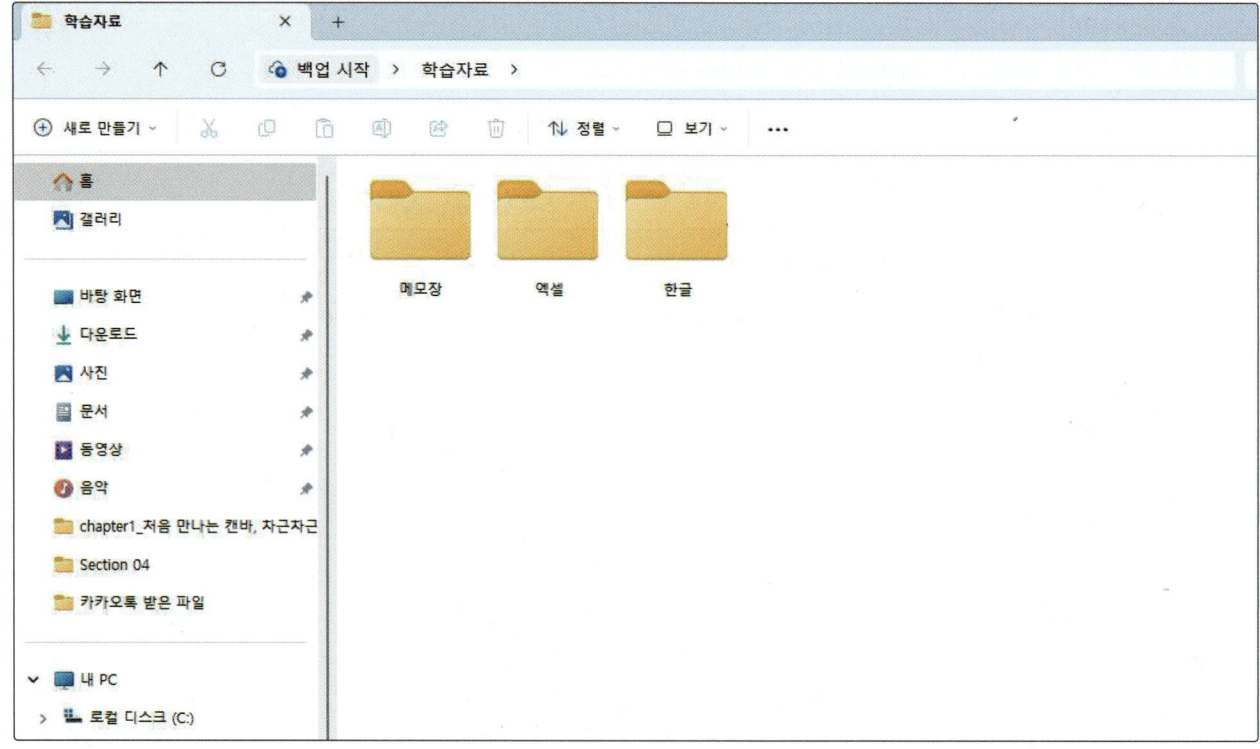

2 파일 만들어 폴더에 저장하기

1. 작업 표시줄에서 ■ [시작] 단추를 클릭하여 [메모장] 앱을 실행합니다. 메모장이 실행되면 본인의 이름과 나이를 입력합니다.

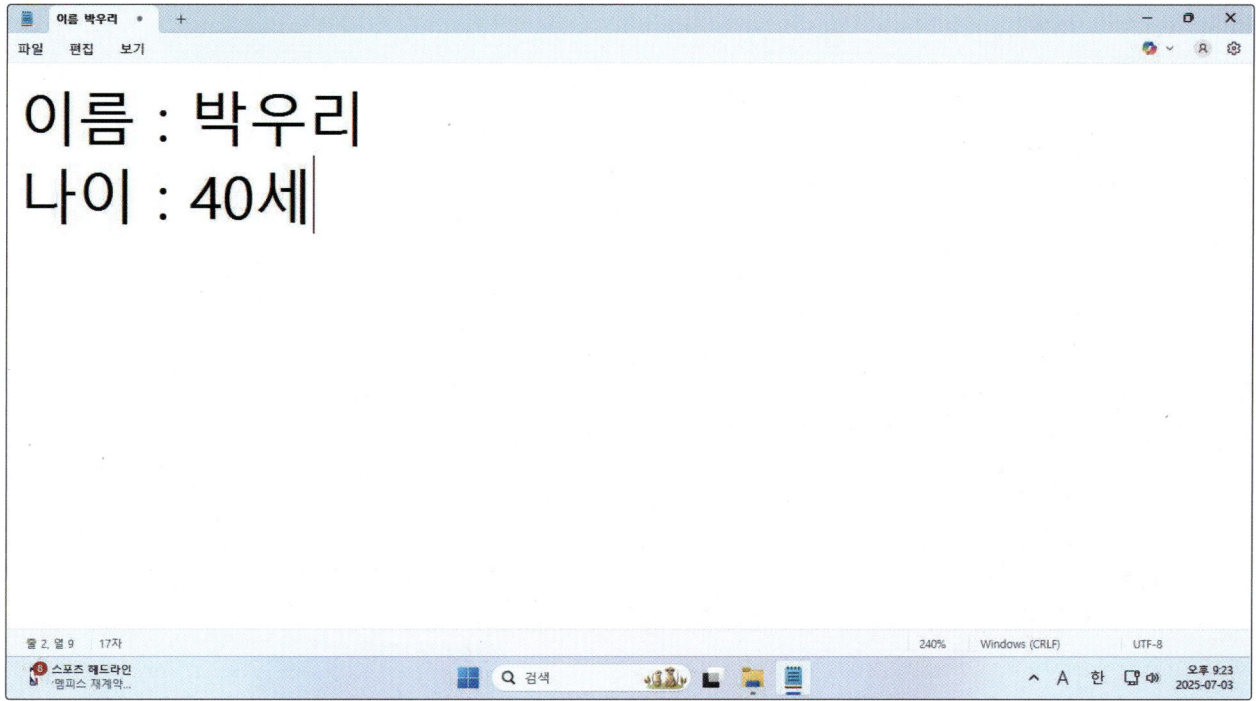

2. 메모장 문서 파일을 저장하기 위해 [파일]-[저장]을 순서대로 클릭합니다.

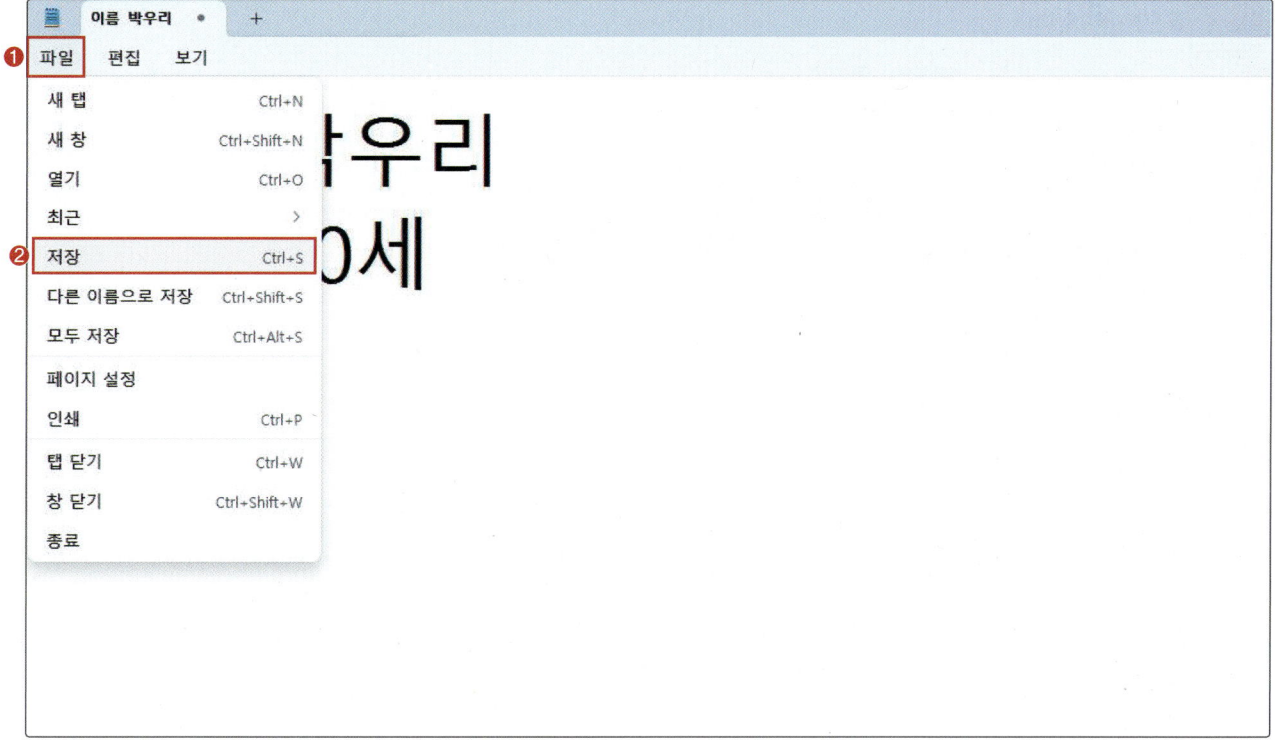

3. [다른 이름으로 저장] 대화상자의 왼쪽 창에서 '바탕 화면' 폴더를 선택하면 오른쪽에 앞에서 만들었던 '학습자료' 폴더가 나타납니다. '학습자료' 폴더를 더블클릭합니다.

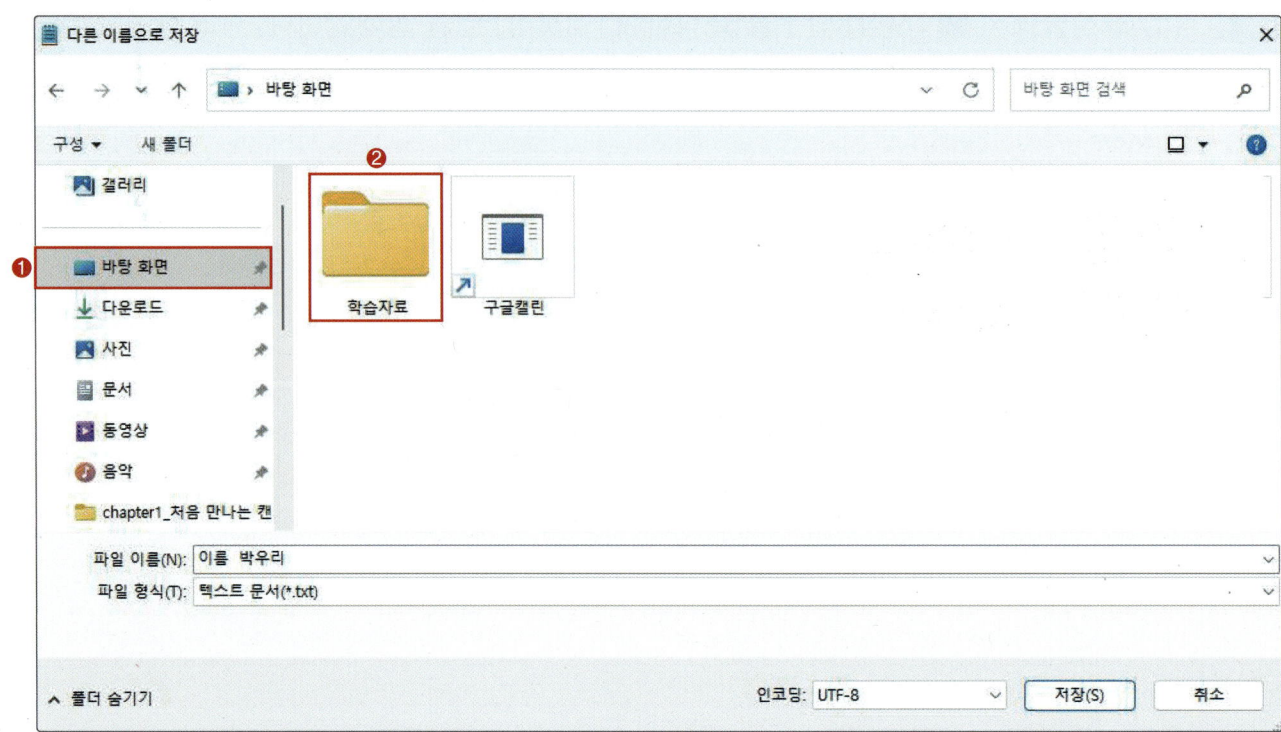

4. [학습자료] 폴더가 열리면 파일 이름을 '자기소개'로 입력한 후 [저장] 단추를 클릭합니다.

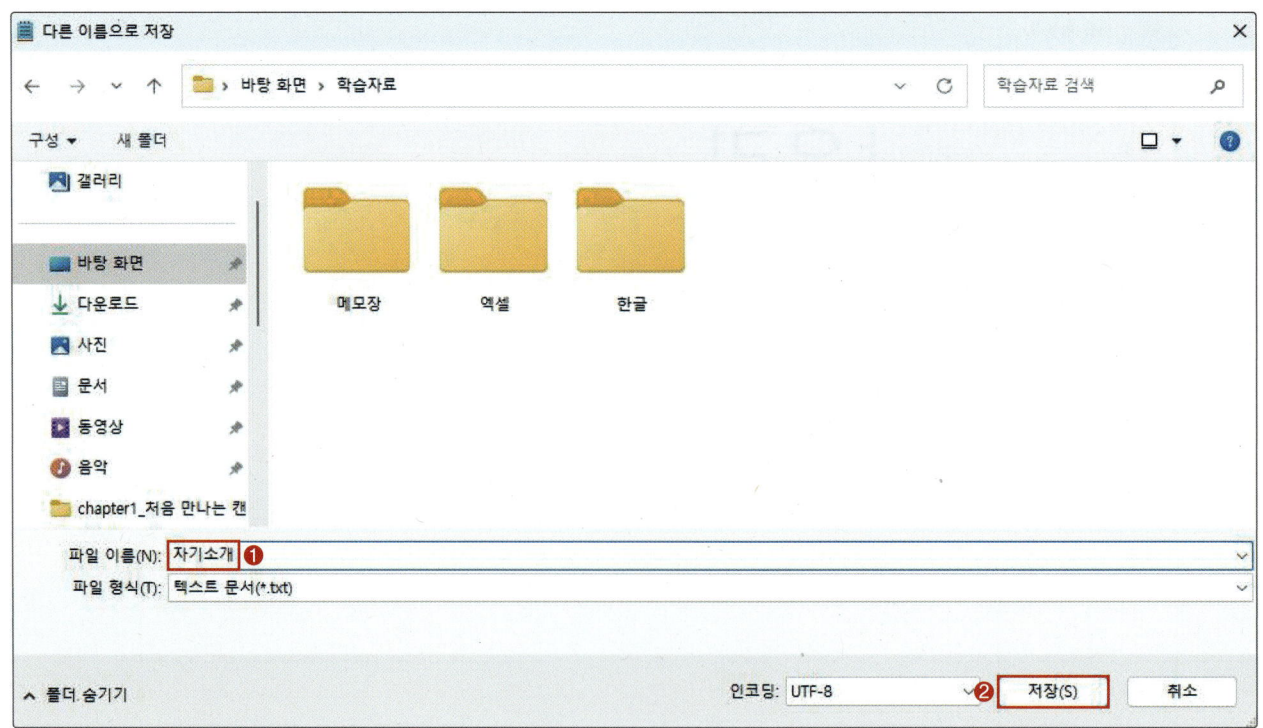

5. 제목 표시줄에 파일 이름이 나타나면 작성한 문서가 저장된 것입니다. 메모장 프로그램을 종료하기 위해 ✕ [닫기] 단추를 클릭합니다.

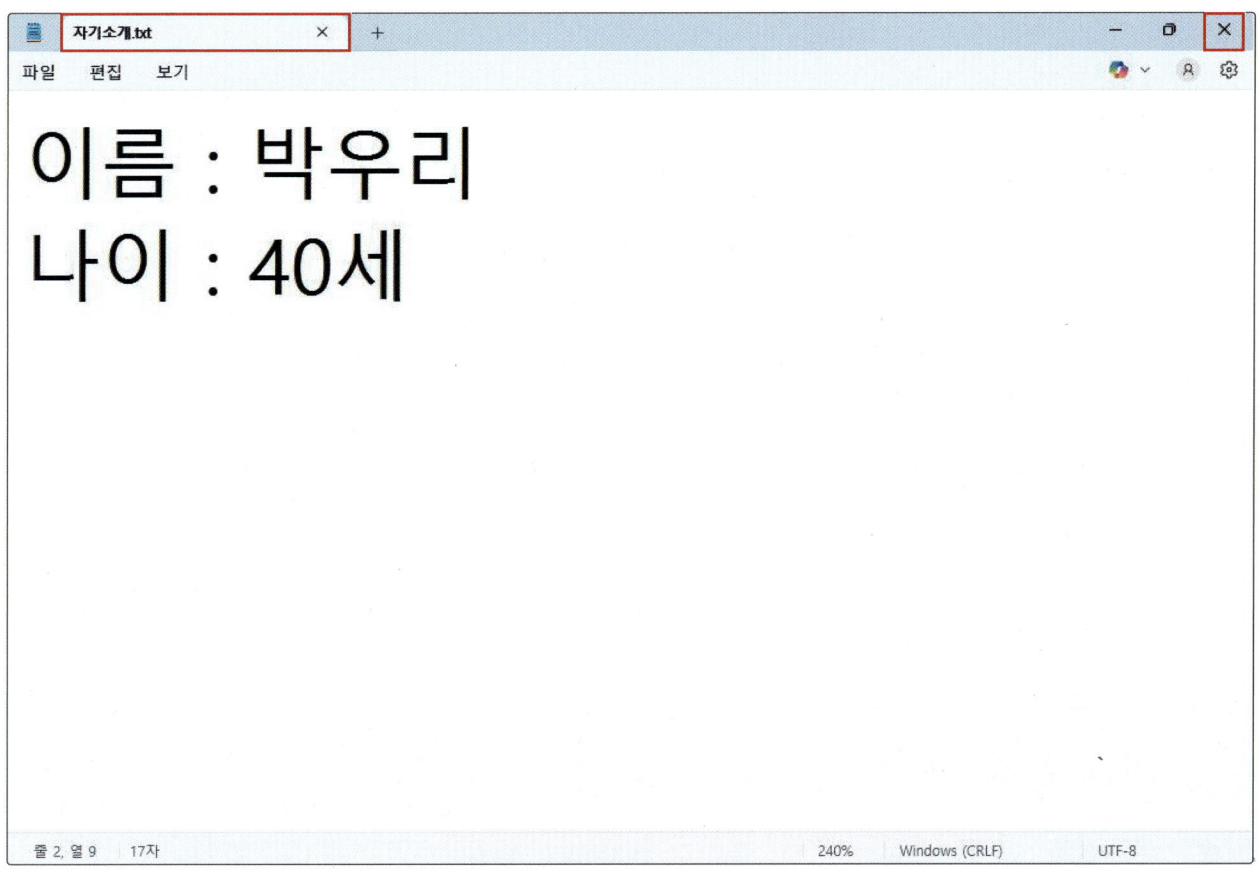

6. [학습자료] 폴더에 '자기소개.txt' 파일이 저장된 것을 확인할 수 있습니다.

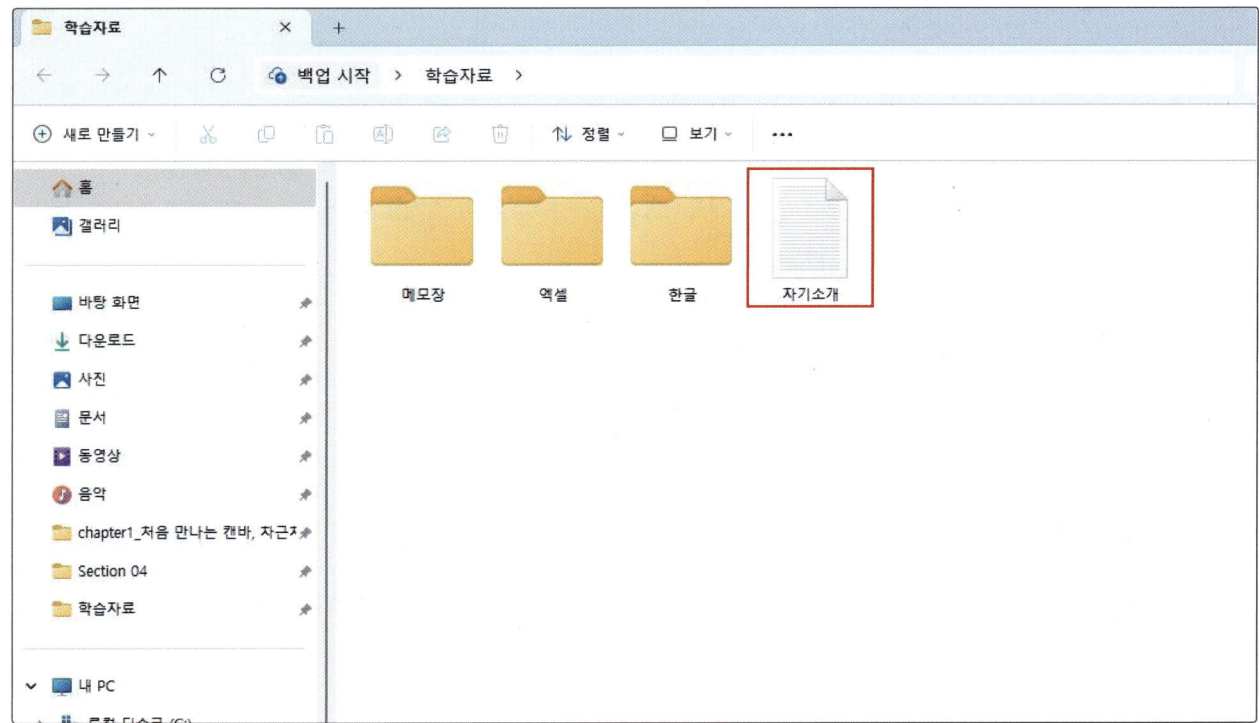

> **tip** 컴퓨터에서 만든 문서를 보관하는 것을 저장이라고 합니다. 저장된 문서를 파일이라고 합니다. 컴퓨터에 문서가 저장될 때에는 이름이 있어야 저장이 됩니다. 파일의 이름은 파일명과 확장자로 구분됩니다. 확장자는 파일의 종류를 구분하기 위해 사용하는 것으로, 확장자를 보면 어떤 프로그램으로 문서가 작성되었는지 알 수 있습니다.

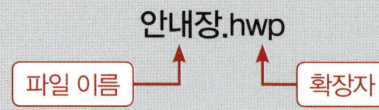

주요 확장명	파일의 종류	주요 확장명	파일의 종류
exe, com	실행 파일	hwpx	한글 문서 파일
gif, jpg, bmp, png	그림 파일	pptx	파워포인트 문서 파일
mpg, mpeg, avi	동영상 파일	xlsx	엑셀 문서 파일
mp3, wav	음악, 소리 파일	docx	MS-워드 문서 파일
zip, arj, rar	압축 파일	txt	텍스트 문서 파일

3 파일 복사와 이동하기

1. '자기소개.txt' 파일을 [메모장] 폴더로 이동하기 위해 '자기소개.txt' 파일에서 마우스 오른쪽 단추를 클릭하여 [잘라내기]를 클릭한 다음 [메모장] 폴더를 더블클릭합니다.

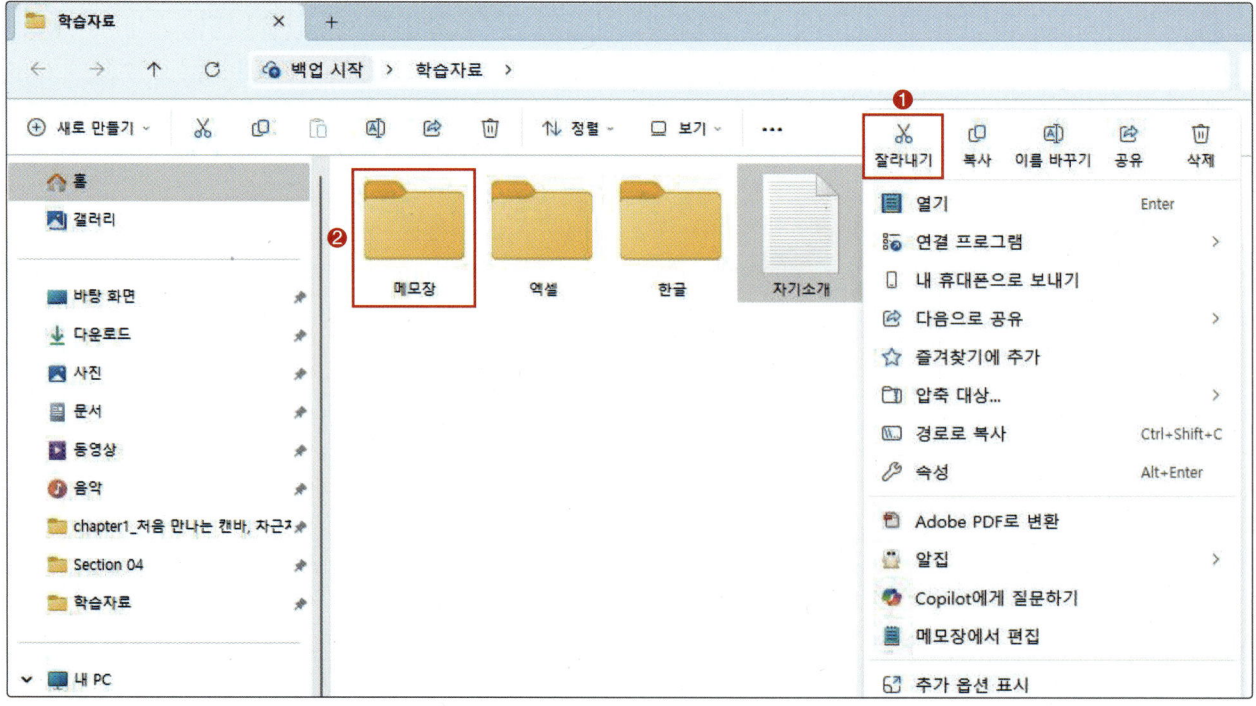

> **tip** 잘라내기 : Ctrl + X

2. [메모장] 폴더가 열리면 빈 공간에서 마우스 오른쪽 단추를 클릭하여 [붙여넣기]를 클릭합니다.

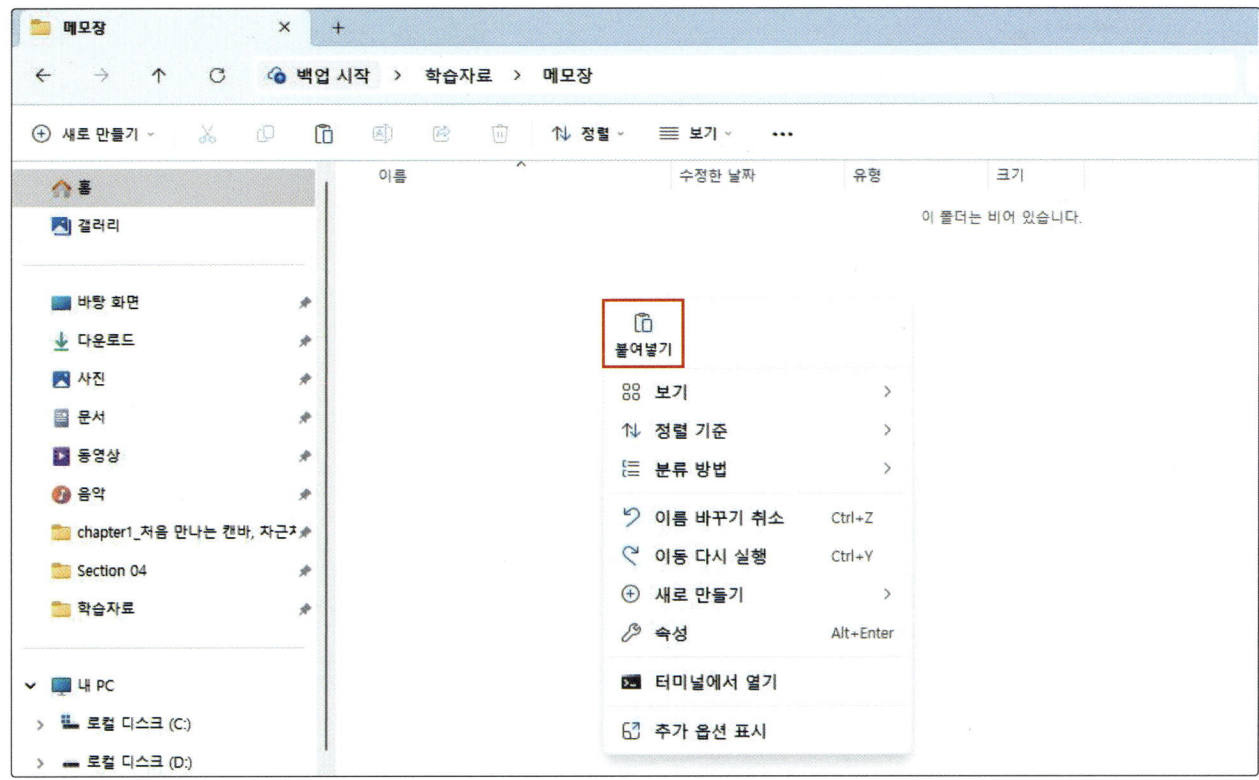

3. 다음과 같이 파일이 이동되었습니다. 이번에는 똑같은 내용의 파일을 [학습자료] 폴더에 복사하기 위해 '자기소개.txt' 파일에서 마우스 오른쪽 단추를 클릭하여 [복사]를 클릭합니다.

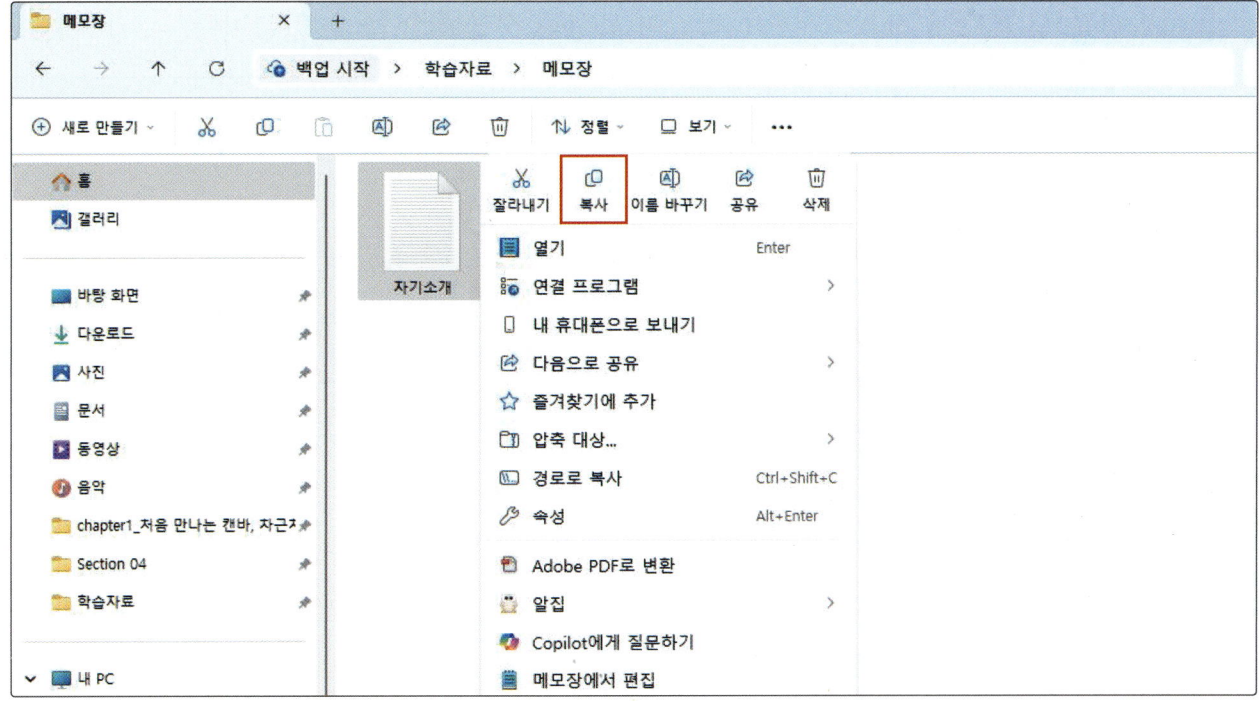

> **tip** 복사 : Ctrl + C

4. 상위 폴더로 이동하기 위해 도구 모음에서 ↑ 단추를 클릭합니다. [학습자료] 폴더로 이동되면 폴더 빈 곳에서 마우스 오른쪽 단추를 클릭하여 [붙여넣기]를 클릭합니다.

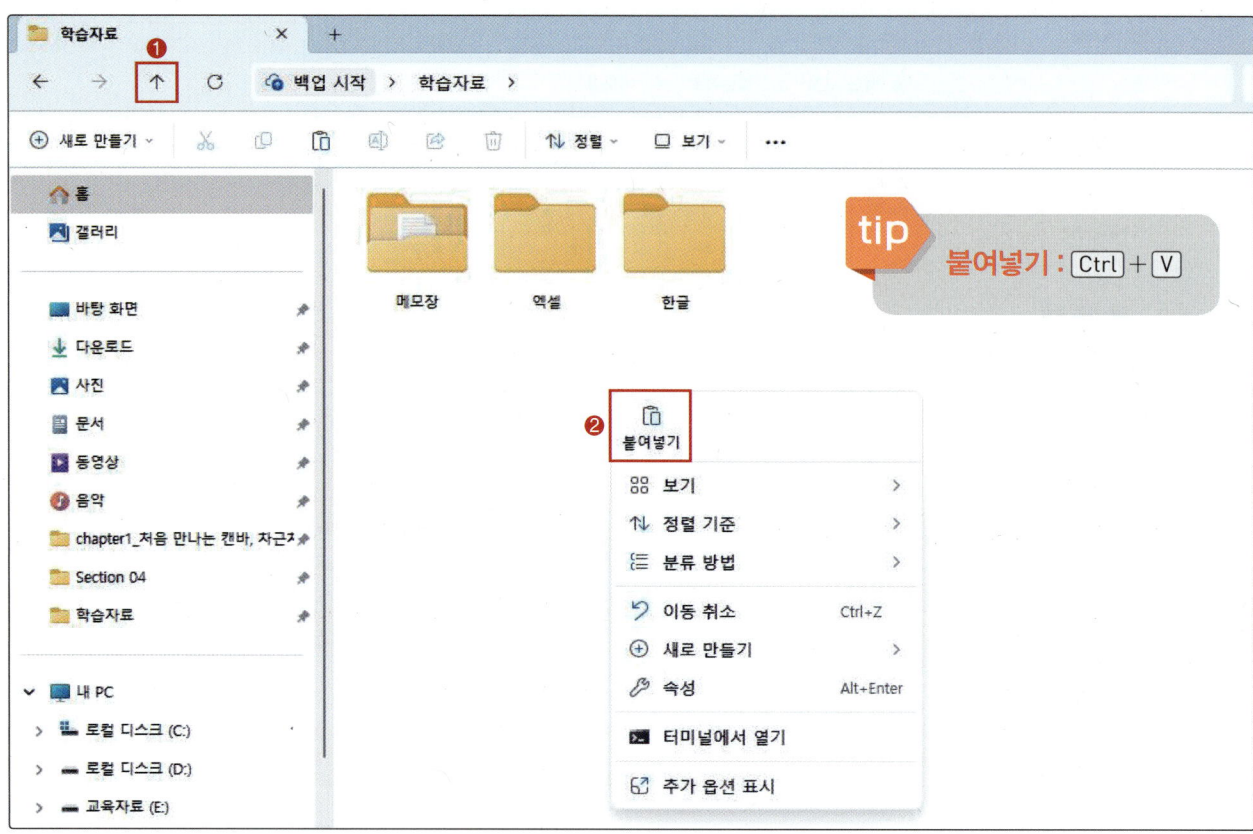

tip 붙여넣기 : Ctrl + V

5. [학습자료] 폴더에 '자기소개.txt' 파일이 복사된 것을 확인할 수 있습니다.

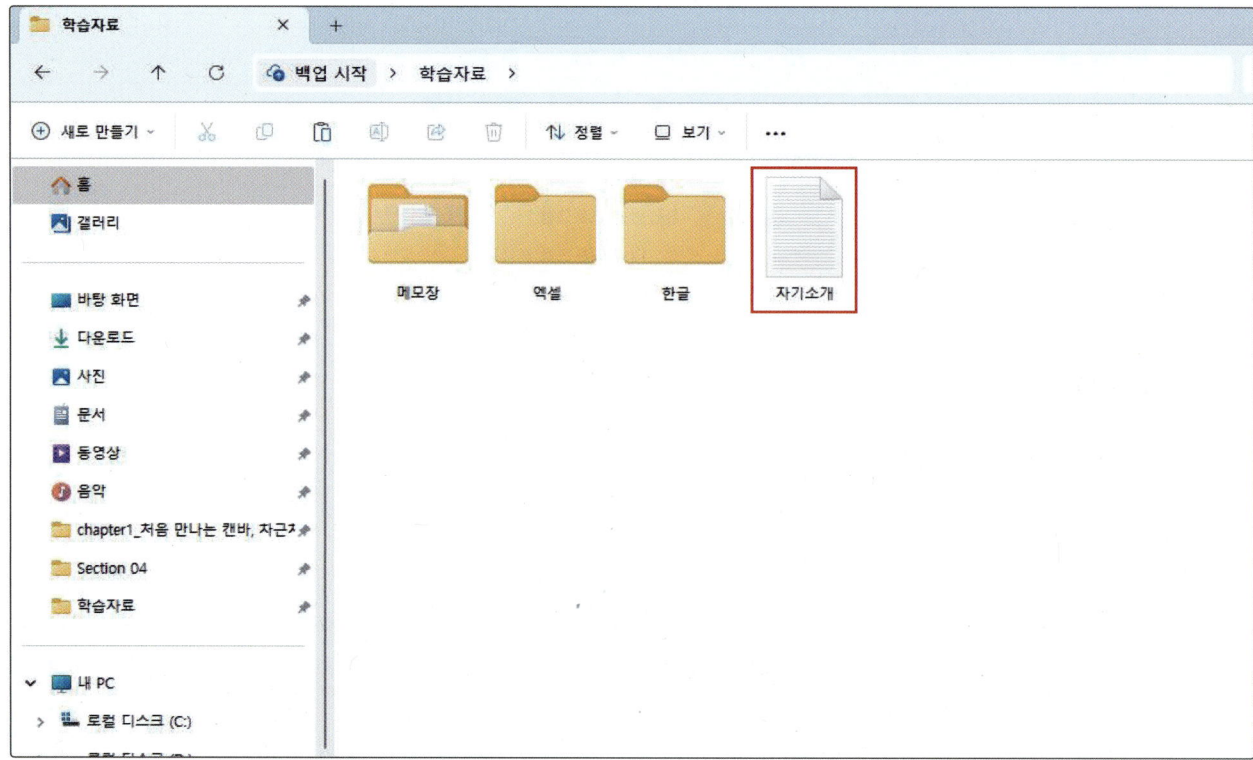

4 폴더 / 파일 삭제와 복원하기

1. [학습자료] 폴더에서 [엑셀] 폴더를 삭제하기 위해 [엑셀] 폴더에서 마우스 오른쪽 단추를 클릭하여 [삭제]를 클릭합니다.

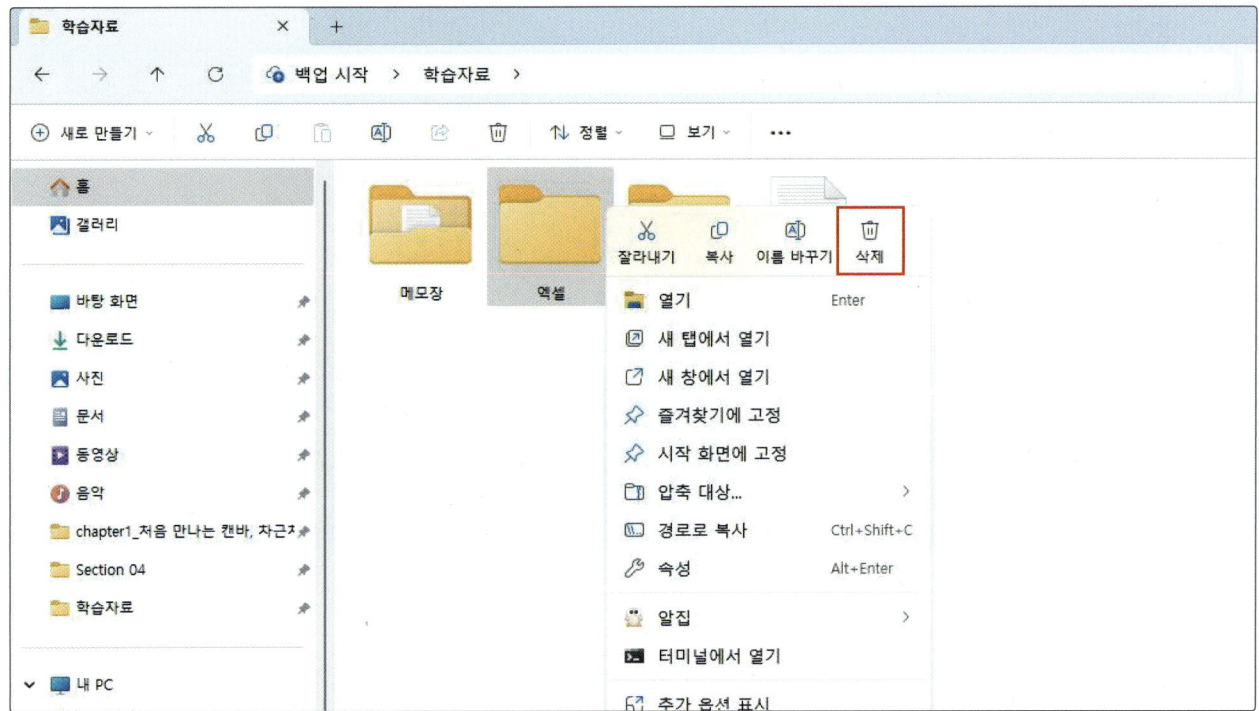

2. [학습자료] 폴더 안에 있던 [엑셀] 폴더가 지워진 것을 확인할 수 있습니다. [학습자료] 폴더 창의 ✕ [닫기]를 클릭하여 폴더 창을 닫습니다.

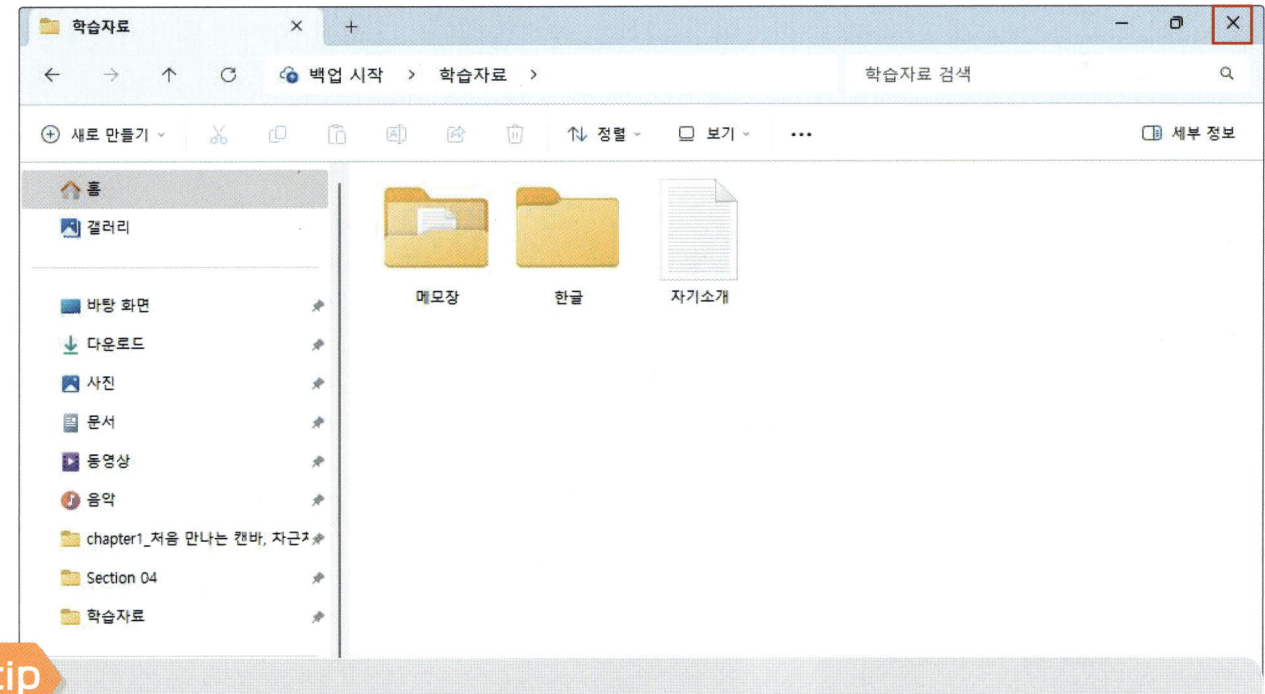

> **tip** 삭제된 파일이나 폴더는 휴지통 저장 공간에 보관됩니다. 휴지통에 보관된 파일이나 폴더는 휴지통을 비우기 전까지 삭제하기 이전의 상태로 복원할 수 있습니다.

3. 삭제한 개인자료 폴더를 삭제하기 이전의 상태로 되돌리기 위해 바탕 화면에서 [휴지통] 아이콘을 더블클릭합니다.

tip 바탕 화면의 휴지통 아이콘에 종이 모양( )이 있으면, 삭제된 파일을 보관하고 있다는 것입니다. 삭제한 파일이나 폴더가 없으면, 휴지통 아이콘은 휴지통이 비어있는 모습으로 표시됩니다( ).

4. 휴지통 폴더에 삭제된 [엑셀] 폴더가 보관되어 있는 것을 확인할 수 있습니다. [엑셀] 폴더에서 마우스 오른쪽 단추를 클릭하여 [복원]을 클릭합니다. 그러면 [엑셀] 폴더가 원 상태로 복원이 됩니다.

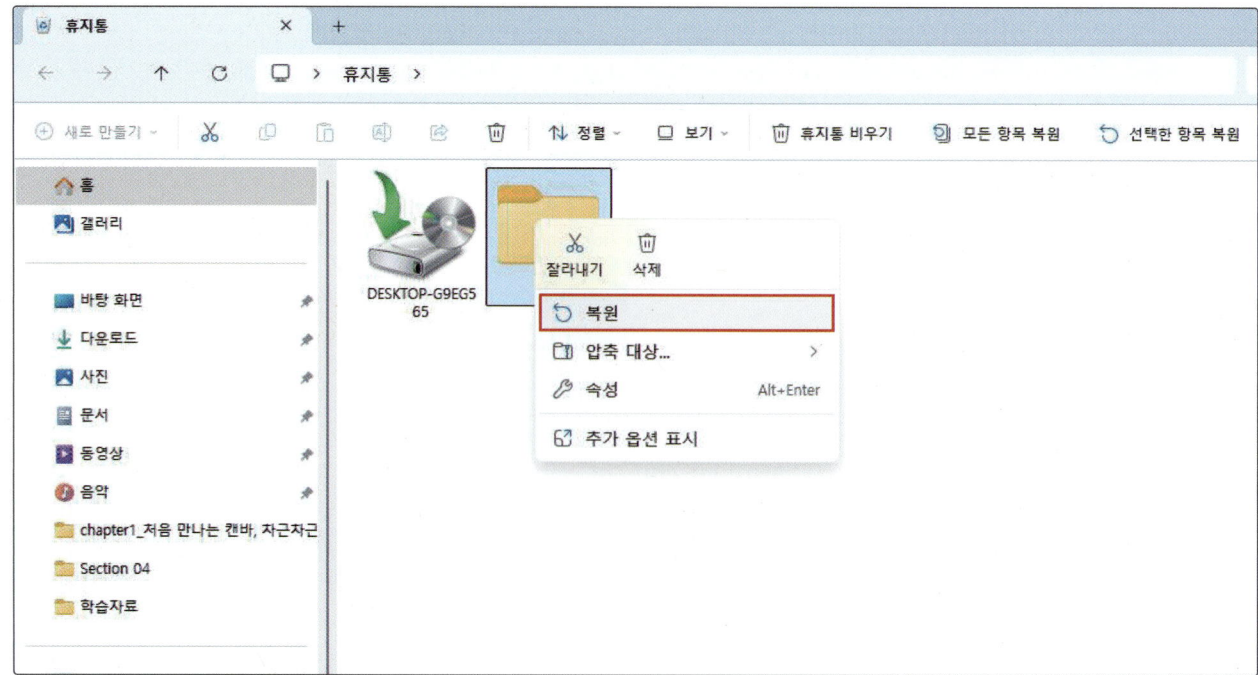

휴지통 비우기

삭제한 파일이나 폴더는 휴지통에 보관됩니다. 휴지통에 보관된 파일은 컴퓨터의 공간을 차지하고 있으므로, 휴지통 비우기를 해야 컴퓨터 공간을 확보할 수 있습니다. 휴지통 비우기를 한 후에는 삭제한 파일이나 폴더가 컴퓨터에서 완전히 지워지기 때문에 삭제하기 이전의 상태로 되돌릴 수 없습니다.

① 바탕 화면의 휴지통 아이콘에서 마우스 오른쪽 단추를 클릭하여 [휴지통 비우기]를 클릭합니다.
② 파일을 완전히 삭제할 것인지 묻는 [파일 삭제] 대화상자가 나타나면 [예]를 클릭합니다.

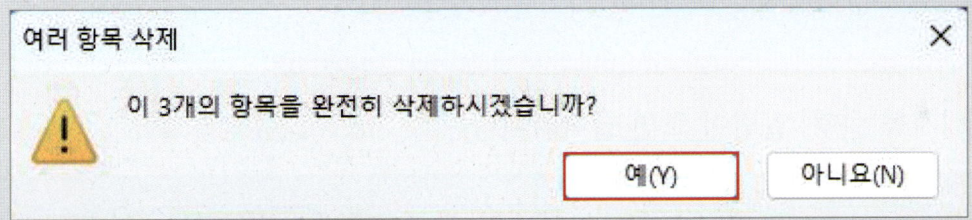

5 휴대폰 컴퓨터와 연결하기

1. 스마트폰과 컴퓨터를 연결하는 USB를 다음과 같이 연결합니다.

2. 알림 영역에 [자동 실행] 알림이 뜨면 클릭합니다.

3. 스마트폰과 연결하여 작업할 내용 선택 창에서 [장치를 열어 파일 보기]를 클릭합니다.

4. 다음과 같이 스마트폰과 연결되어 스마트폰에 저장되어 있는 폴더를 확인할 수 있습니다.

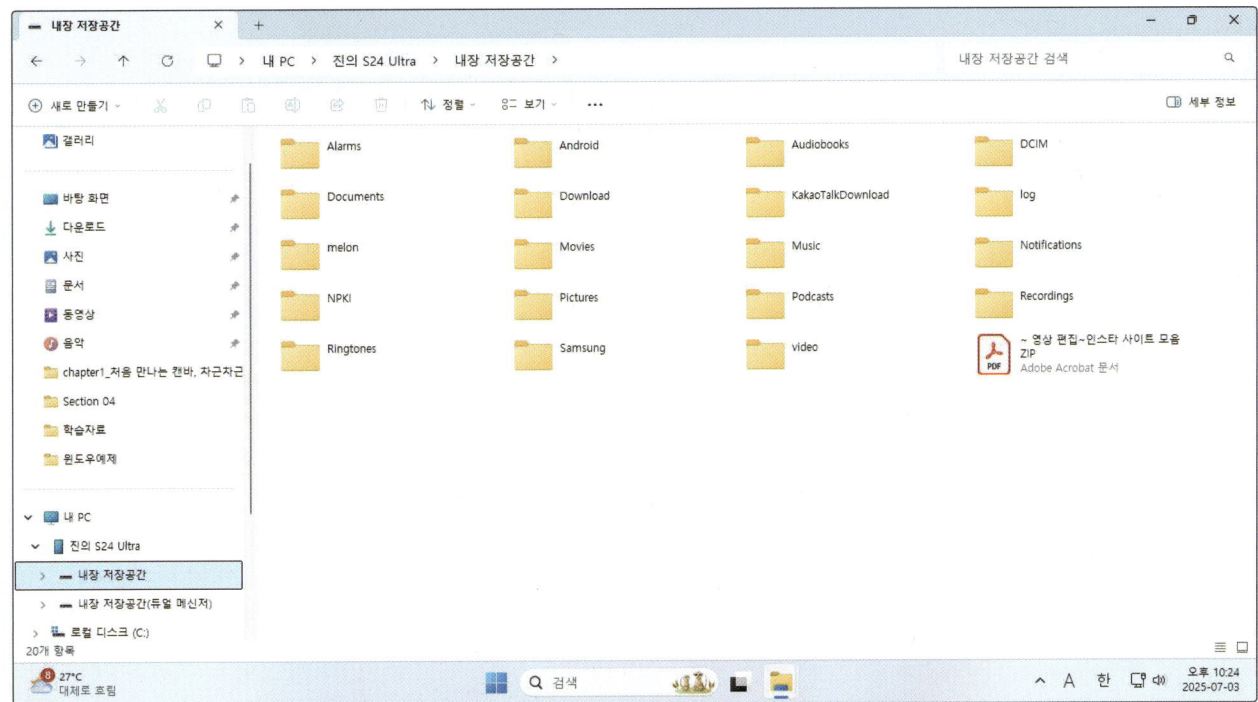

> **tip**
> [DCIM] : 카메라 사진 폴더
> [Documents] : 문서 폴더
> [Download] : 다운로드 폴더

Section 04 폴더와 파일 관리하기

SECTION 05 컴퓨터 점검하기

원·도·우·1·1

컴퓨터를 자주 사용하고 다양한 앱을 설치 또는 삭제를 반복하면 불필요한 찌꺼기 파일이 쌓여 디스크 공간을 차지하기도 하고, 이로 인해 컴퓨터 속도도 느려지게 됩니다. 디스크 정리와 디스크 조각 모음 등을 이용하여 디스크 공간을 확보하고 컴퓨터 속도를 빠르고 효율적으로 사용할 수 있는 방법을 알아보겠습니다.

1 내 컴퓨터 사양 알아보기

1. 바탕 화면의  [내 PC] 아이콘에서 마우스 오른쪽 단추를 클릭하여 [속성]을 클릭합니다.

2. [설정]의 [시스템]에서 내 컴퓨터의 하드웨어 장치 사양을 알 수 있습니다.

3. 화면을 아래로 이동하면 현재 설치된 윈도우 11의 사양을 확인할 수 있습니다. 최신의 프로그램인지 확인하려면 [Windows 업데이트]를 클릭합니다.

4. [Windows 업데이트] 화면에서 현재 윈도우 11의 업데이트 유무를 확인할 수 있으며, [업데이트 확인]을 클릭하면 업데이트할 내용이 있는 경우 업데이트가 이루어집니다.

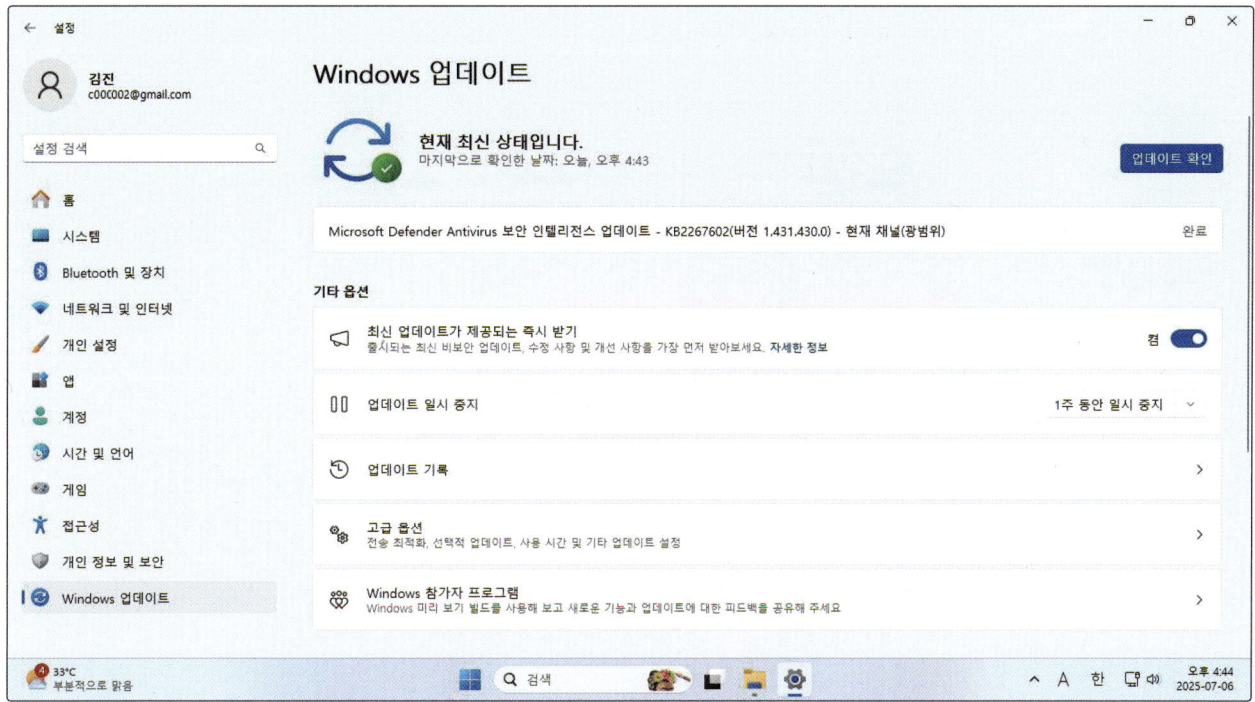

2 디스크 최적화 예약하기

1. 바탕 화면에서 [내 PC] 아이콘을 더블클릭하여 실행합니다.

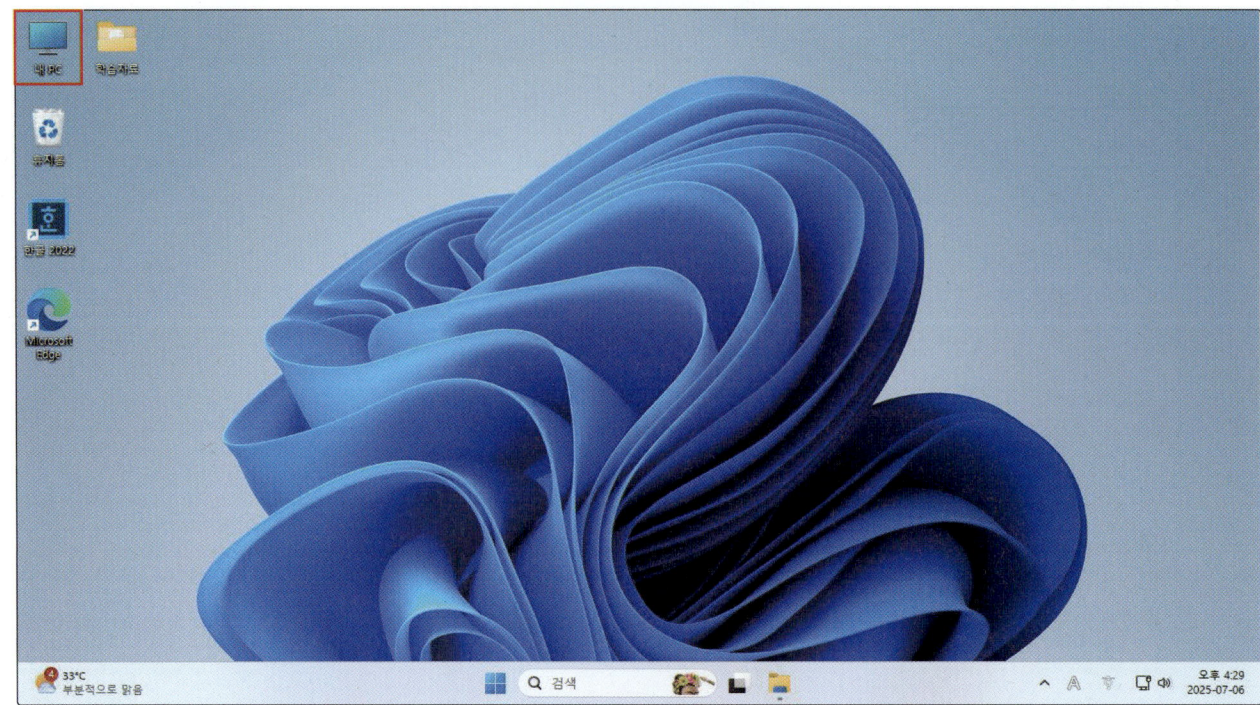

2. C: 드라이브에 디스크를 최적화하기 위해 '로컬 디스크(C:)'에서 마우스 오른쪽 단추를 클릭하여 [속성]을 클릭합니다.

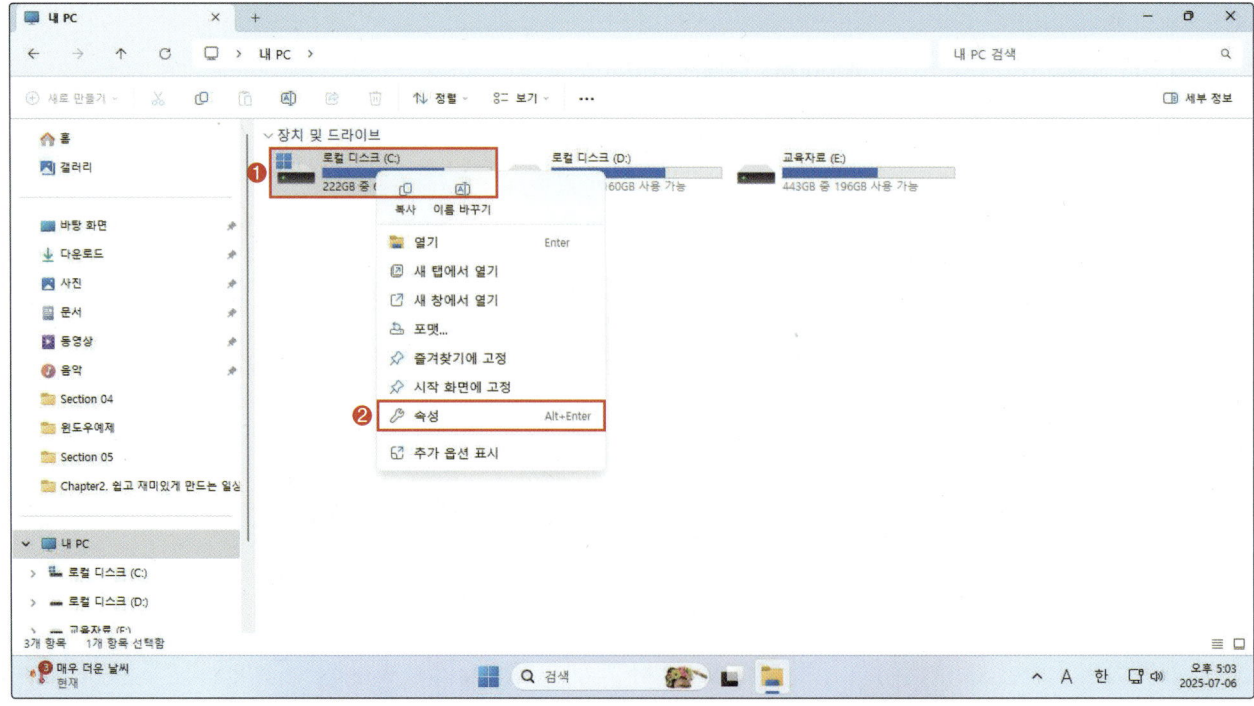

3. [로컬 디스크 (C:) 속성] 대화상자의 [도구] 탭에서 드라이브 최적화 및 조각 모음의 [최적화]를 클릭합니다.

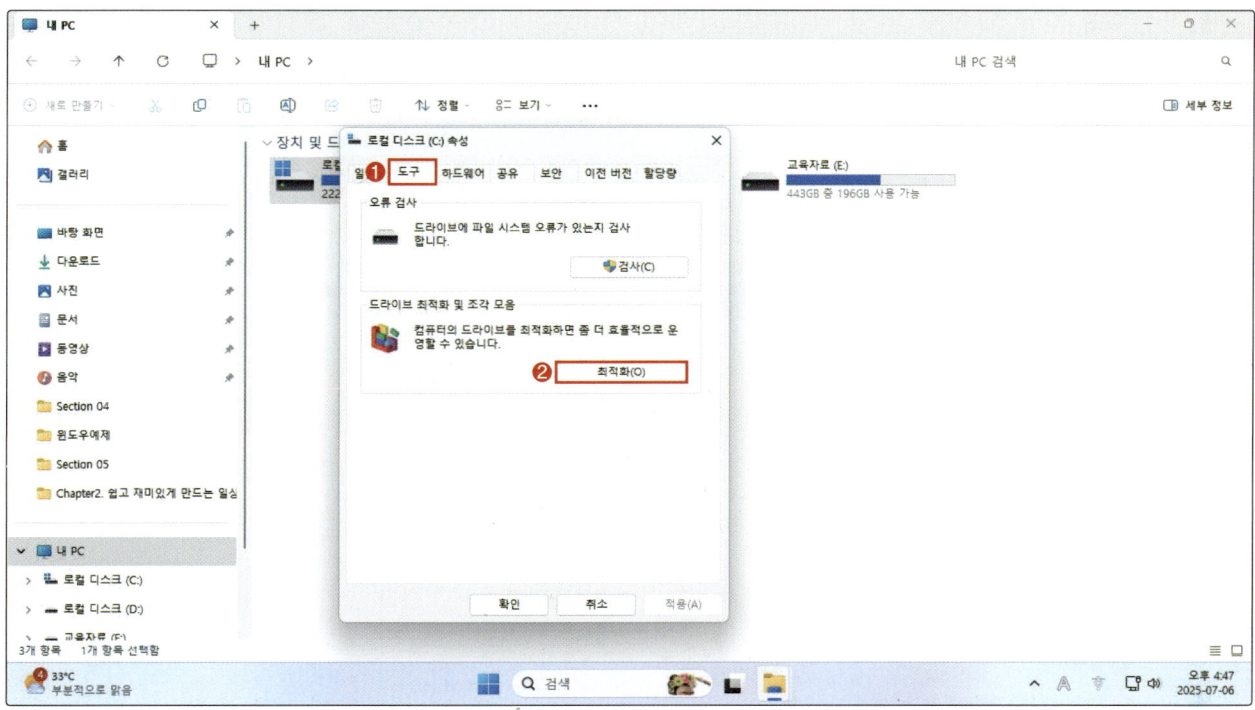

4. 예약된 최적화의 [켜기]를 클릭합니다. [최적화 일정]의 예약 실행에 체크 표시를 한 후 빈도를 '매주'로 지정하고 [확인]을 클릭하면 매주 자동으로 디스크를 최적화 시킵니다.

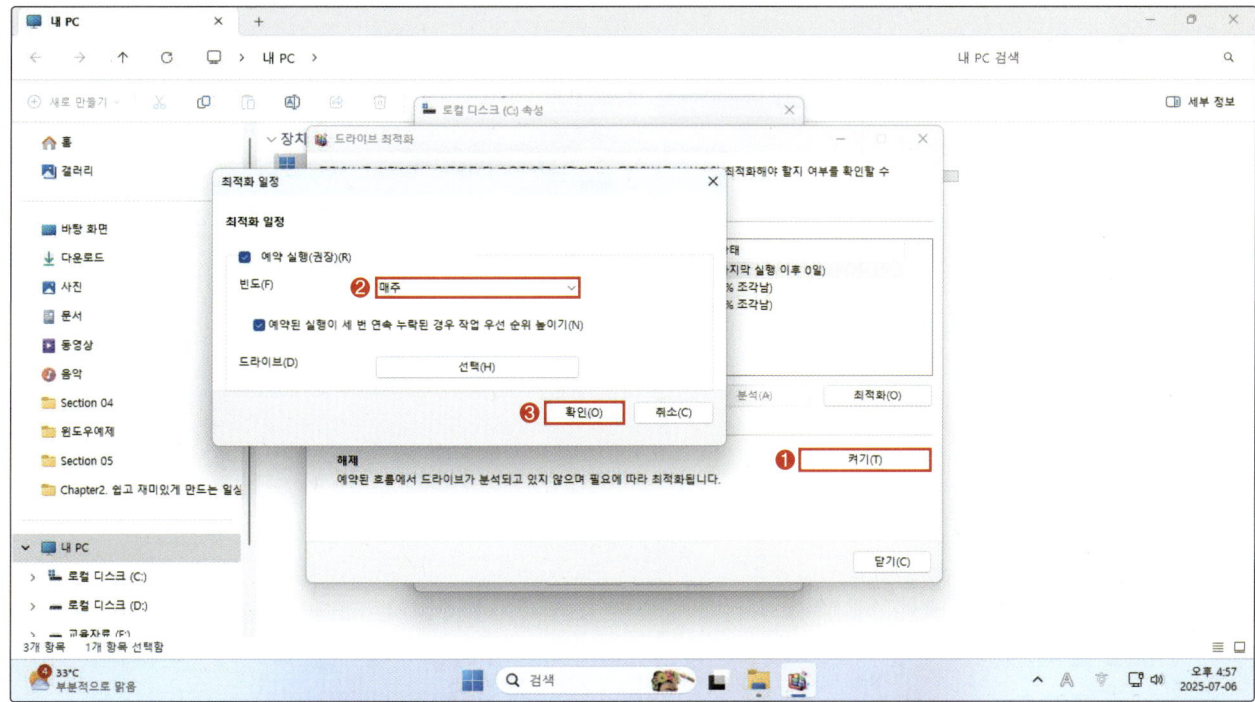

3 디스크 오류 검사하기

1. 디스크 오류 검사할 로컬 디스크(C:)에서 마우스 오른쪽 단추를 클릭하여 [속성]을 클릭합니다.

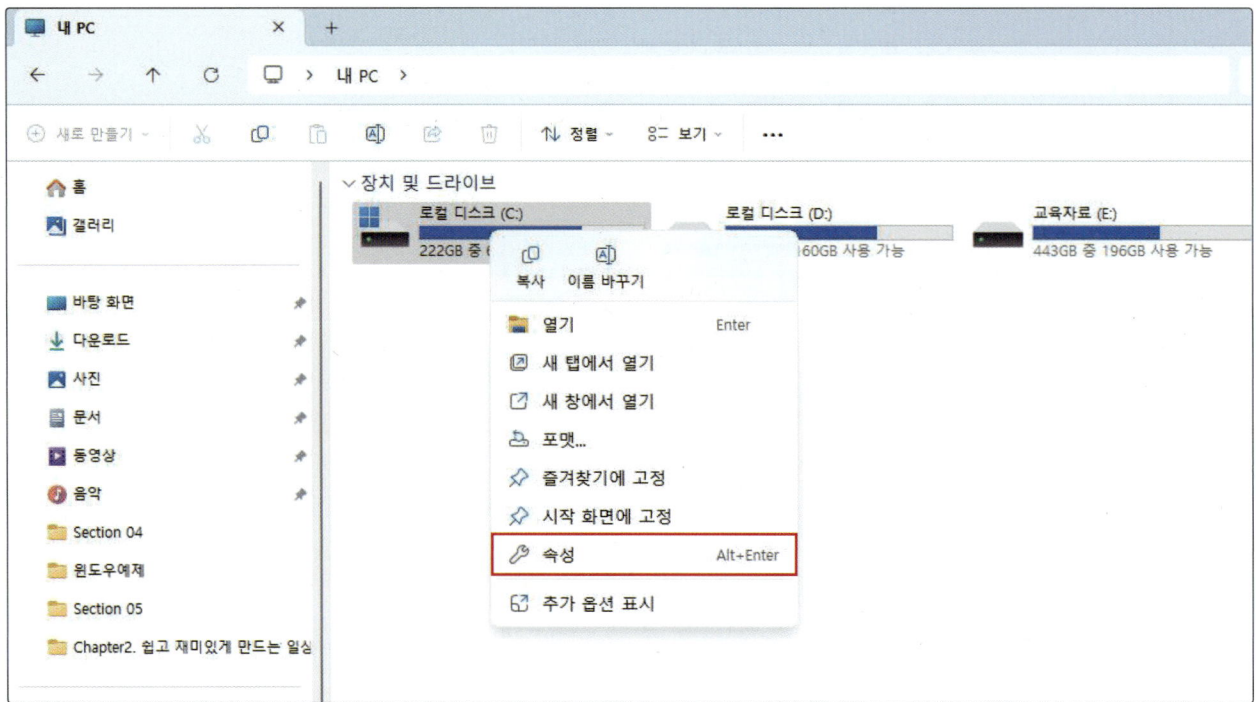

2. [로컬 디스크 (C:) 속성] 대화상자에서 [도구] 탭을 선택합니다. 오류 검사에서 [검사]를 클릭합니다.

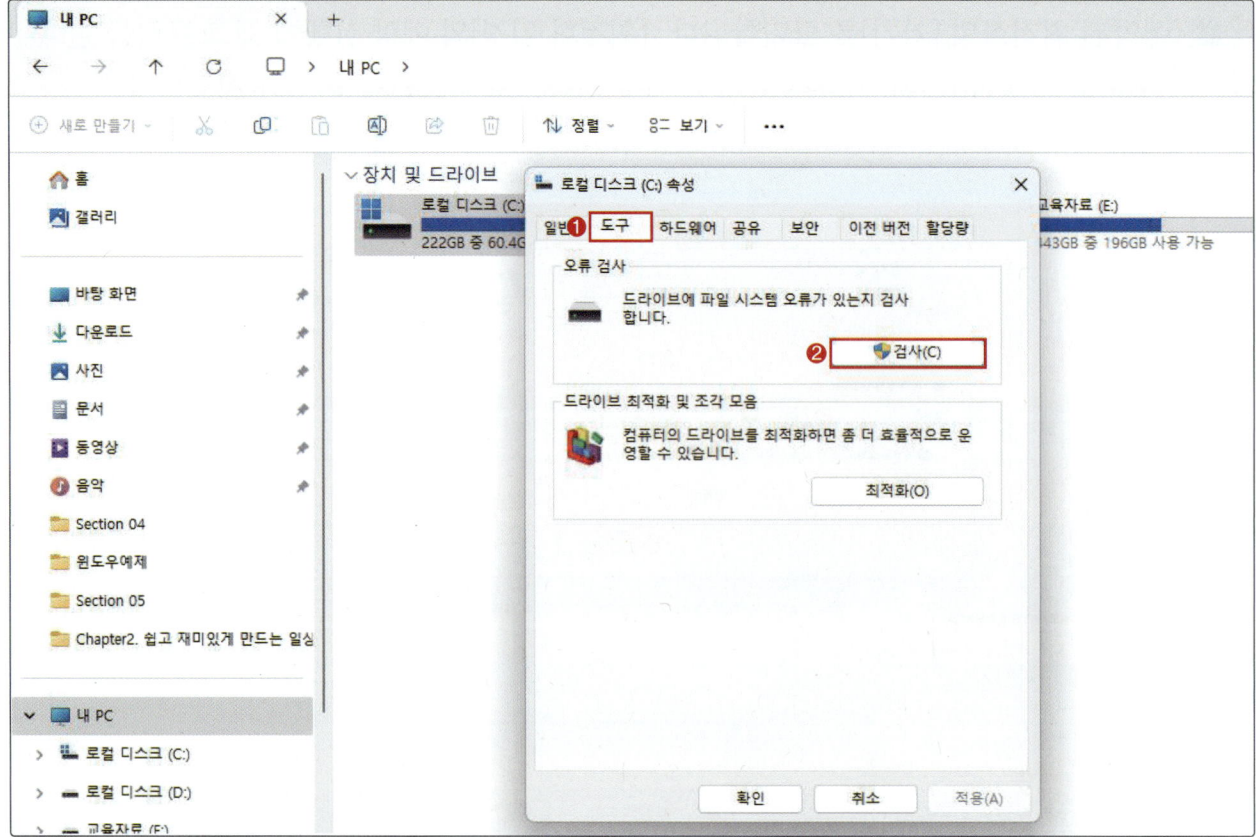

3. 오류 검사를 하기 위해 [드라이브 검사]를 클릭합니다.

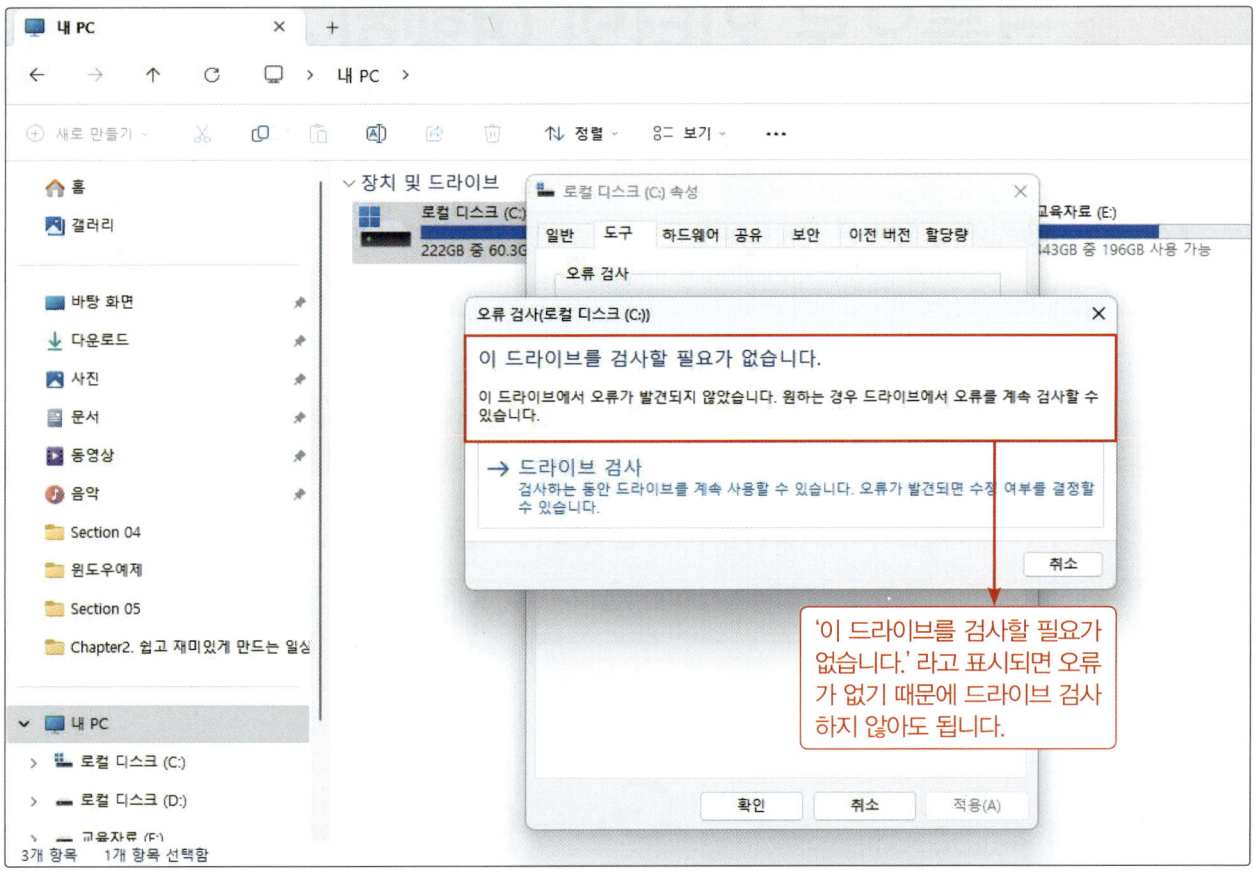

4. 드라이브 오류 검사가 시작되면 잠시 기다립니다. 오류 검사가 끝나면 다음과 같이 대화상자가 나타납니다. 이상이 없으므로 [닫기]를 클릭합니다.

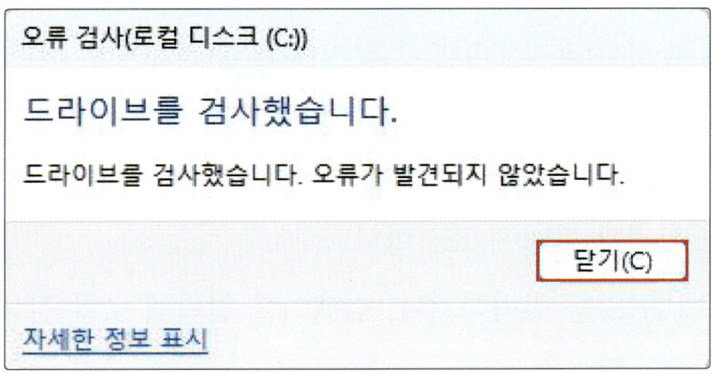

SECTION 06 크롬으로 인터넷 여행하기

윈·도·우·1·1

인터넷을 사용하려면 웹사이트를 열 수 있는 브라우저라는 프로그램이 필요합니다. 그중에서도 크롬(Chrome) 브라우저는 전 세계에서 가장 많이 사용하는 프로그램으로, 속도가 빠르고 사용법이 쉬워 많은 사람들이 편하게 사용하고 있습니다.

1 크롬 브라우저 창 알아보기

바탕 화면에서 크롬 아이콘()을 더블클릭하면 크롬 브라우저가 실행됩니다.

❶ **새 탭** : 연결된 사이트의 이름이 표시되며, + [새탭]을 클릭하여 탭 형식으로 여러 웹 사이트를 표시할 수 있습니다.

❷ **이전 페이지 / 다음 페이지** : 이전 또는 다음 웹페이지로 돌아갑니다.

❸ **새로 고침** : 현재 페이지를 다시 불러와 화면에 표시합니다.

❹ **검색 및 URL 창** : 웹사이트 주소(URL)를 입력하거나, 검색어를 입력해 구글 검색을 할 수 있는 공간입니다.

❺ **북마크에 추가** : 자주 사용하는 사이트를 북마크나 북마크바에 추가할 수 있습니다.

❻ **계정** : 현재 크롬에 로그인되어 있는 구글 계정을 표시하며, 구글을 로그아웃 하거나 다른 계정으로 변경할 수 있습니다.

❼ **Chrome 맞춤 설정 및 제어** : 크롬을 더 편리하게 쓸 수 있게 인터넷을 새로 열거나, 자주 가는 사이트를 저장하고 방문 기록을 확인하거나, 크롬의 다양한 설정을 바꿀 수 있습니다.

> **tip** 바탕 화면에 크롬 아이콘이 없는 경우 다운 받아 설치해야 합니다. [Microsoft Edge]를 실행한 후, 네이버 사이트로 찾아가서 '크롬 다운로드'를 검색합니다. 검색한 화면에서 [Chrome 웹브라우저]를 실행하여 나온 화면에서 [Chrome 다운로드]를 실행하여 다운받은 후 설치합니다.

2 크롬 브라우저 환경 설정하기

1. 크롬 브라우저에서 [Chrome 맞춤 설정 및 제어]를 클릭한 다음 [설정]을 클릭합니다.

2. [설정] 화면의 [모양]에서 [홈 버튼 표시]를 클릭하여 활성화합니다.

> **tip** **맞춤 웹 주소 입력** : 특정 사이트 주소를 입력하면 [홈] 단추를 클릭할 경우 해당 사이트로 이동합니다.

3. 크롬을 시작할 때 특정 홈페이지가 나타나도록 할 수 있습니다. 시작 화면을 설정하기 위해 [시작 시 설정]을 클릭합니다. '특정 페이지 또는 페이지 모음 열기'를 클릭하여 [새 페이지 추가]를 클릭합니다.

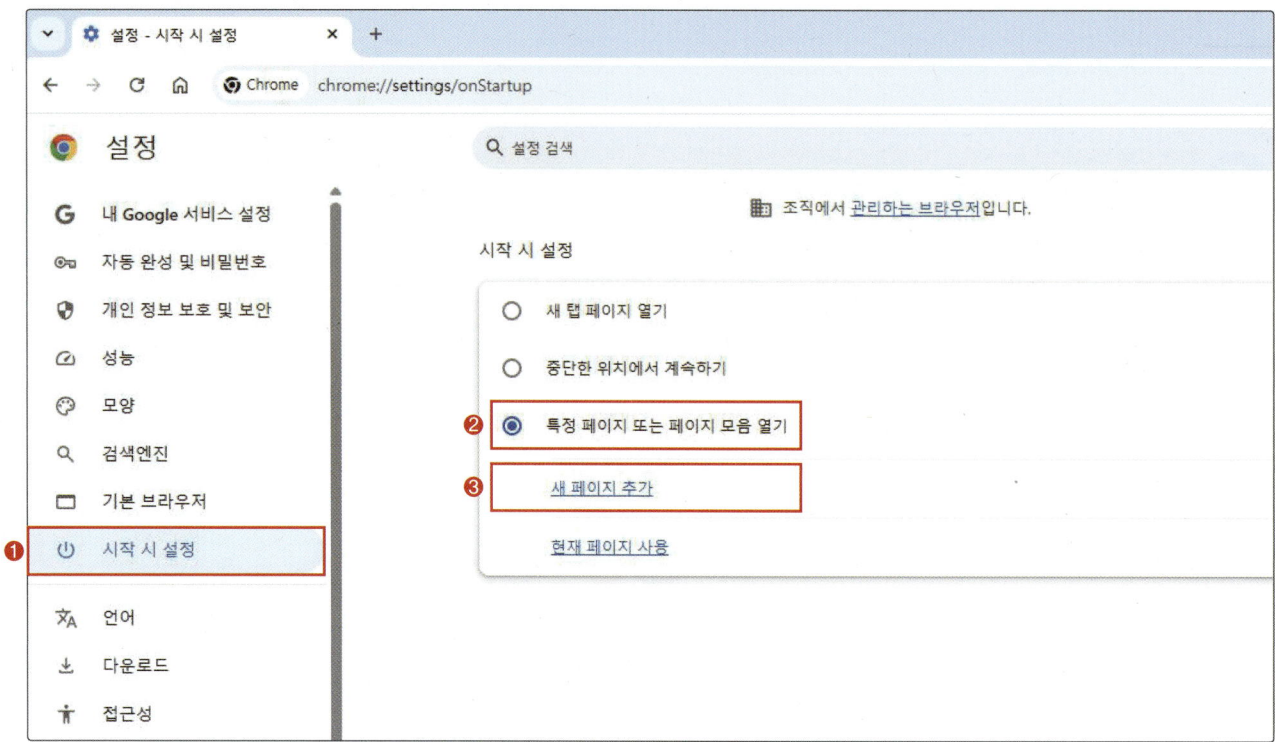

4. [새 페이지 추가] 창에 'https://www.naver.com'을 입력하고 [추가]를 클릭합니다. 크롬 브라우저 창을 닫습니다.

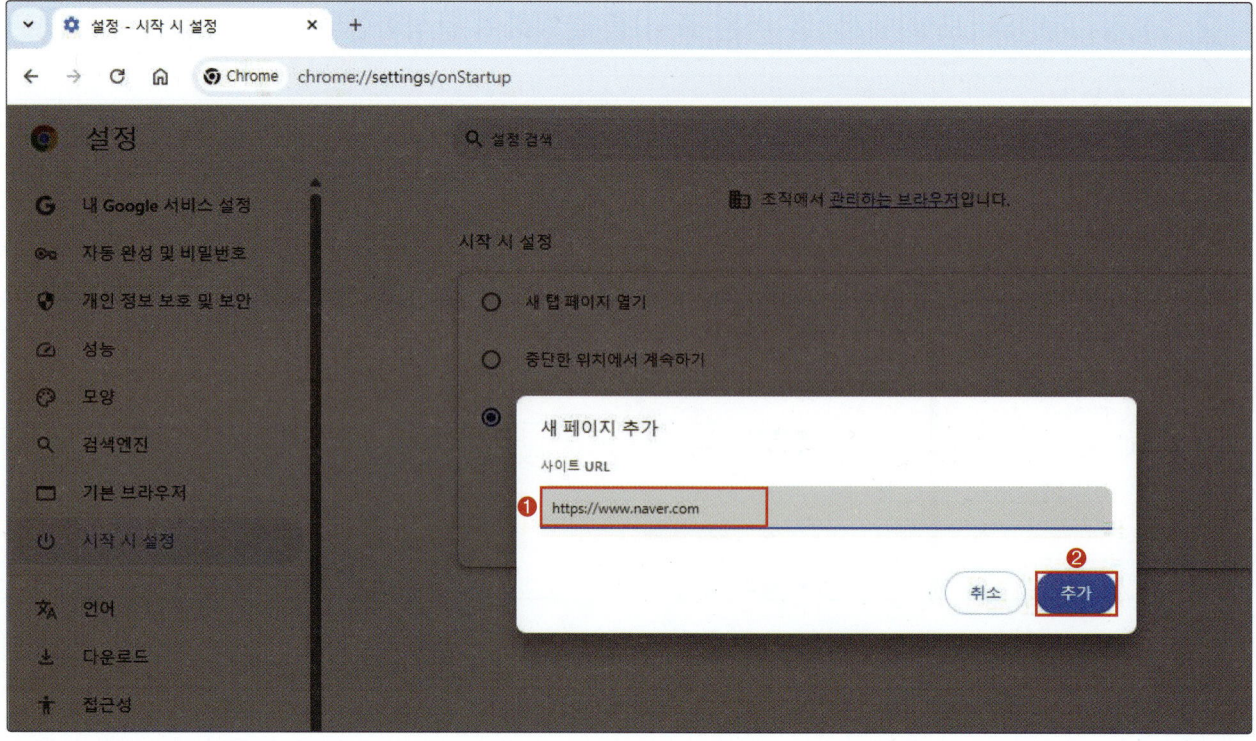

5. 이후부터는 바탕화면에서 [Google Chrome]를 더블클릭하여 실행하면 시작 페이지인 네이버 홈페이지가 표시됩니다. [홈]을 클릭합니다.

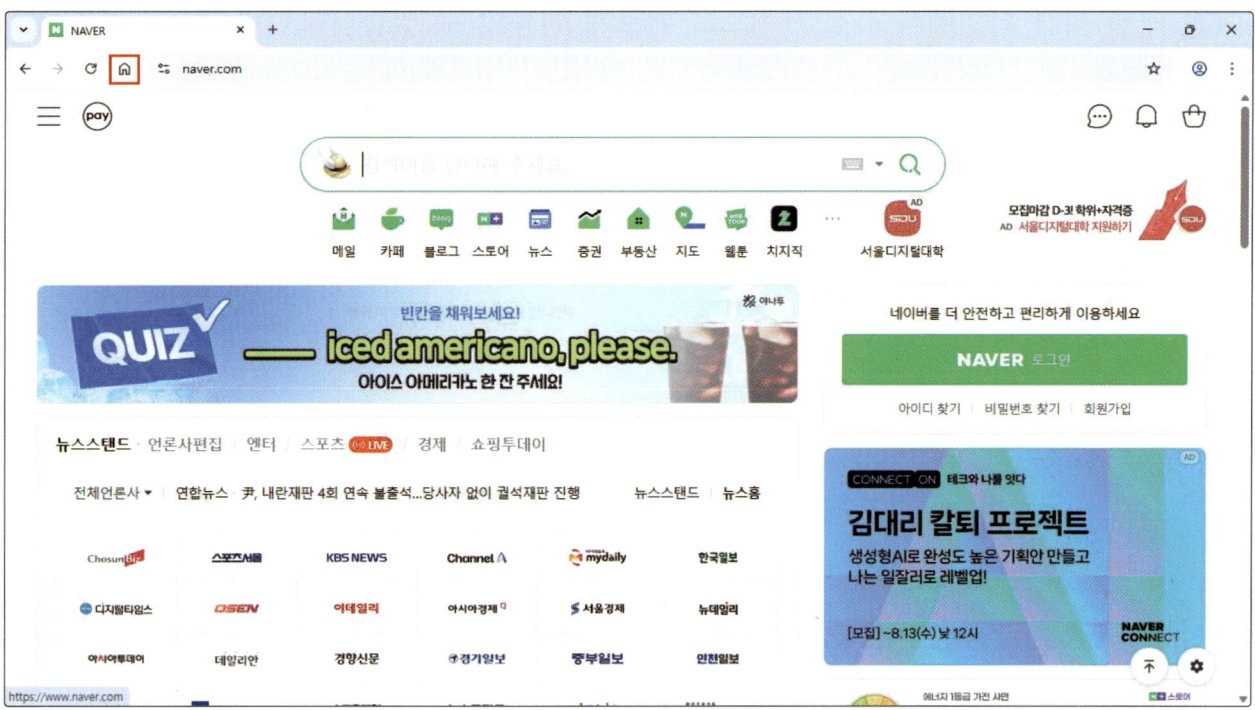

6. 구글 홈페이지로 이동한 것을 확인할 수 있습니다.

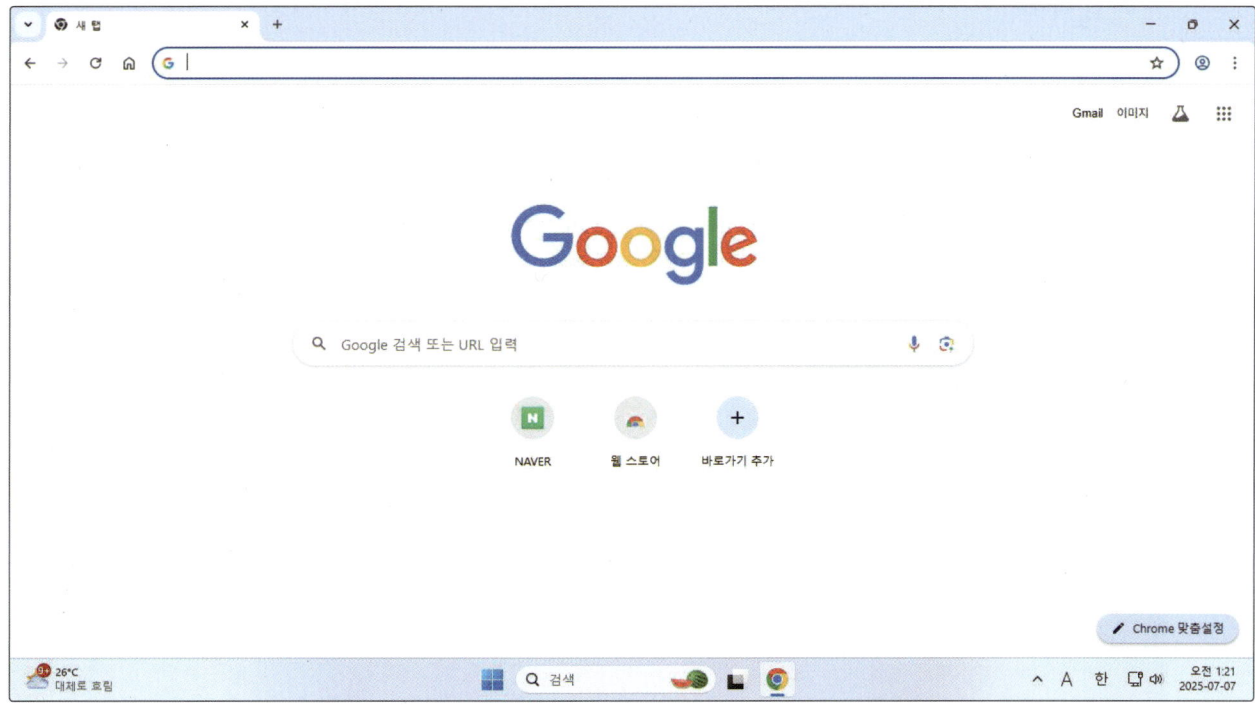

3 바로가기 추가하기

1. 구글 시작 화면에서 특정 사이트로 빠르게 이동할 수 있습니다. [바로가기 추가]를 클릭합니다.

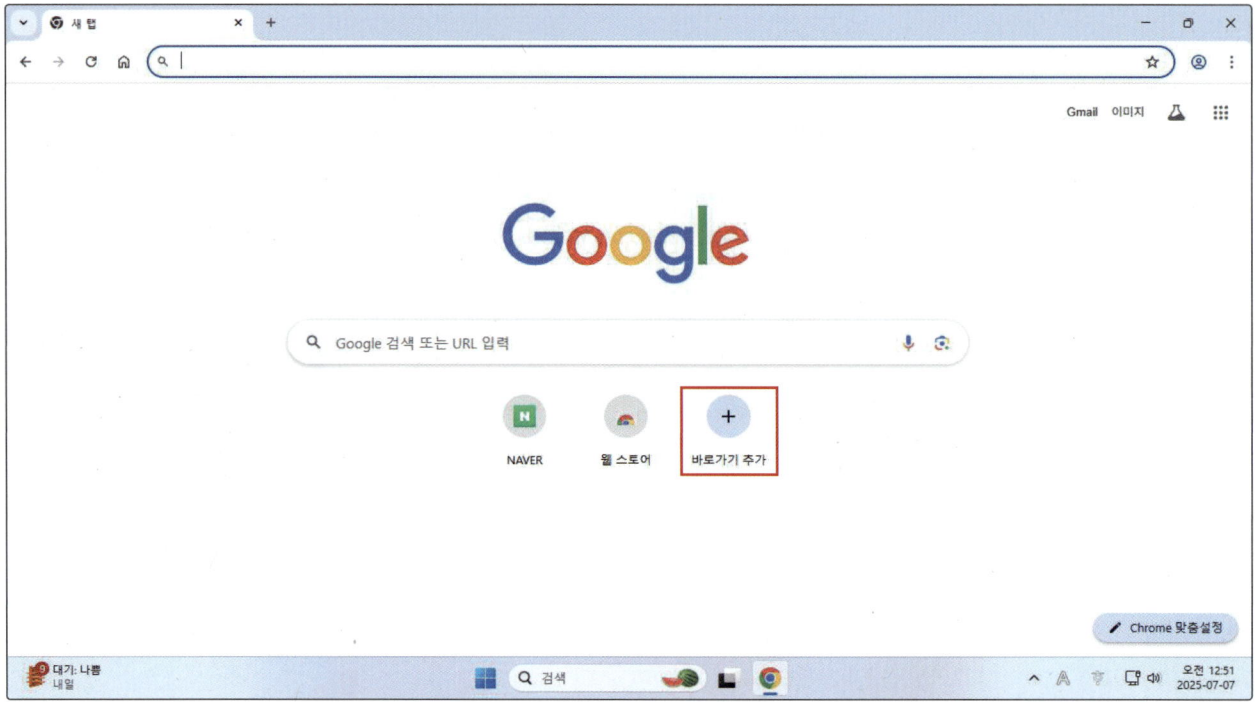

2. [바로가기 추가] 창에서 바로가기에 등록할 사이트의 이름과 URL 주소를 입력하고 [완료]를 클릭합니다.

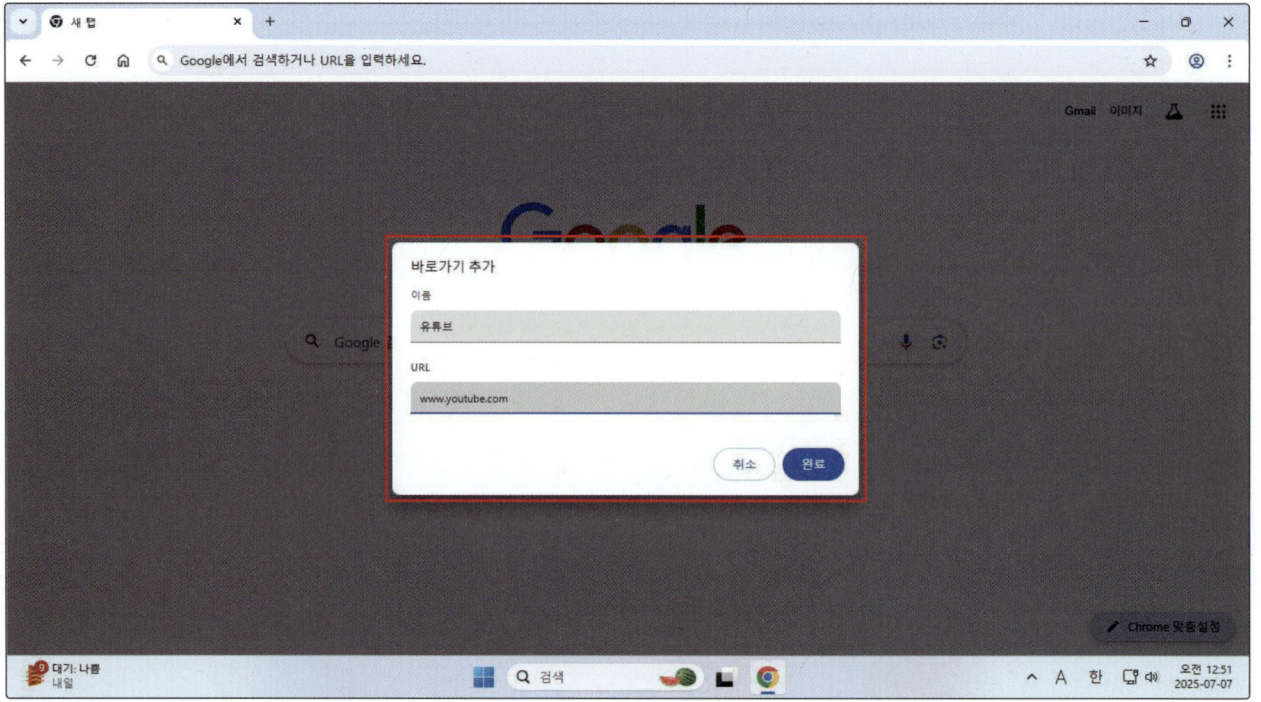

3. 구글 홈 페이지의 바로가기에 유튜브가 추가된 것을 확인할 수 있습니다. 유튜브를 클릭합니다.

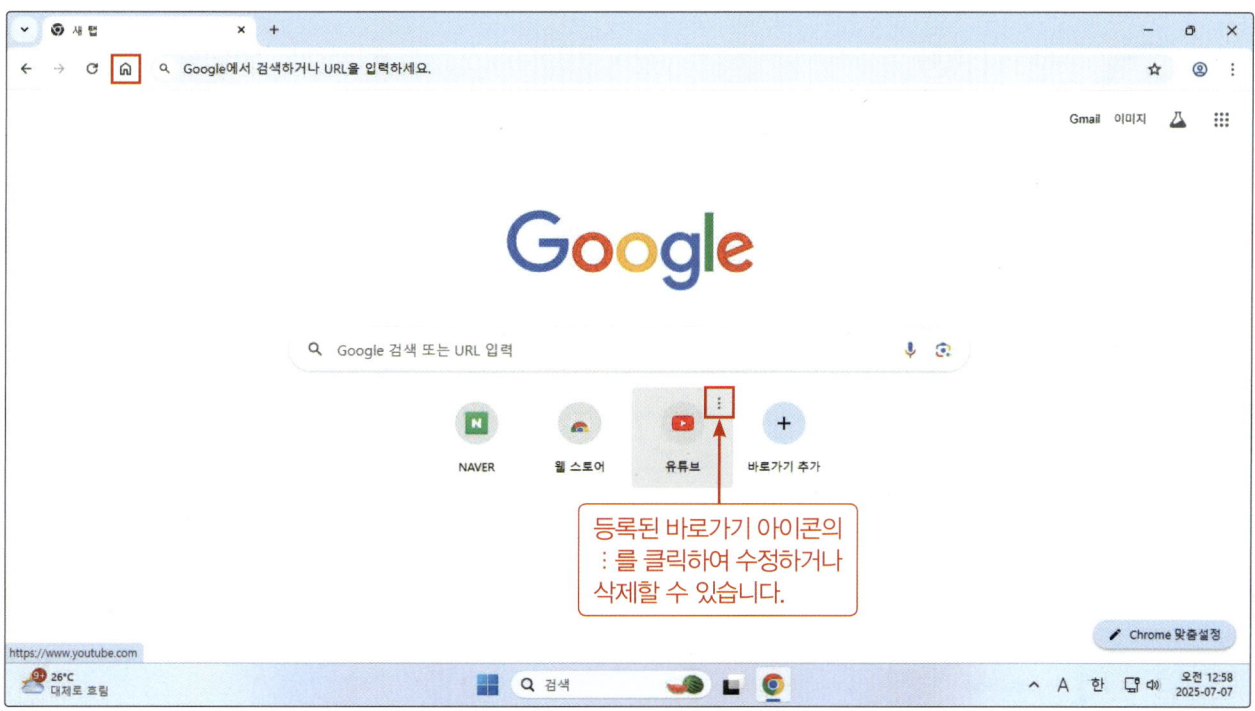

등록된 바로가기 아이콘의 : 를 클릭하여 수정하거나 삭제할 수 있습니다.

4. 유튜브 사이트로 빠르게 이동할 수 있습니다. ⌂ [홈]을 클릭하면 구글 홈페이지로 이동합니다.

① 크롬 브라우저의 시작 페이지를 'https://www.daum.net'으로 설정해보세요.

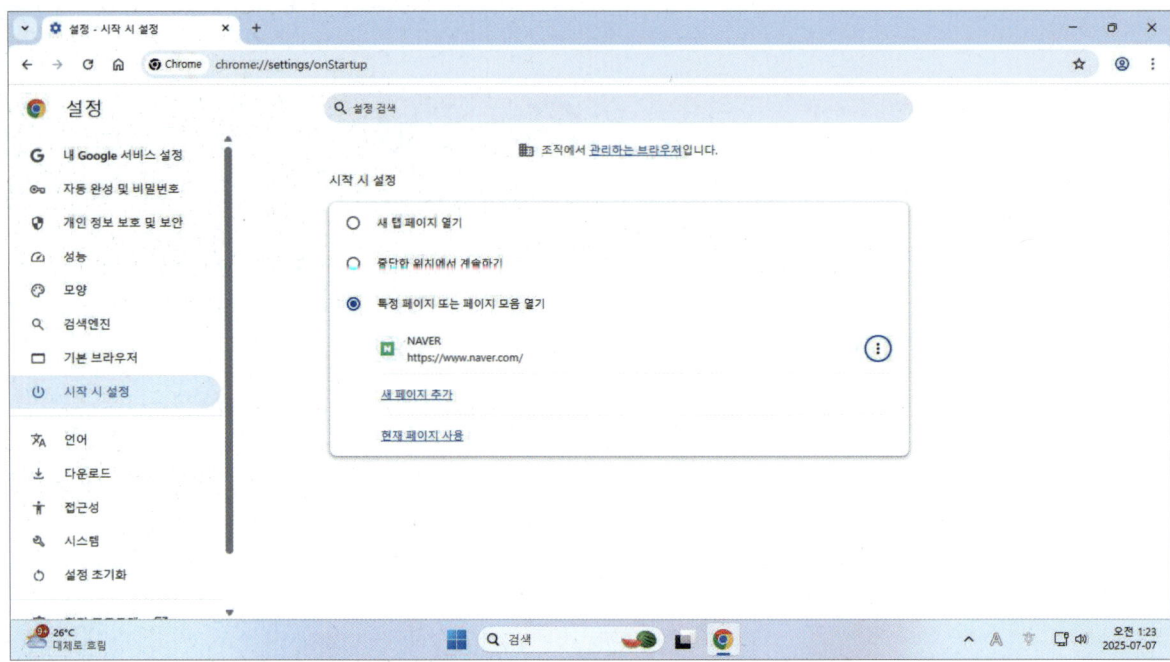

② [홈] 단추를 화면에서 감춰보세요.

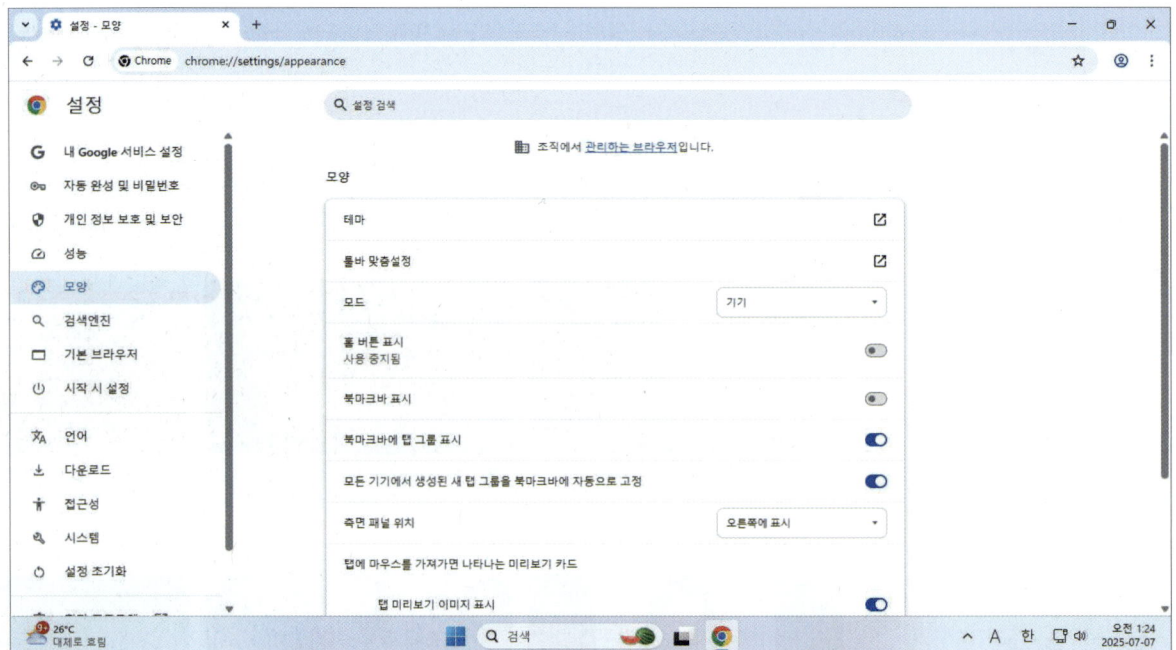

③ 챗GPT(https://chatgpt.com) 사이트를 바로가기에 추가해보세요.

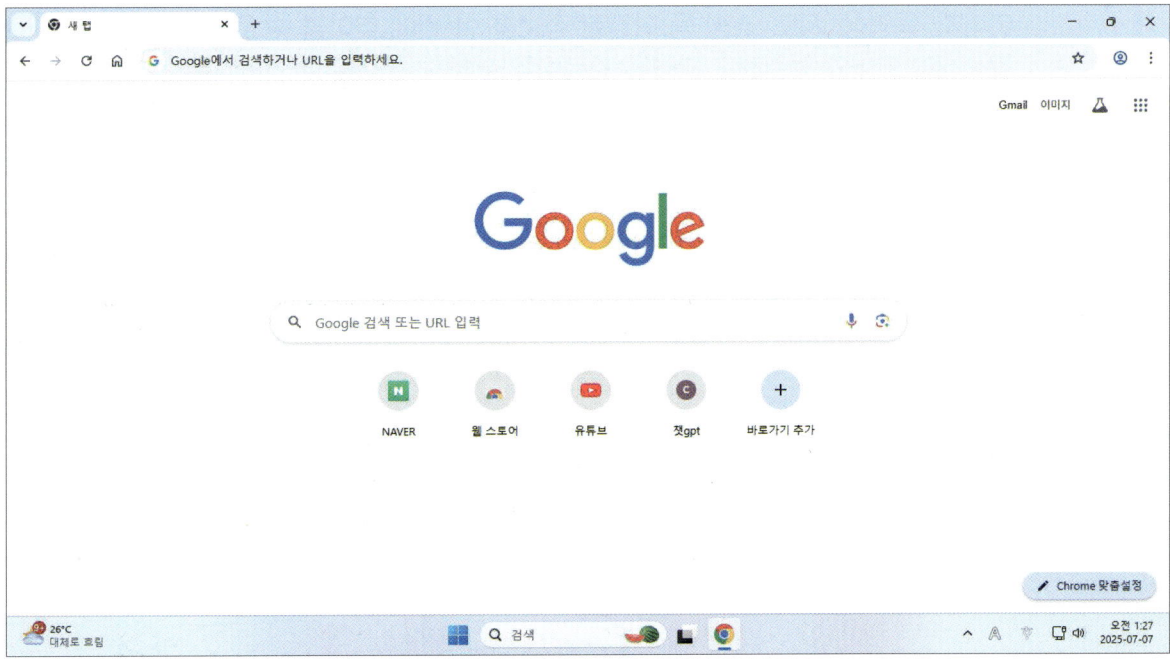

④ 불필요한 바로가기 사이트를 삭제해보세요.

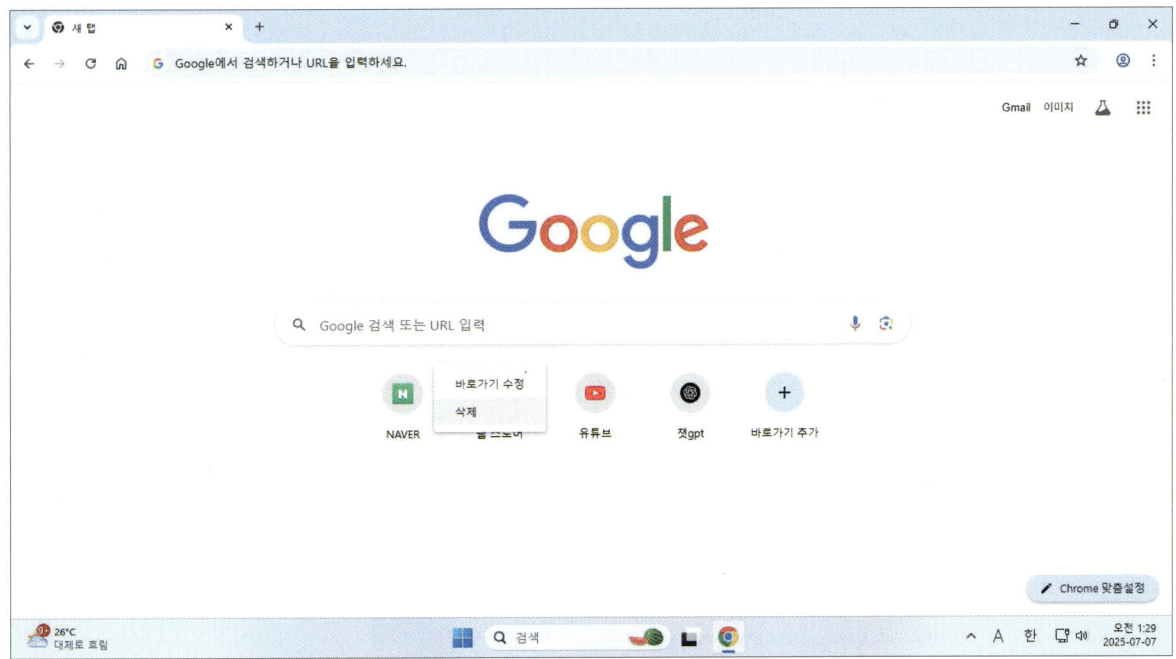

SECTION 07 구글로 정보 찾기

윈·도·우·1·1

구글 검색을 이용하면 궁금한 내용이나 필요한 정보를 쉽고 빠르게 찾을 수 있습니다. 뉴스, 이미지, 동영상, 지도, 쇼핑 등 다양한 정보를 한 번에 찾아볼 수 있는 아주 유용한 서비스로, 검색창에 단어만 입력해도 관련된 자료들을 손쉽게 확인할 수 있습니다.

1 정보 검색하기

1. 크롬 브라우저 검색란에 '경복궁 야간개장'을 입력한 다음 Enter 를 누릅니다.

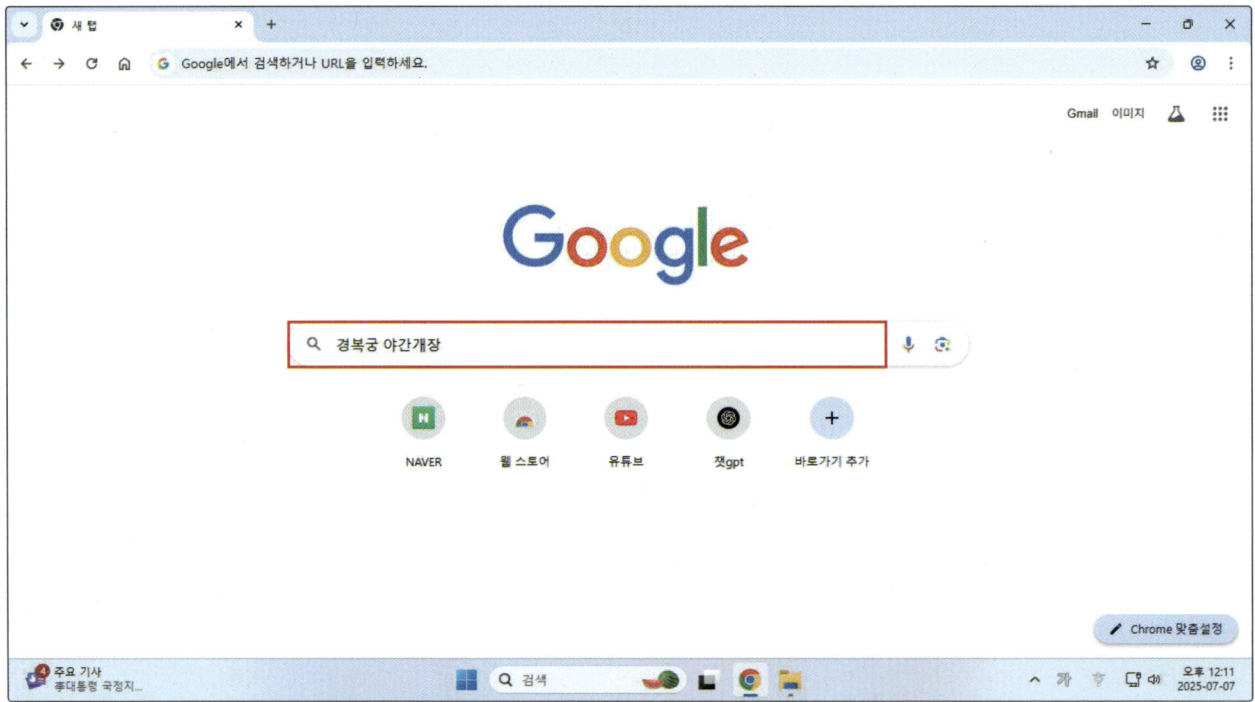

2. 경복궁 야간개장과 관련된 정보 검색 창에서 '궁능유적본부'를 클릭합니다.

3. '궁능유적본부 사이트에 경복궁 야간 관람 안내 정보를 확인할 수 있습니다. ← (뒤로)를 클릭하여 이전 화면으로 이동합니다.

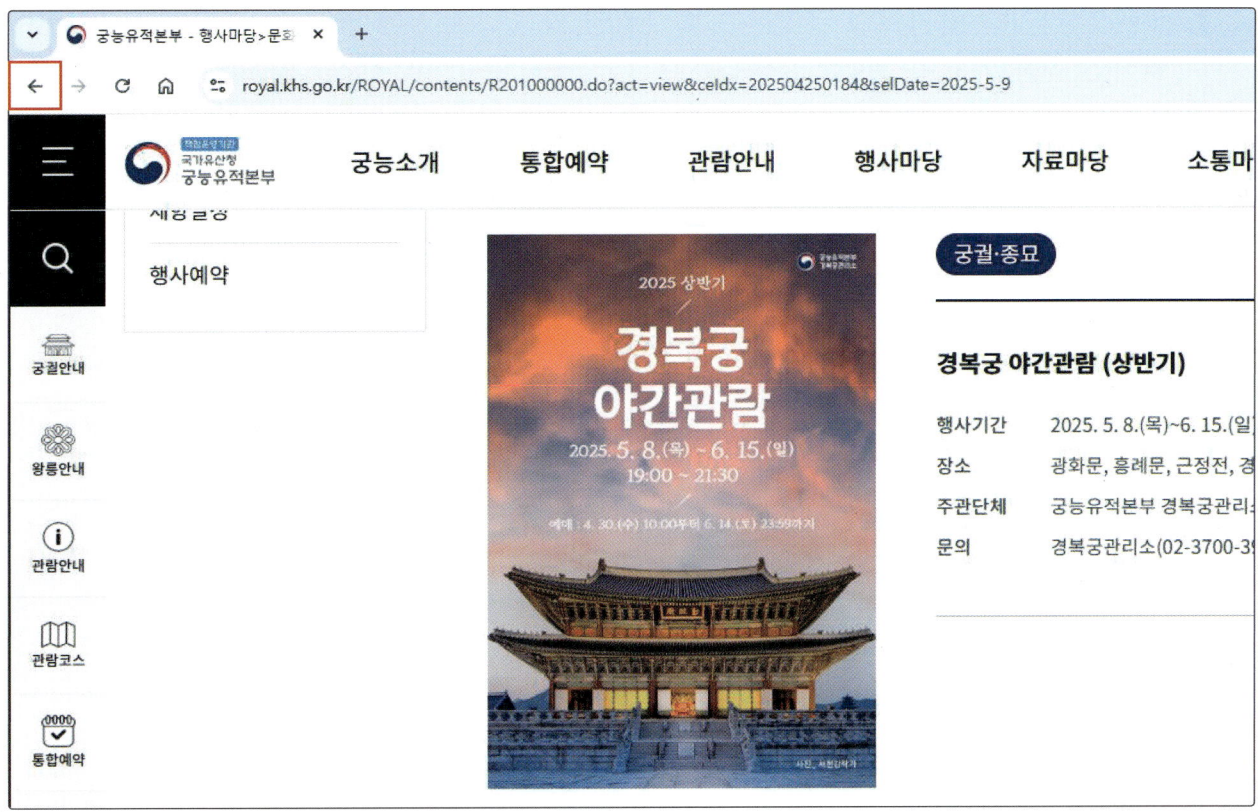

4. 이번에는 이미지를 검색하기 위해 검색란에 "경복궁"을 입력하고 [이미지]를 클릭하면 경복궁 이미지가 검색됩니다.

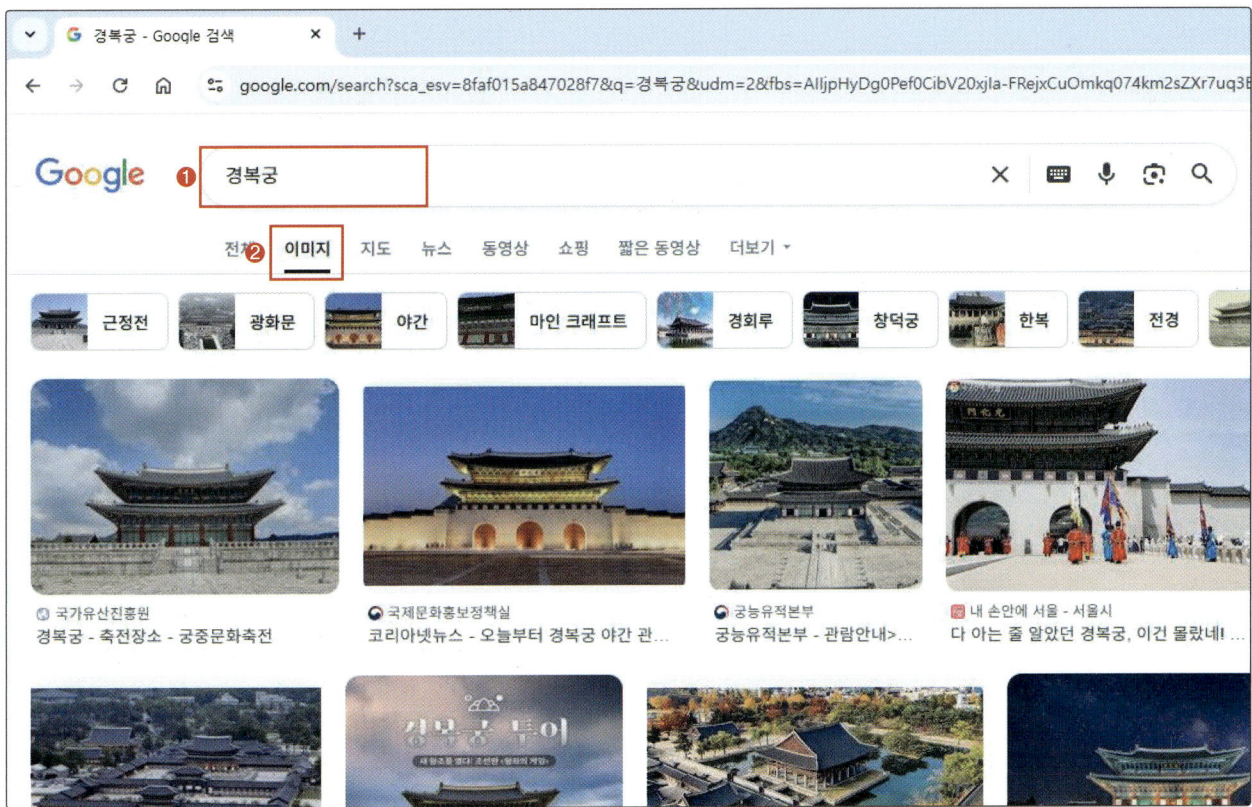

2 원하는 이미지 검색하여 다운로드 받기

1. 무료 이미지를 검색하여 다운로드 받기위해 검색란에 "여름바다"를 입력하고, [이미지]를 클릭하면 여름바다 이미지가 검색됩니다. [도구]를 클릭하고 [상업 및 기타 라이선스]를 선택합니다.

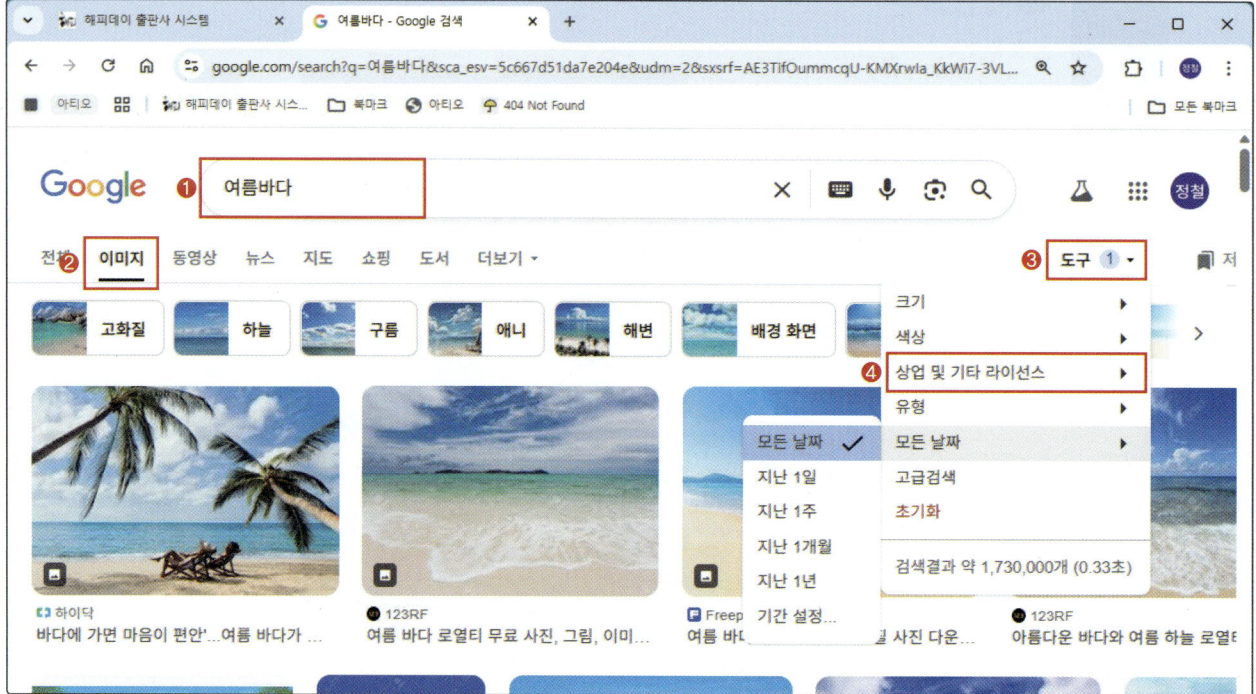

2. 원하는 이미지를 클릭합니다. 여기서는 Pixabay라는 이미지 사이트에서 제공되는 이미지를 선택했습니다.

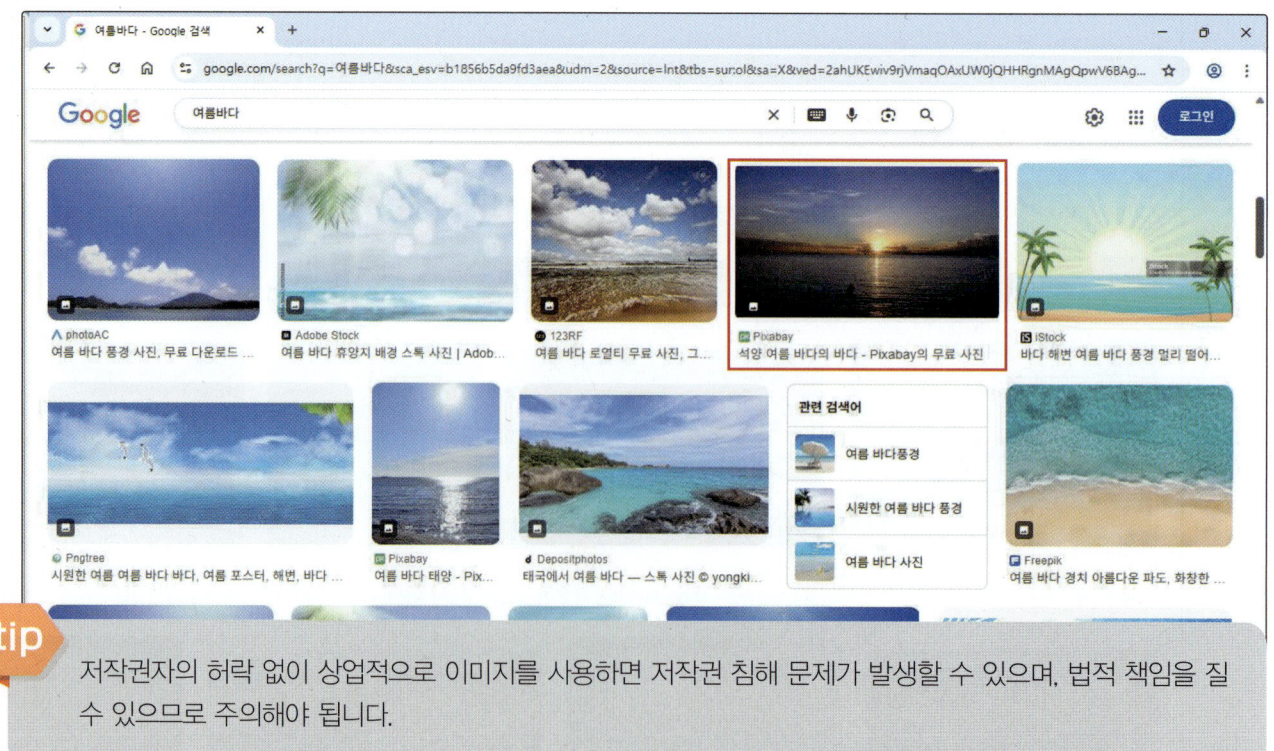

tip 저작권자의 허락 없이 상업적으로 이미지를 사용하면 저작권 침해 문제가 발생할 수 있으며, 법적 책임을 질 수 있으므로 주의해야 됩니다.

3. 이미지 정보창이 열리면 다운받기 전에 라이선스 유무를 확인하는 것이 좋습니다. 이미지의 라이선스를 확인하기 위해 [라이선스 세부 정보]를 클릭합니다.

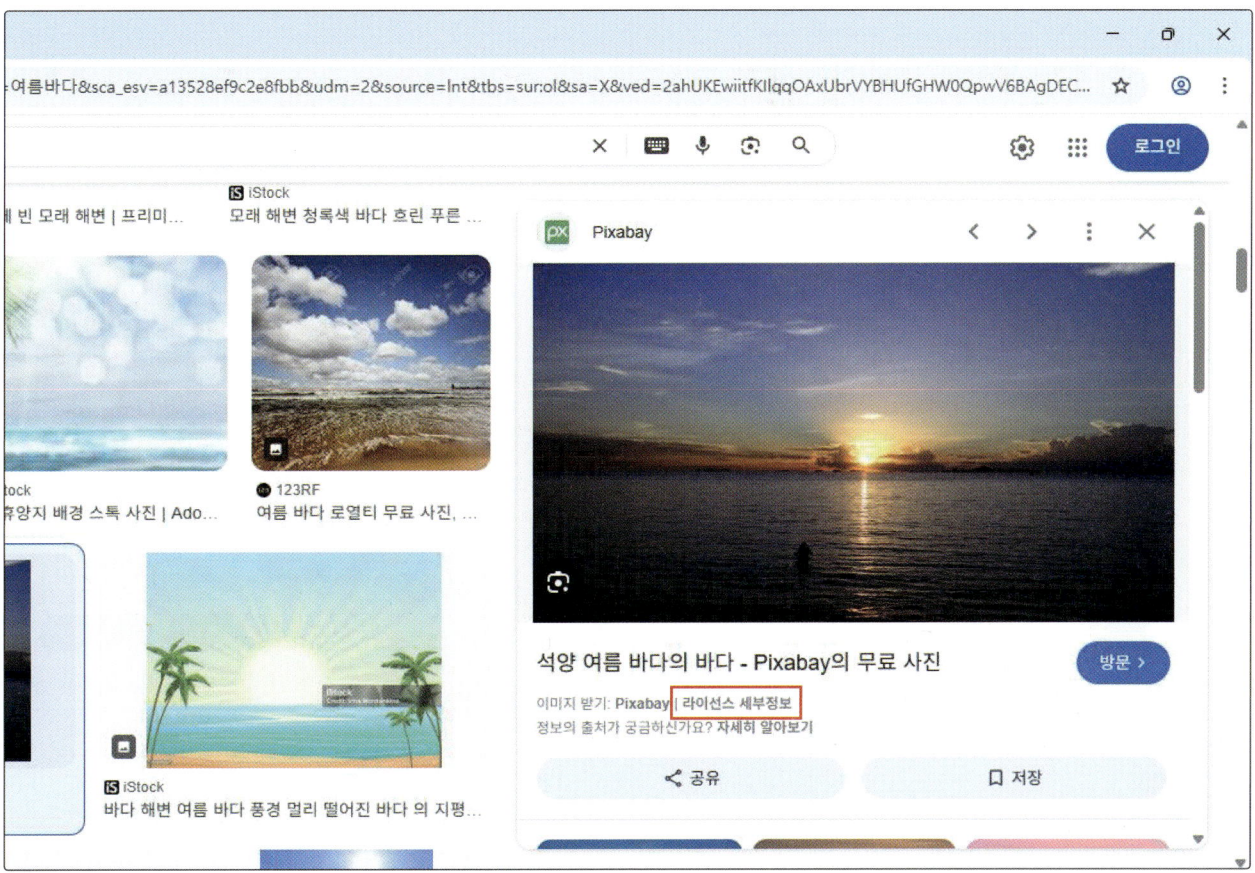

4. [콘텐츠 라이선스-Pixabay] 탭이 열리고, 영어 사이트를 번역하기 위해 번역 팝업 창이 뜨면 [한국어]를 클릭합니다.

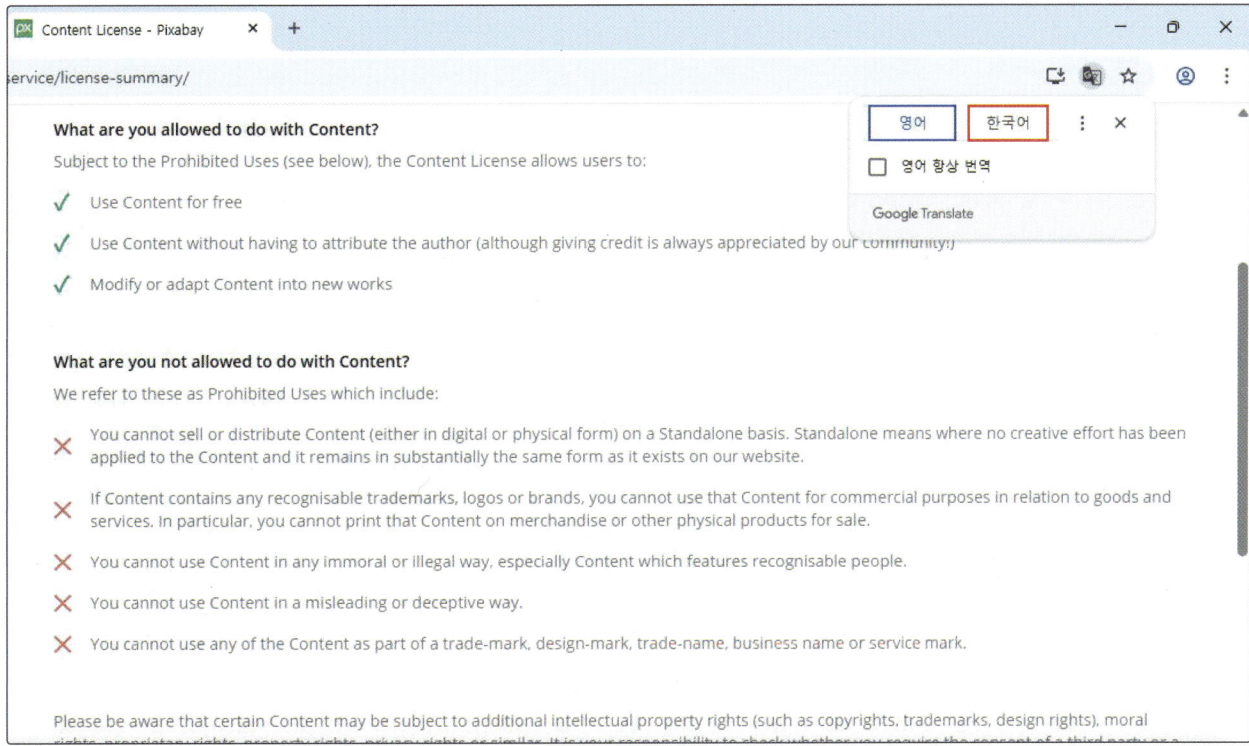

5. 사이트 내용이 한국어로 자동 번역되면 선택한 이미지의 라이선스를 잘 읽어봅니다. 이상없으면 이미지를 다운로드 받기 위해 [Google] 탭을 클릭하여 이동합니다.

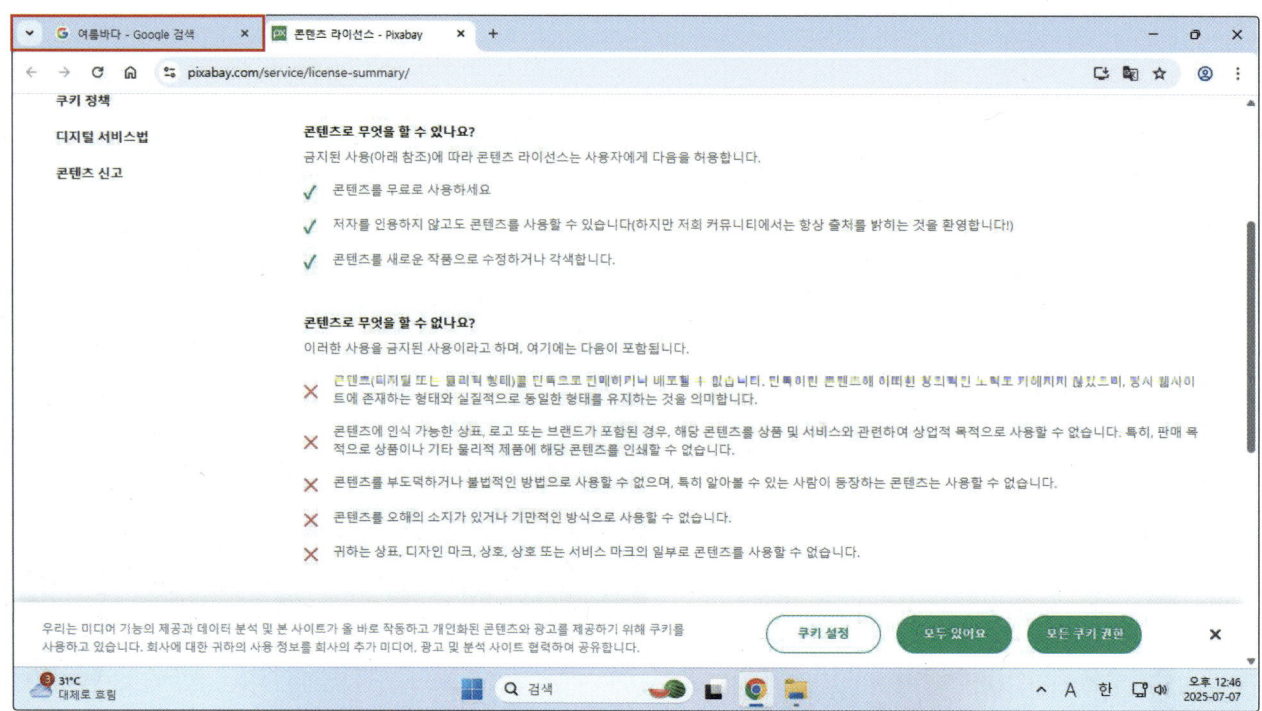

6. 이미지를 다운로드 받기 위해서는 이미지를 제공하는 사이트로 이동해야 됩니다. [방문]을 클릭합니다.

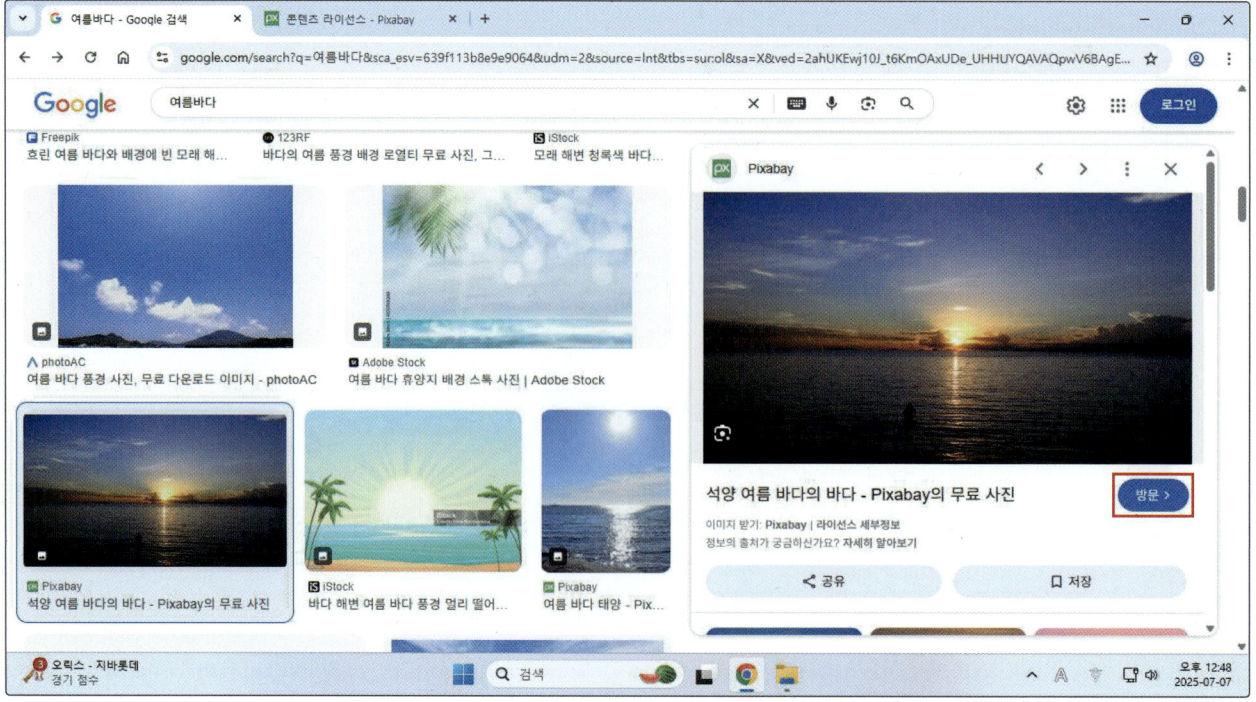

7. 픽사베이 사이트로 이동되면 [다운로드]를 클릭하여 해상도를 [1920×1080]을 선택하고 [다운로드]를 클릭합니다.

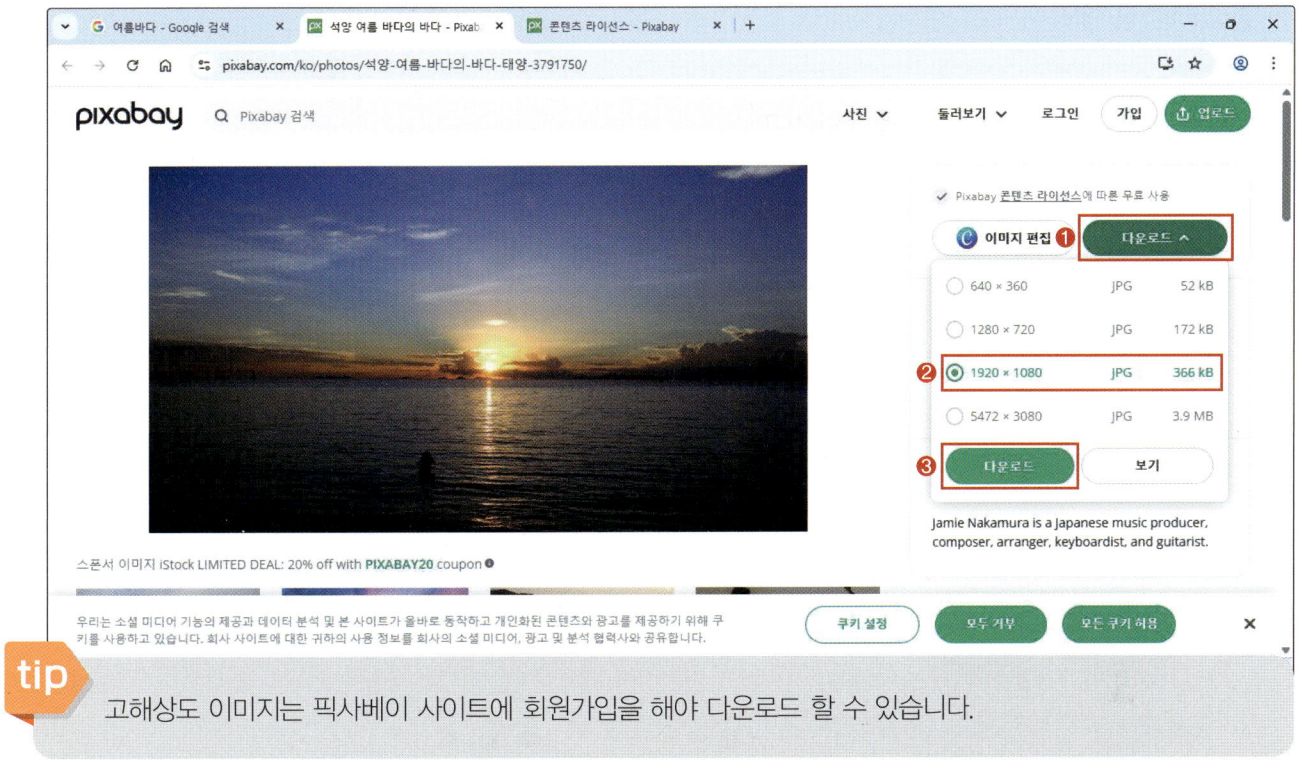

tip 고해상도 이미지는 픽사베이 사이트에 회원가입을 해야 다운로드 할 수 있습니다.

8. 이미지 다운로드가 완료되면 화면 오른쪽에 다운로드 완료 팝업 창이 뜹니다. 팝업 창에 마우스 포인터를 위치 시킨 다음, [폴더 열기]를 클릭하여 다운로드 받은 이미지를 확인합니다.

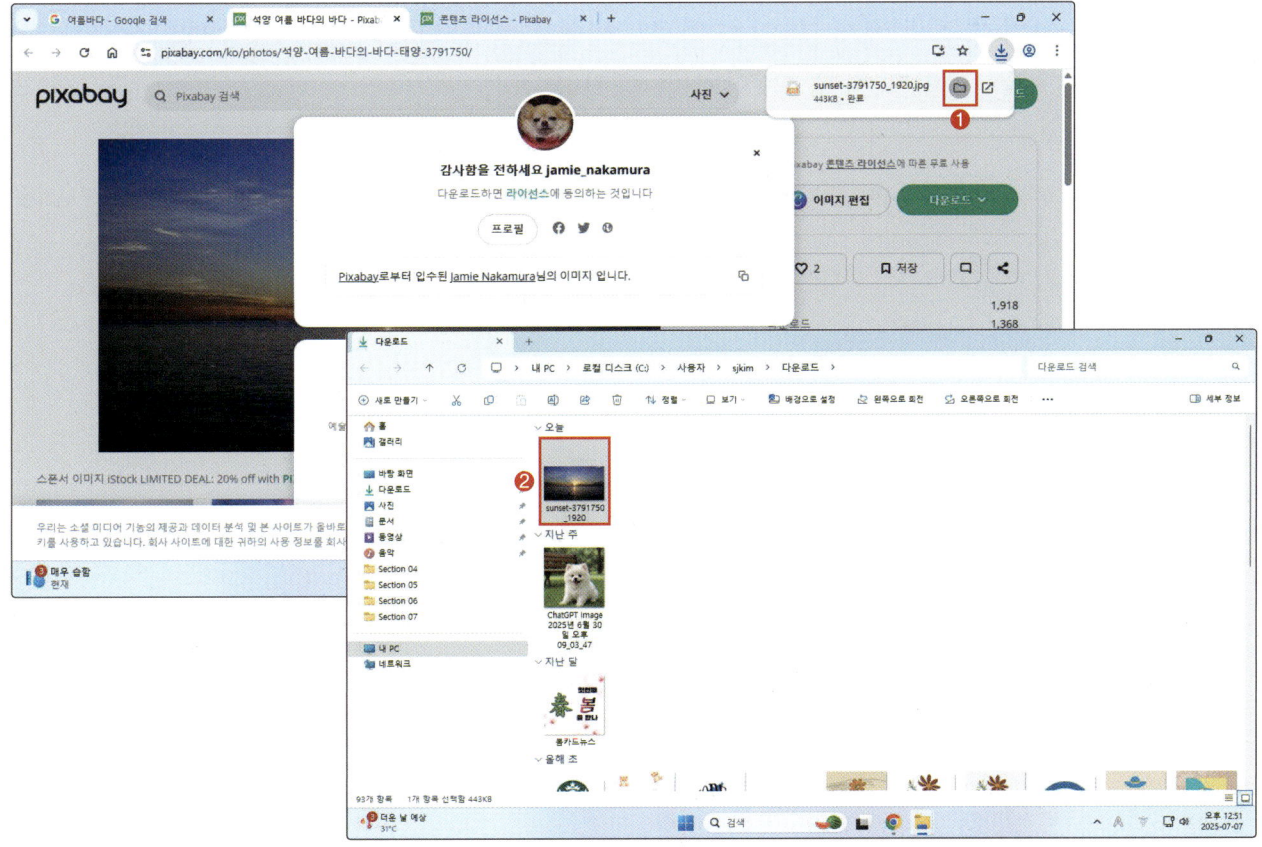

3 텍스트가 아닌 이미지로 검색하기

1. 구글 홈페이지에서 검색란에 [이미지 검색]을 클릭합니다.

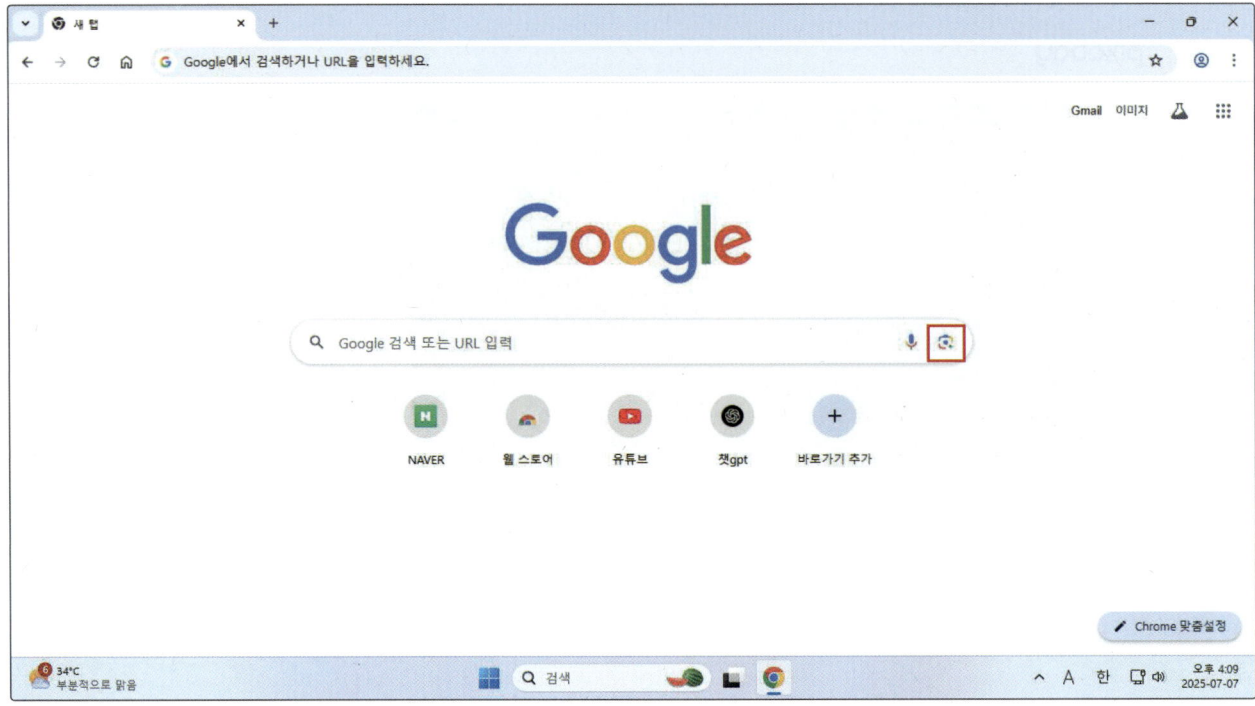

2. [렌즈로 이미지 검색]에서 [파일을 업로드하세요]를 클릭합니다. [열기] 대화상자가 나타나면 다운로드 받은 파일을 선택 후 [열기]를 클릭합니다.

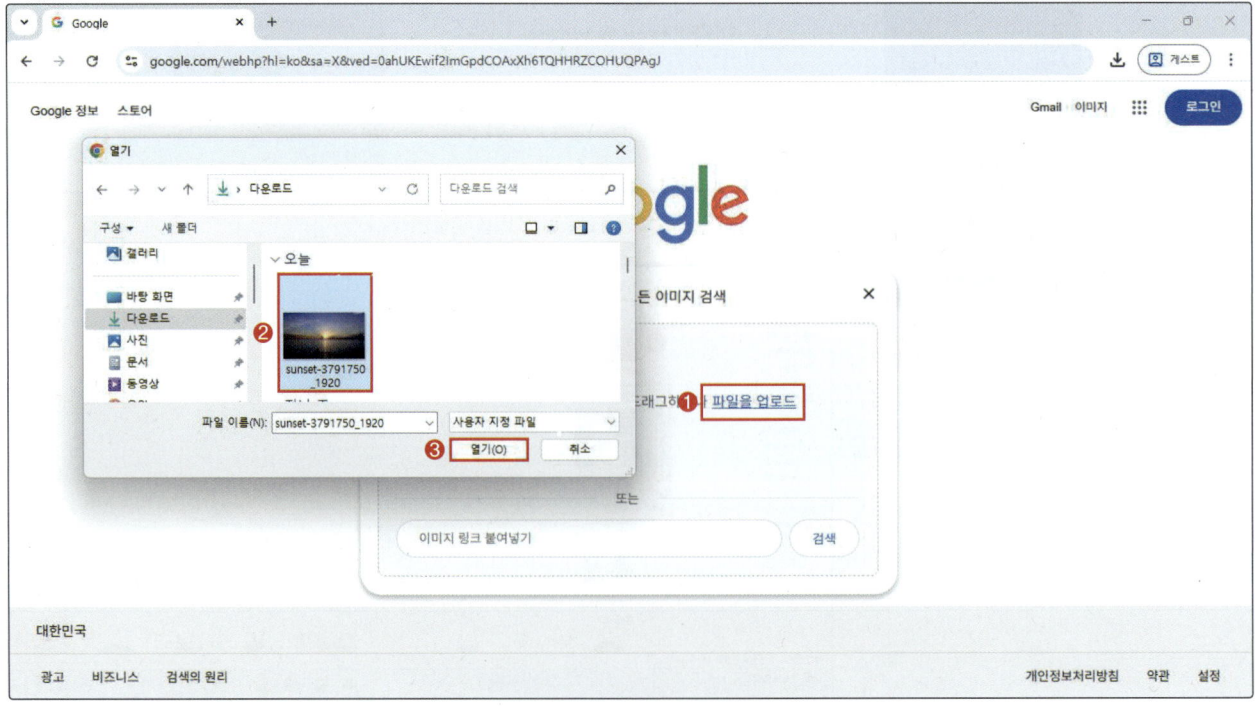

3. 이미지가 업로드 되면 [이미지 정보]를 클릭합니다.

4. 다음과 같이 이미지 정보가 검색되어 나타납니다.

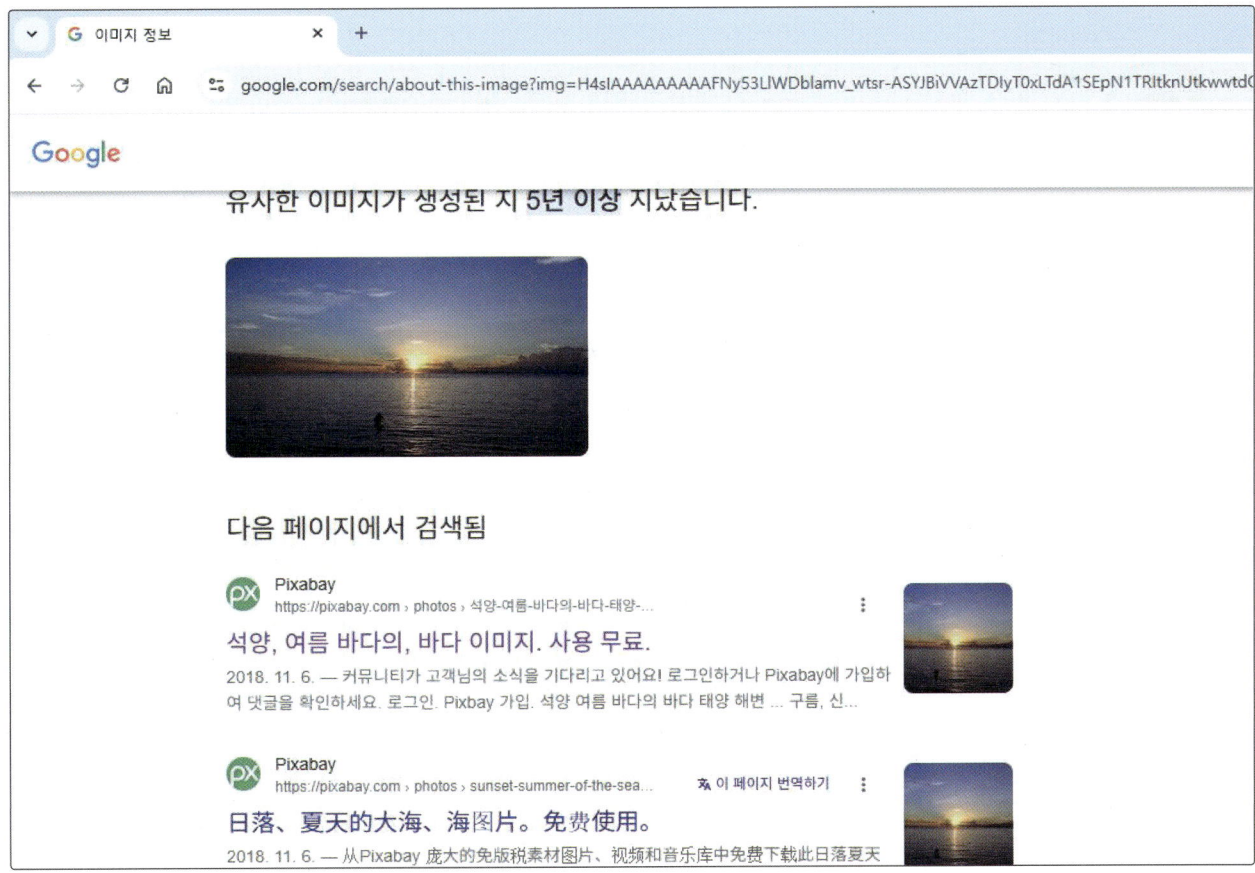

① 함안의 낙화 놀이 정보에 대해 알아보세요.

② '홍매화' 이미지를 검색한 후, 원하는 이미지의 라이선스를 확인해보세요.

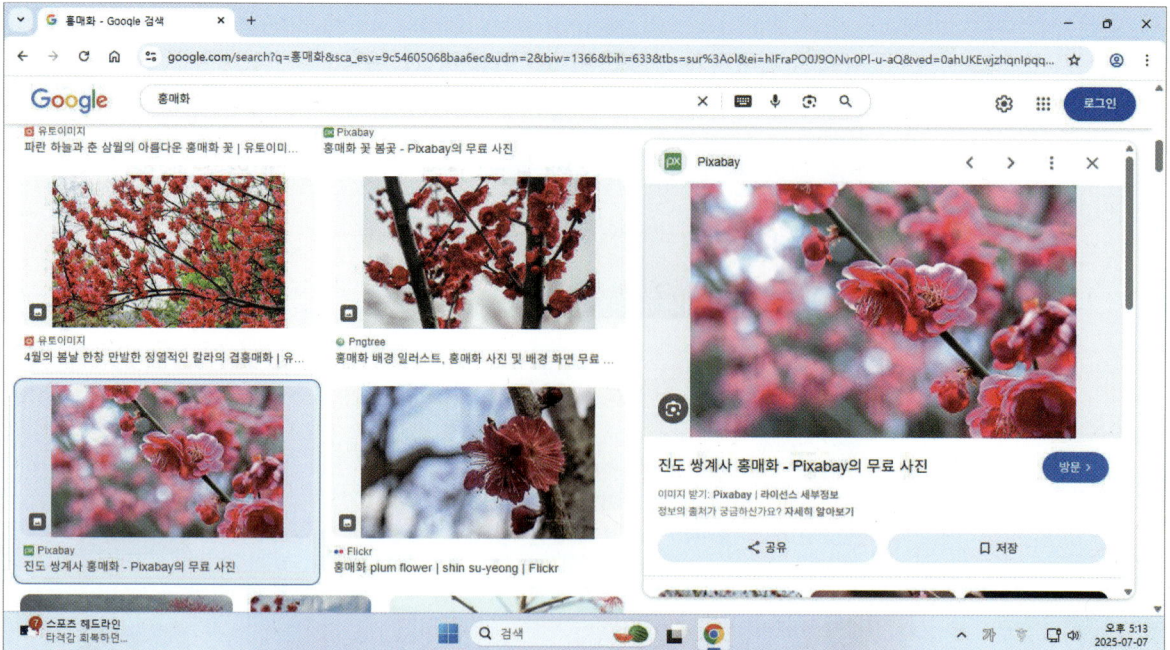

③ 다음과 같이 홍매화 이미지를 다운로드 받아보세요.

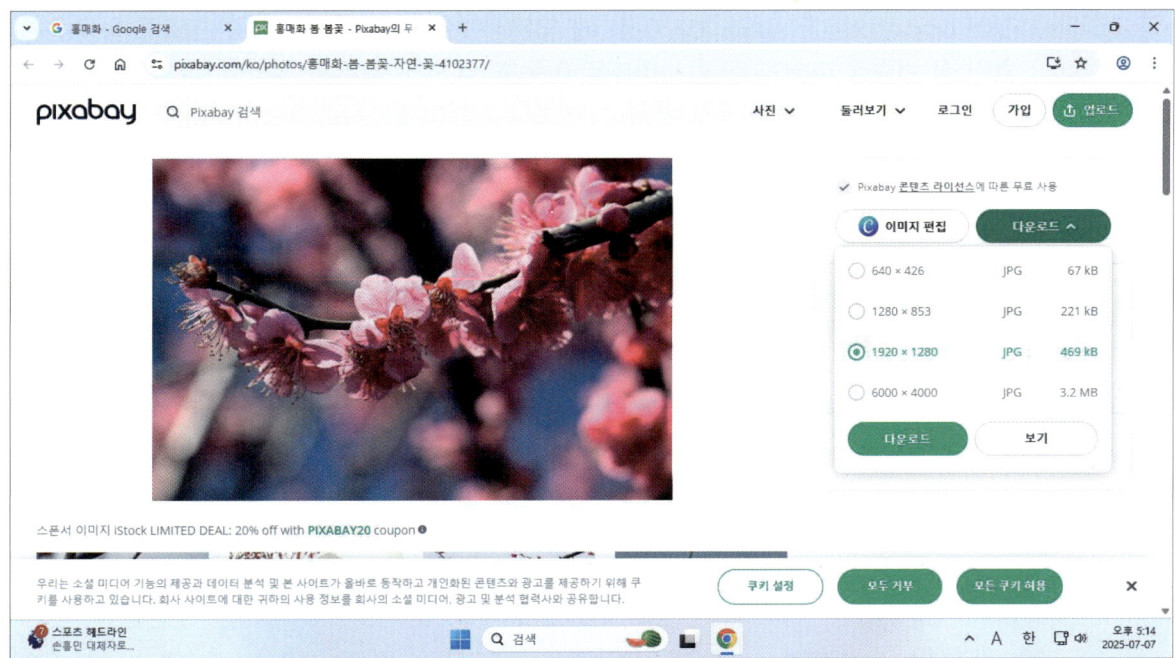

④ 다운로드 받은 홍매화 이미지의 정보를 이미지 검색으로 알아보세요.

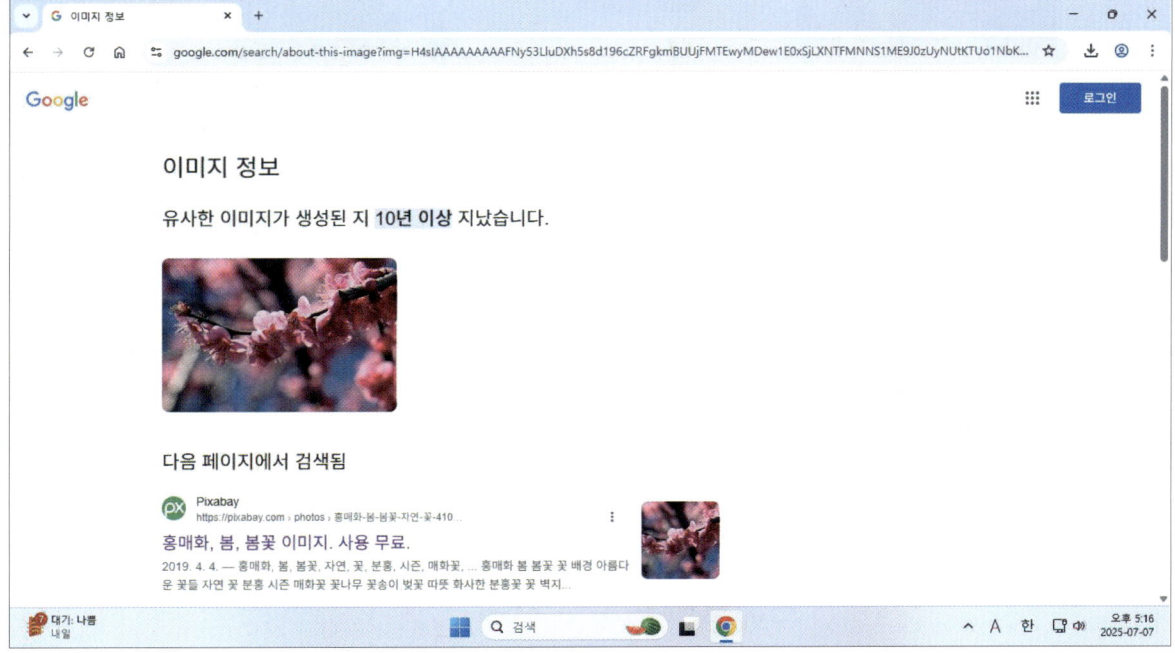

SECTION 08 크롬 관리하기

윈·도·우·1·1

인터넷을 사용할 때 자주 방문하는 사이트가 있다면, 매번 검색하거나 주소를 직접 입력하는 것이 매우 번거로운 일입니다. 이럴 때 유용한 기능인 북마크와 북마크바를 활용하면 마우스 클릭 한 번으로 손쉽게 해당 사이트로 이동할 수 있어 시간을 절약할 수 있습니다. 또한, 크롬 브라우저에는 인터넷 사용 기록을 삭제하는 기능이 있어, 불필요한 방문 기록이나 캐시 데이터를 정리하면 브라우저의 속도를 개선하는 데도 도움이 됩니다.

1 북마크 등록하기

1. 크롬 브라우저 검색란에 '국립공원'을 검색하여 국립공원공단 사이트에 접속합니다. 현재 페이지를 북마크에 추가하기 위해 [현재 탭을 북마크에 추가]를 클릭합니다.

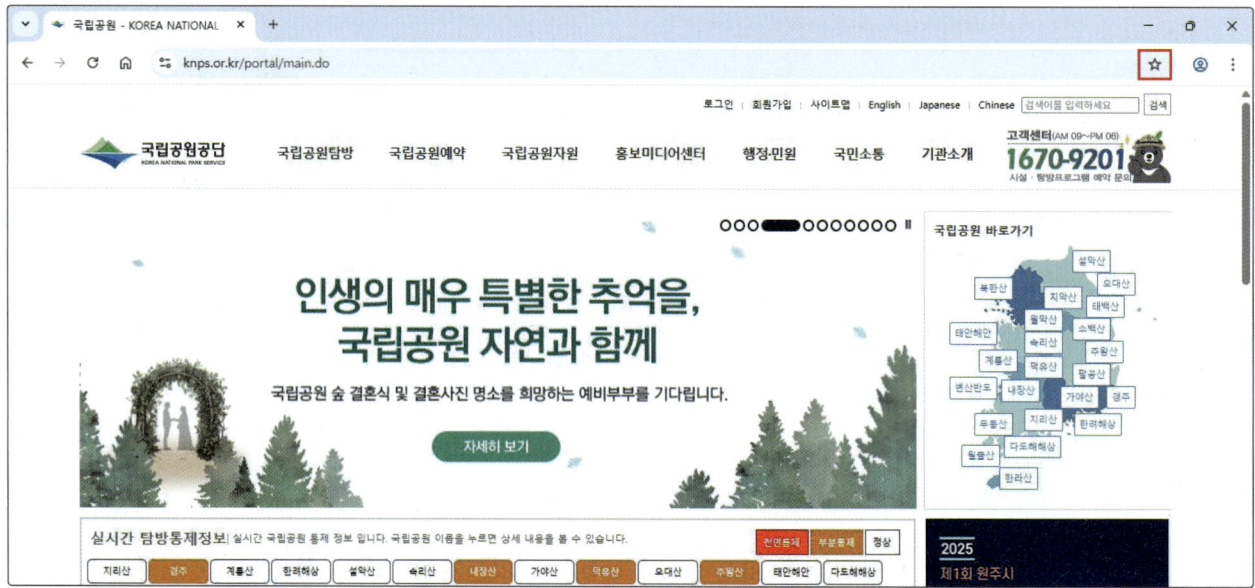

2. [북마크] 팝업창이 표시되면 북마크 이름을 '국립공원공단'으로 입력하고, 폴더는 '기타 북마크'로 지정한 후 [완료]를 클릭합니다.

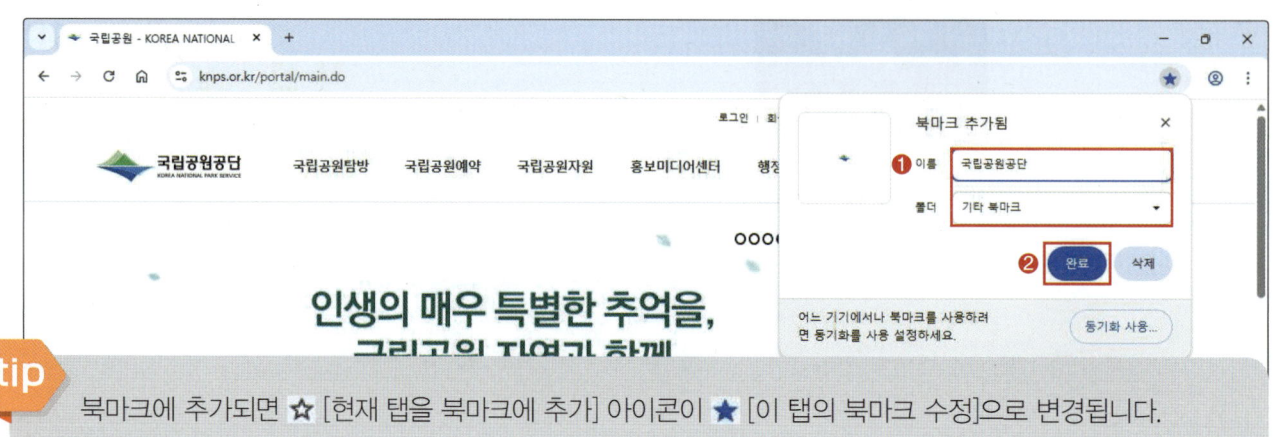

> **tip** 북마크에 추가되면 ☆ [현재 탭을 북마크에 추가] 아이콘이 ★ [이 탭의 북마크 수정]으로 변경됩니다.

3. 제대로 되었나 살펴보기로 합니다. 일단 🏠 [홈]을 클릭하여 구글 시작 페이지로 이동합니다. 이어서 저장한 북마크로 이동하기로 합니다. [:]-[북마크 및 목록]-[기타 북마크]-[국립공원공단]을 차례로 클릭합니다.

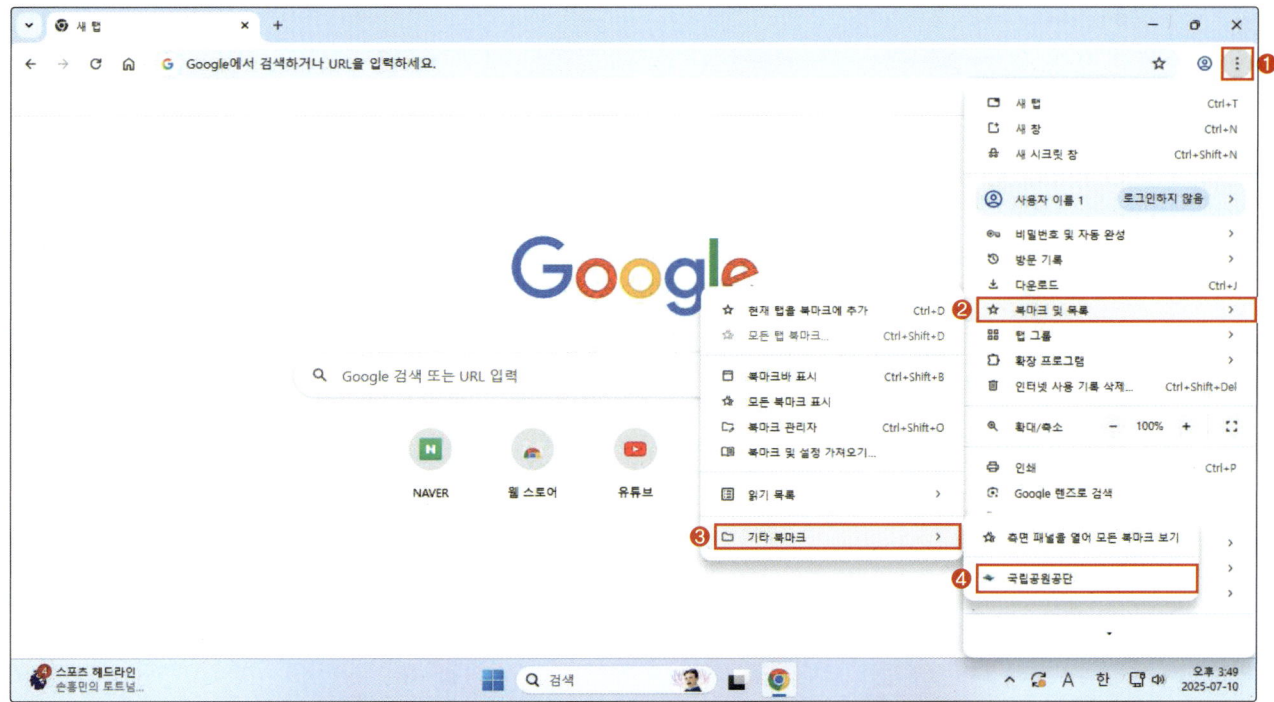

4. 북마크에 등록한 사이트로 빠르게 이동한 것을 확인할 수 있습니다.

5. 북마크할 페이지가 많은 경우 폴더별로 분리하여 저장하면 편리합니다. 여행 정보를 알 수 있는 '대한민국 구석구석(https://korean.visitkorea.or.kr)'으로 이동합니다. 현재 페이지를 북마크에 추가하기 위해 ☆ [현재 탭을 북마크에 추가]를 클릭합니다.

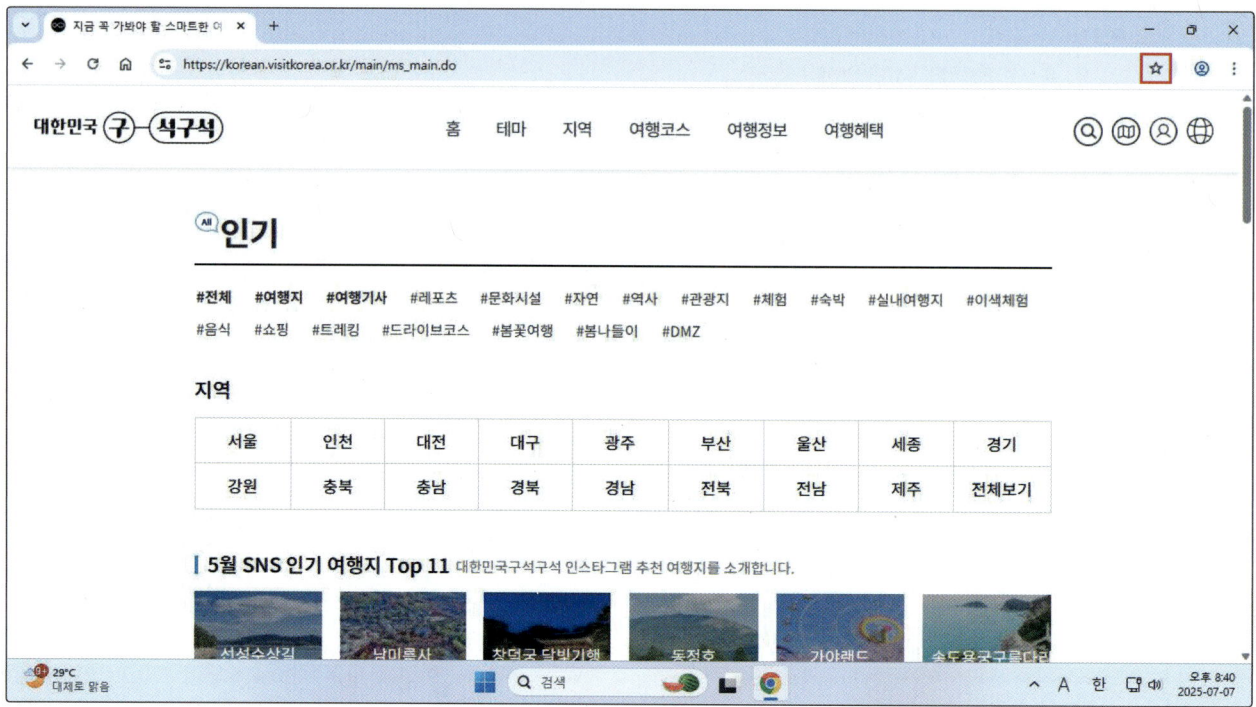

6. 북파크 팝업 창에 이름을 "대한민국 구석구석"을 입력합니다. '여행'이란 폴더를 별도로 만들어 저장하기로 합니다. 폴더를 클릭하여 [다른 폴더 선택]을 클릭합니다.

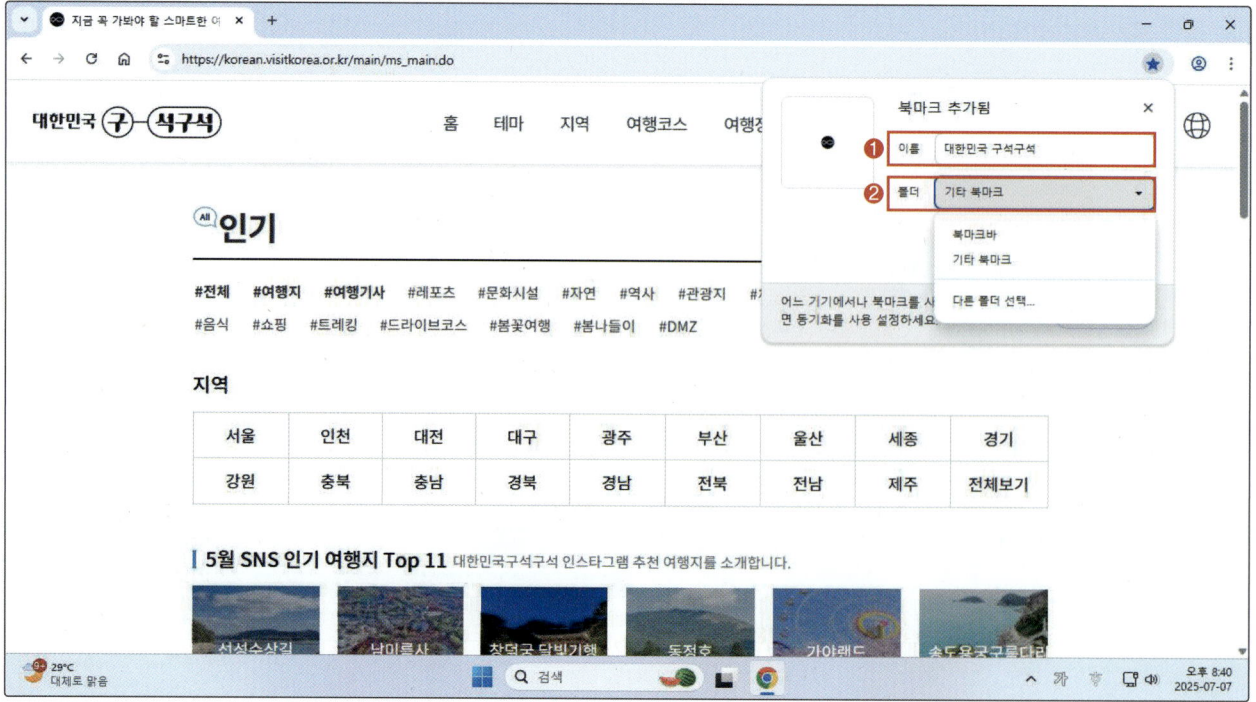

7. [북마크 수정] 창에서 [새 폴더]를 클릭한 다음 폴더 이름을 "여행"으로 입력하고 [저장]을 클릭합니다.

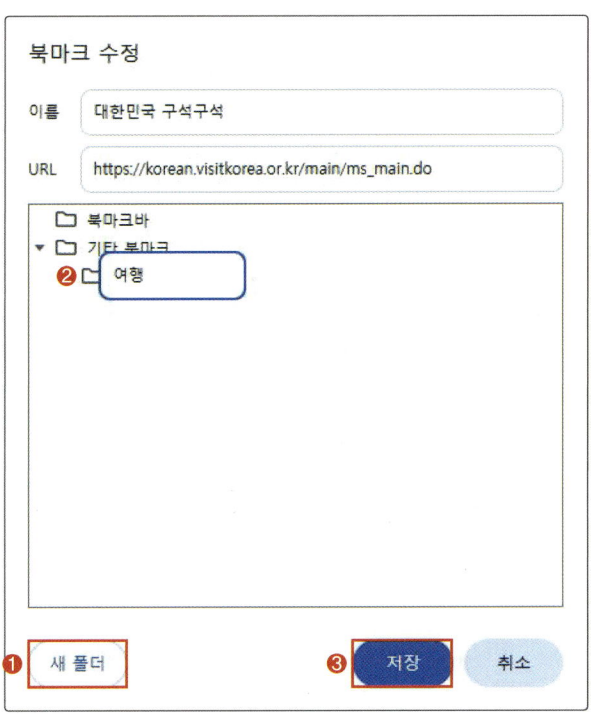

8. [:]-[북마크 및 목록]-[기타 북마크]-[여행]에 대한민국 구석구석 북마크가 등록된 것을 확인할 수 있습니다.

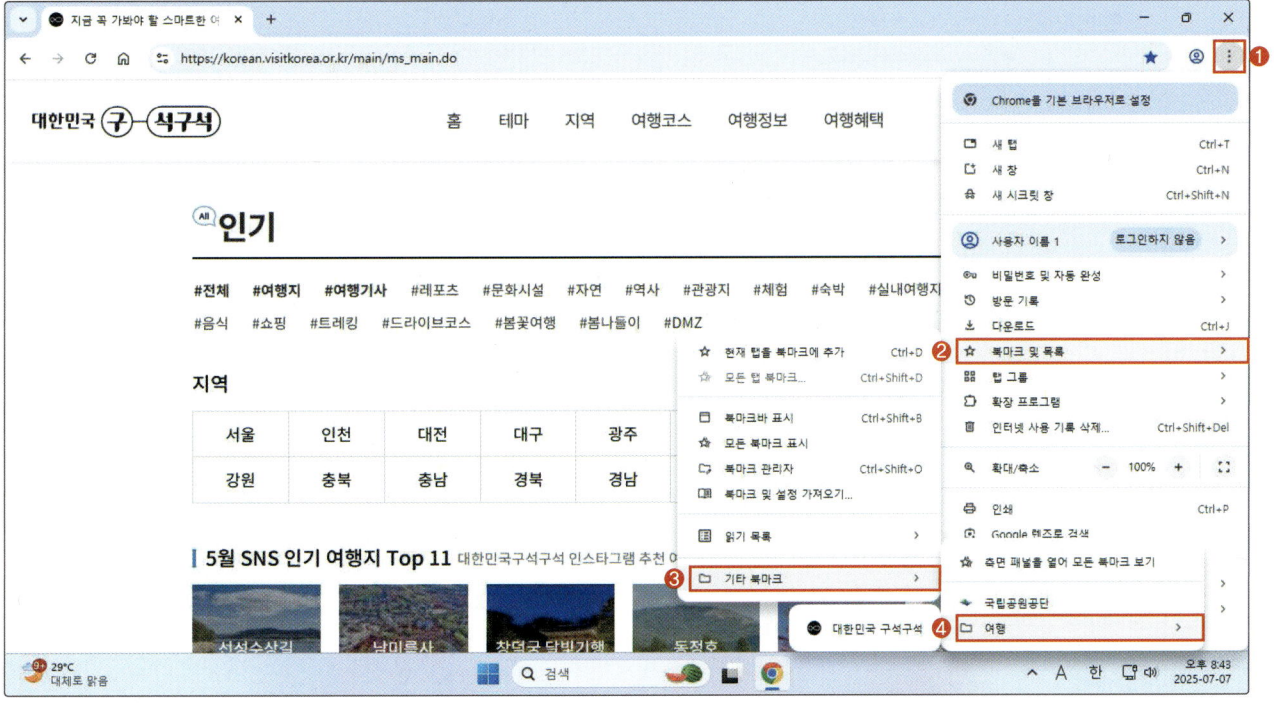

2 북마크 관리하기

1. 북마크된 내용들이 많으면 쉽게 찾아가기 위해 관련된 북마크끼리 보기 좋게 정렬하는 것이 좋습니다. 저장된 북마크를 관리하기 위해 [:]–[북마크 및 목록]–[북마크 관리자]를 클릭합니다.

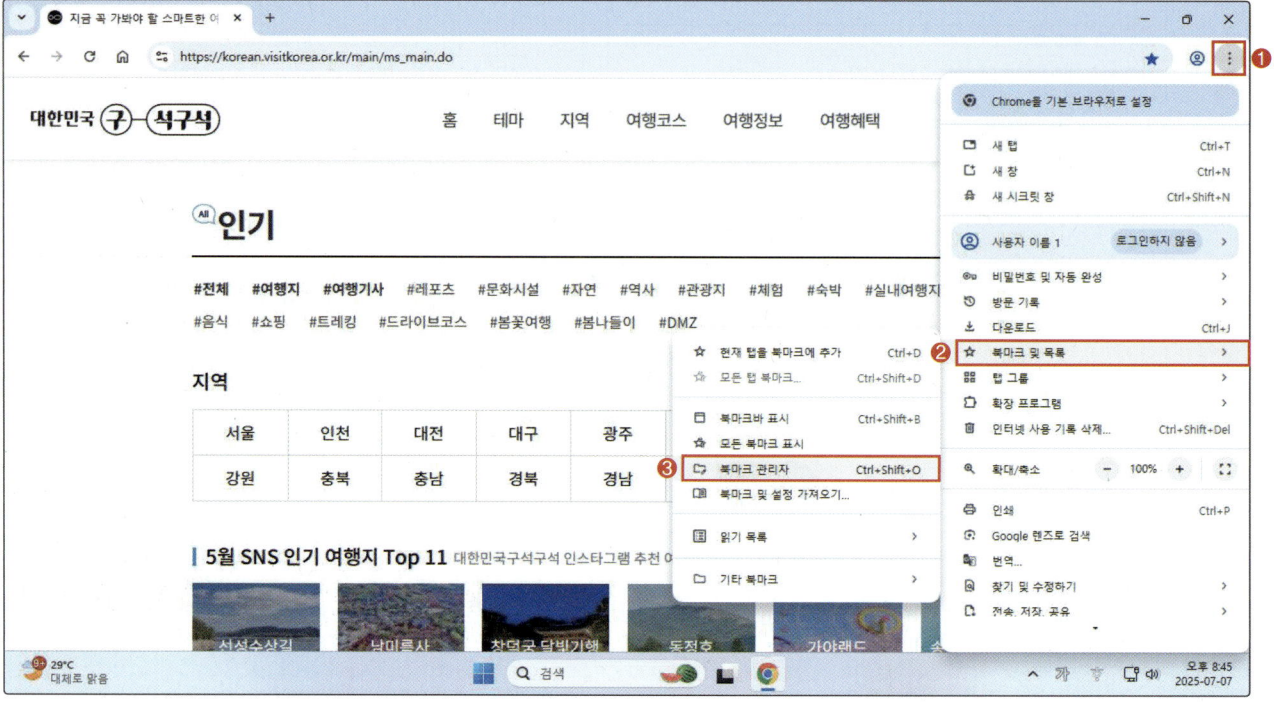

2. [북마크] 창에서 [기타 북마크]를 클릭하면 저장된 북마크를 확인할 수 있습니다. '국립공권공단' 북마크를 [여행] 폴더 위로 드래그하여 이동합니다.

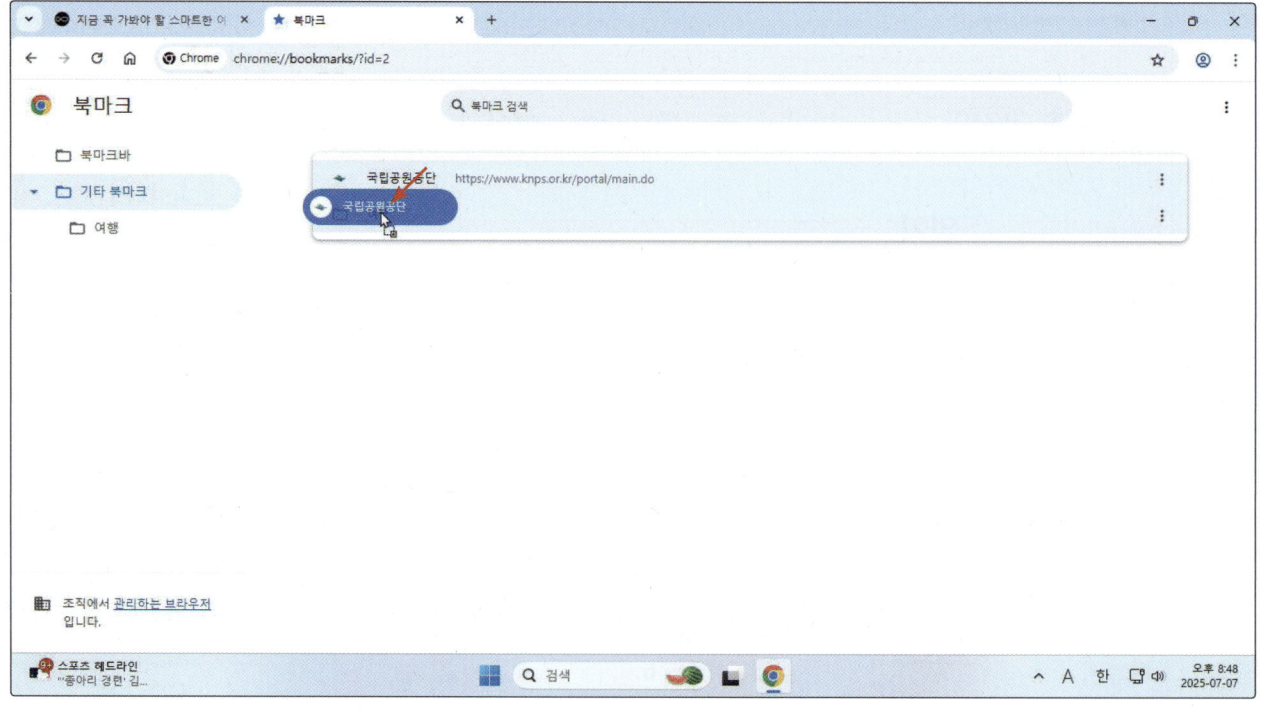

3. [여행] 폴더를 클릭하면 다음과 같이 '국립공원공단' 북마크가 이동된 것을 확인할 수 있습니다. 국립공원공단 북마크를 삭제하려면 : [추가작업]-[삭제]를 클릭합니다.

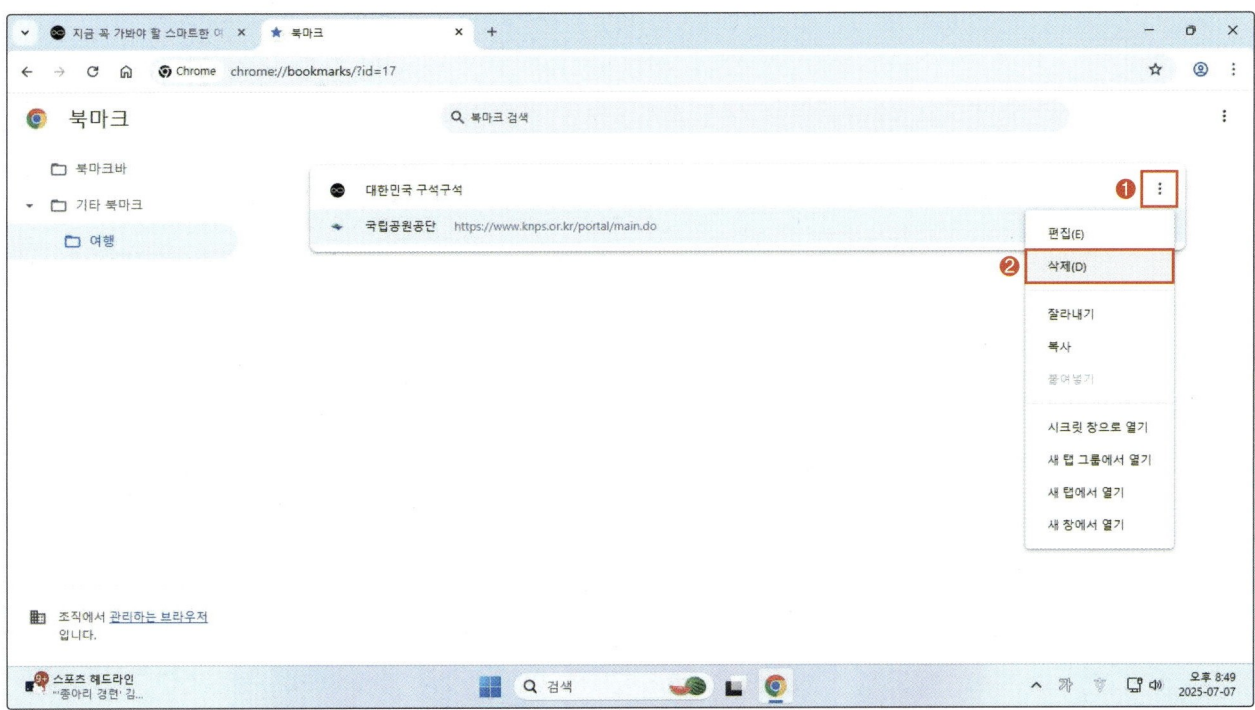

4. '국립공원공단' 북마크가 삭제된 것을 확인할 수 있습니다. [북마크] 탭을 닫습니다.

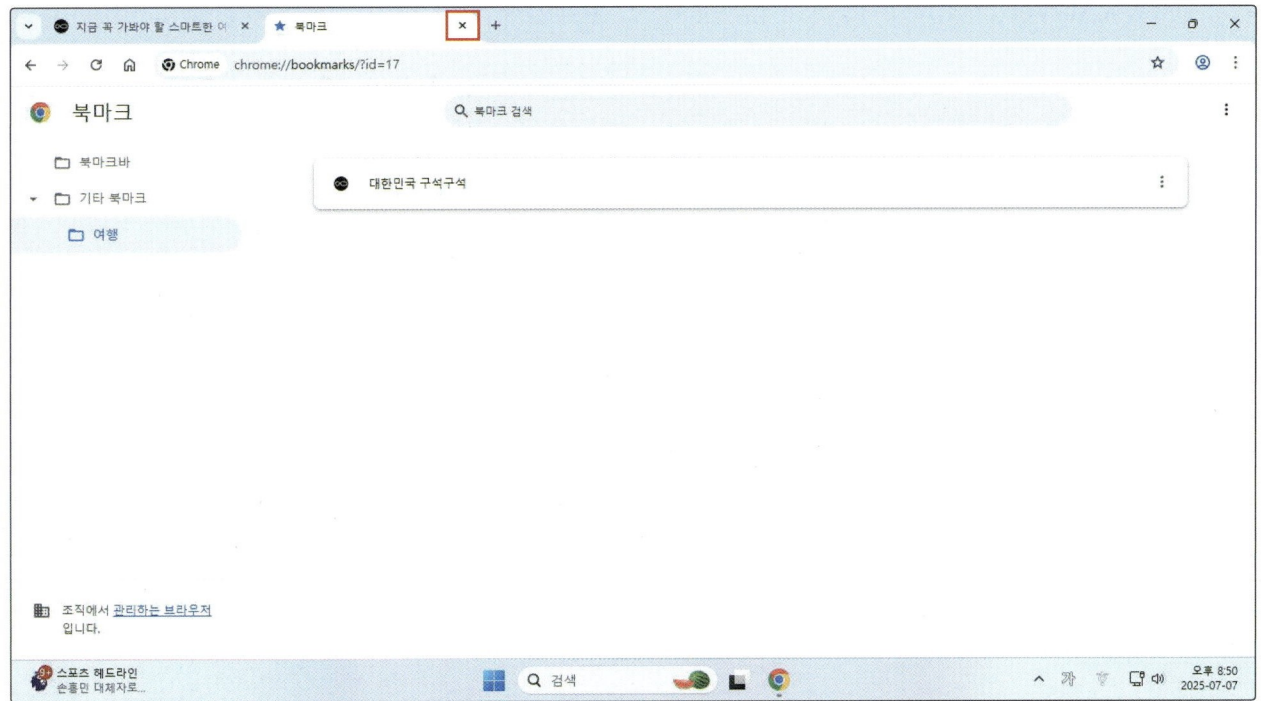

3 북마크바 활용하기

1. 화면에 북마크바를 표시하기 위해 [:]-[북마크 및 목록]-[북마크바 표시]를 클릭합니다.

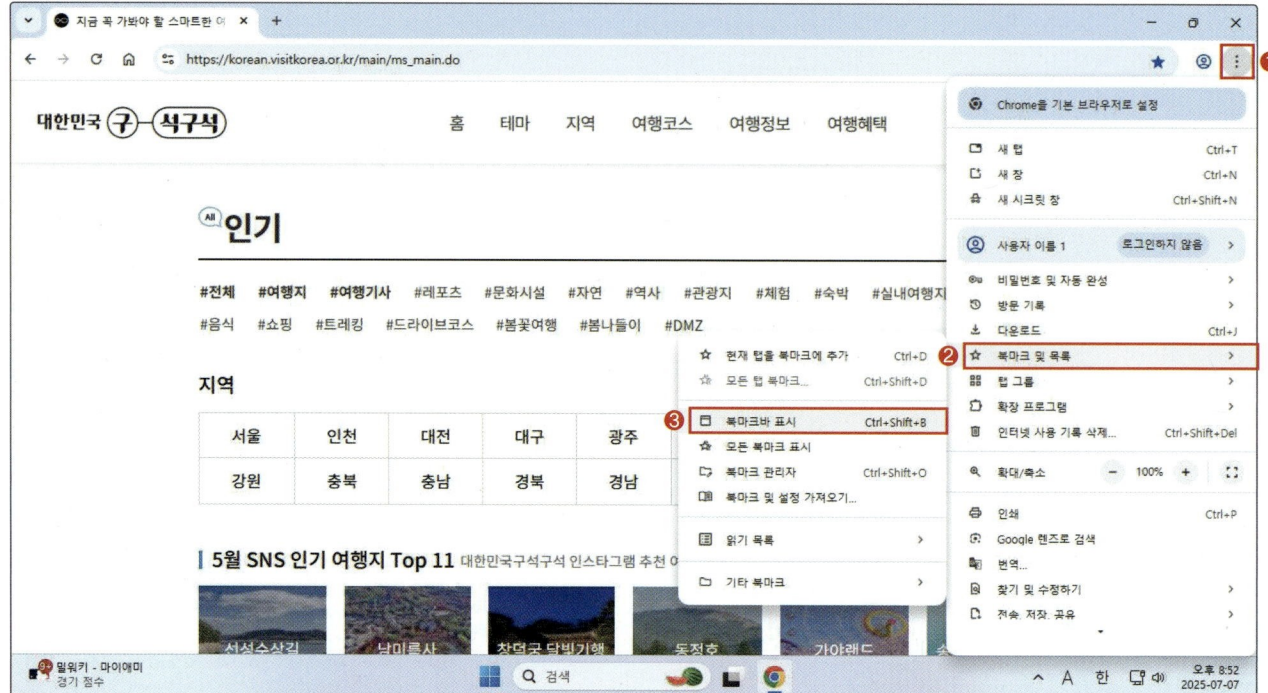

> **tip** 자주 사용하는 사이트를 바로가기 형태로 크롬 브라우저 상단에 고정해두는 공간을 북마크바라고 합니다. 북마크보다 더 빠르게 접근할 수 있습니다.

2. 크롬 브라우저 상단 주소창 아래 북마크바가 표시됩니다. 북마크바에 등록할 네이버(https://www.naver.com) 사이트로 이동한 다음, ☆ [현재 탭을 북마크에 추가]를 클릭합니다.

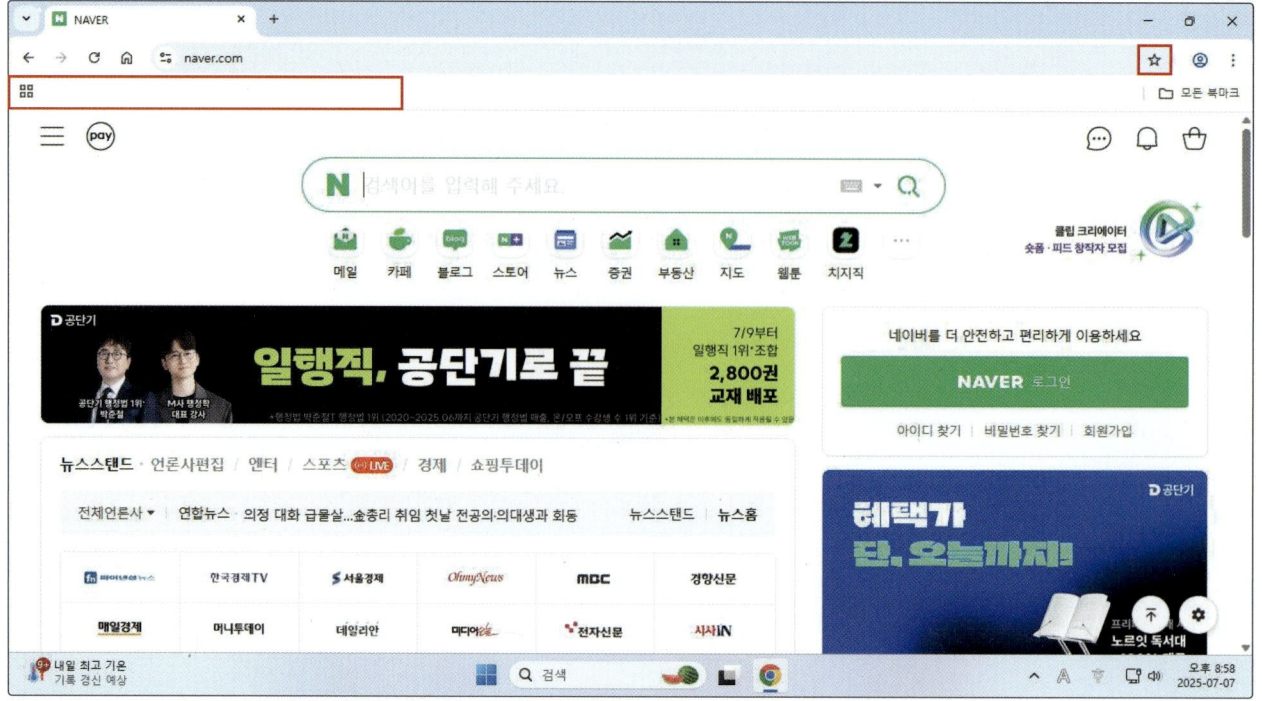

3. [북마크 추가] 팝업 창에서 북마크 이름은 '네이버'로 폴더는 '북마크바'로 지정하고 [완료]를 클릭합니다.

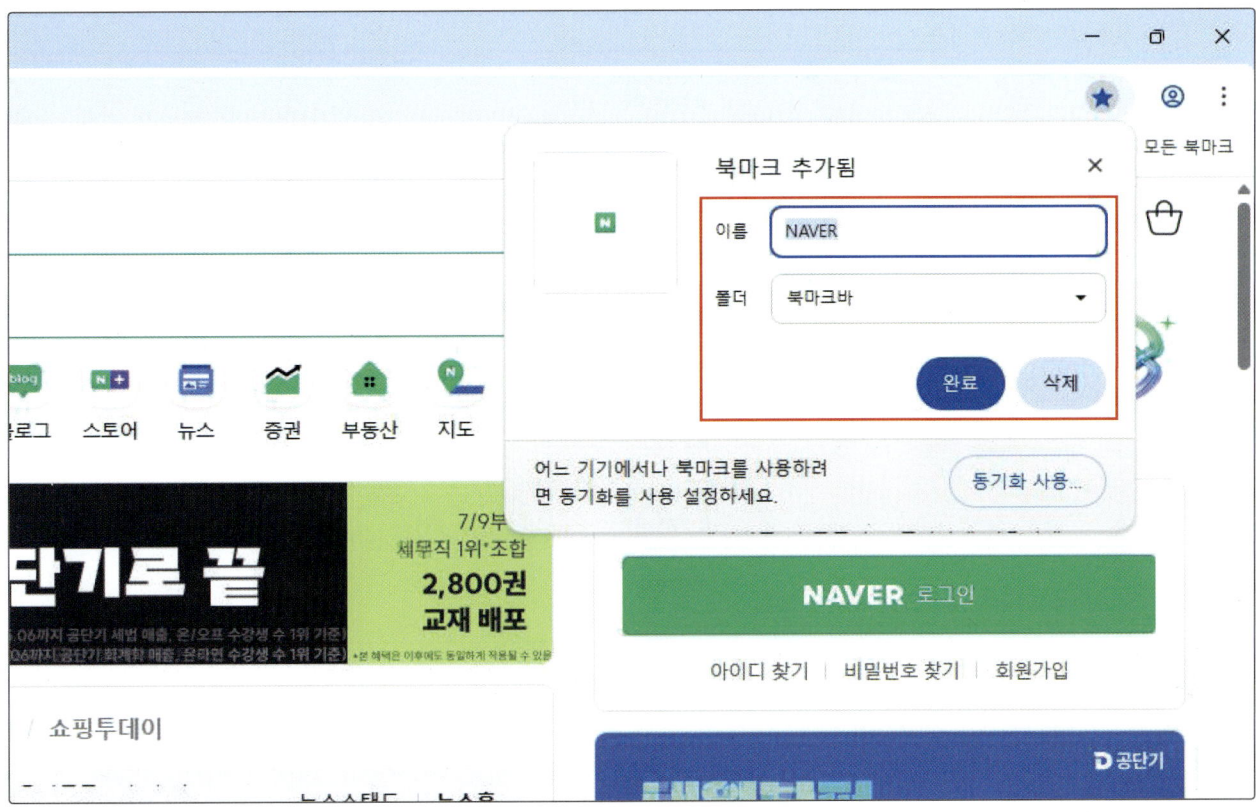

4. 북마크바에 네이버 북마크가 표시된 것을 확인할 수 있습니다. 같은 방법으로 자주 방문하는 사이트를 북마크바에 추가해봅니다.

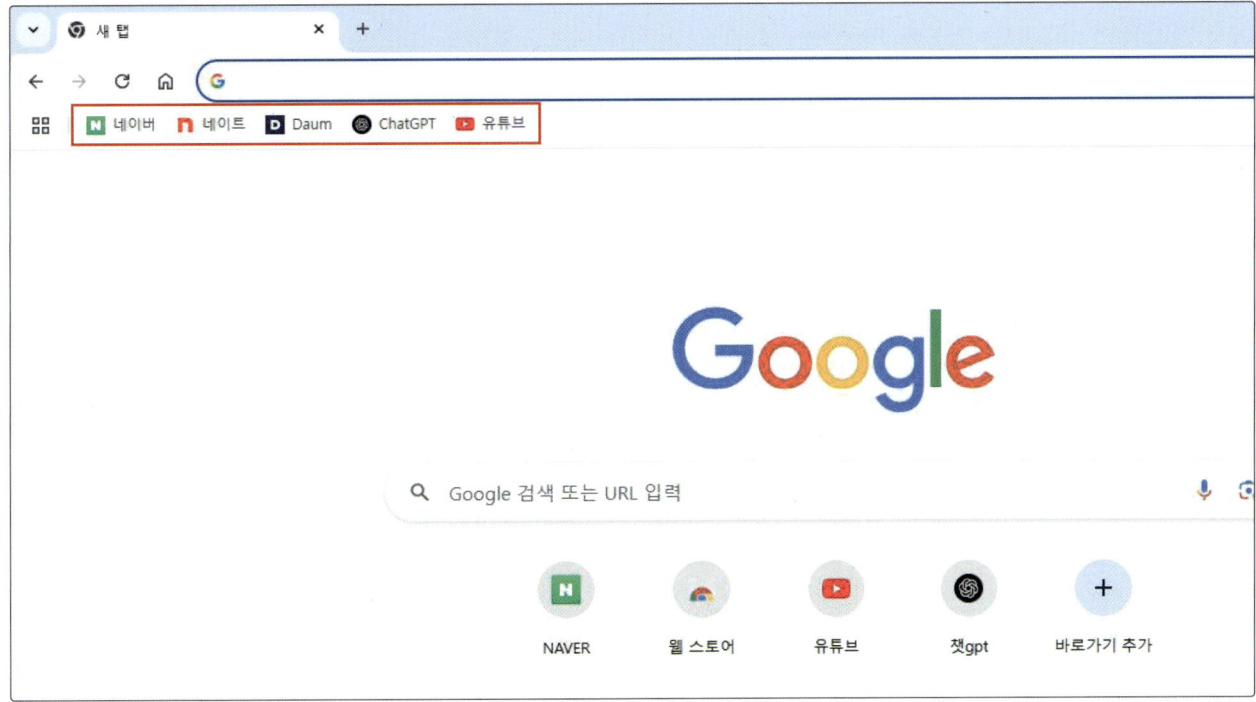

tip 북마크바에 등록된 사이트에서 마우스 오른쪽 단추를 클릭하여 삭제하거나, 수정할 수 있습니다.

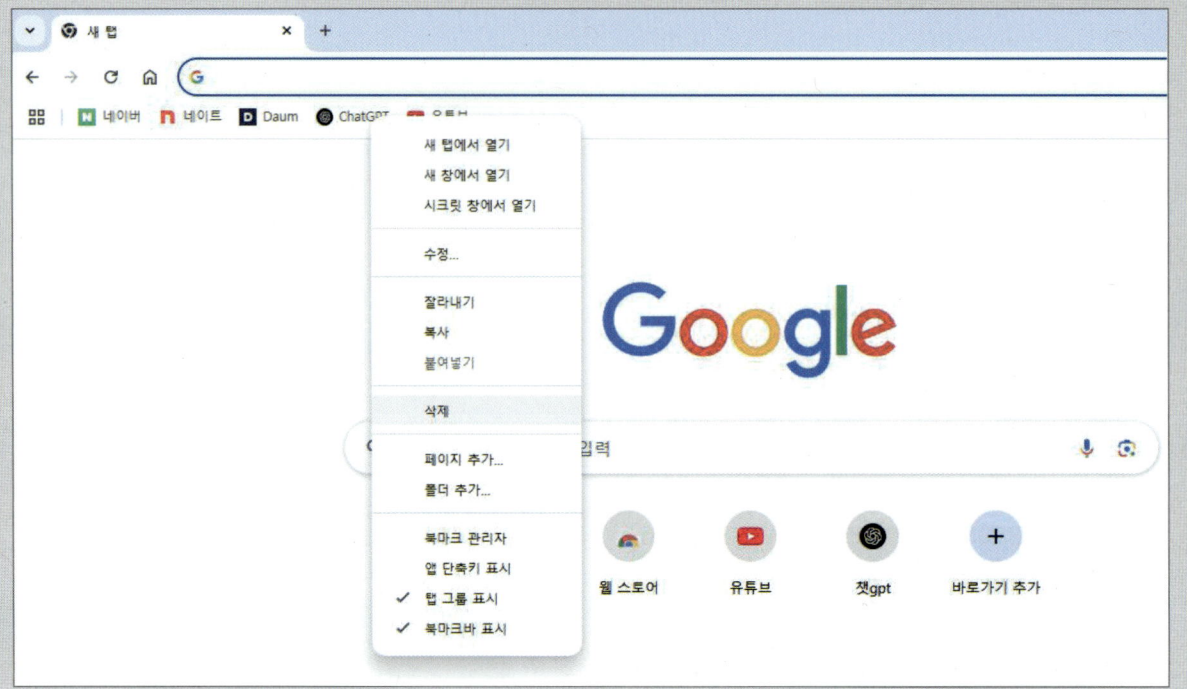

[모든 북마크]를 클릭하여 북마크에 등록된 사이트를 확인하고 이동할 수 있습니다.

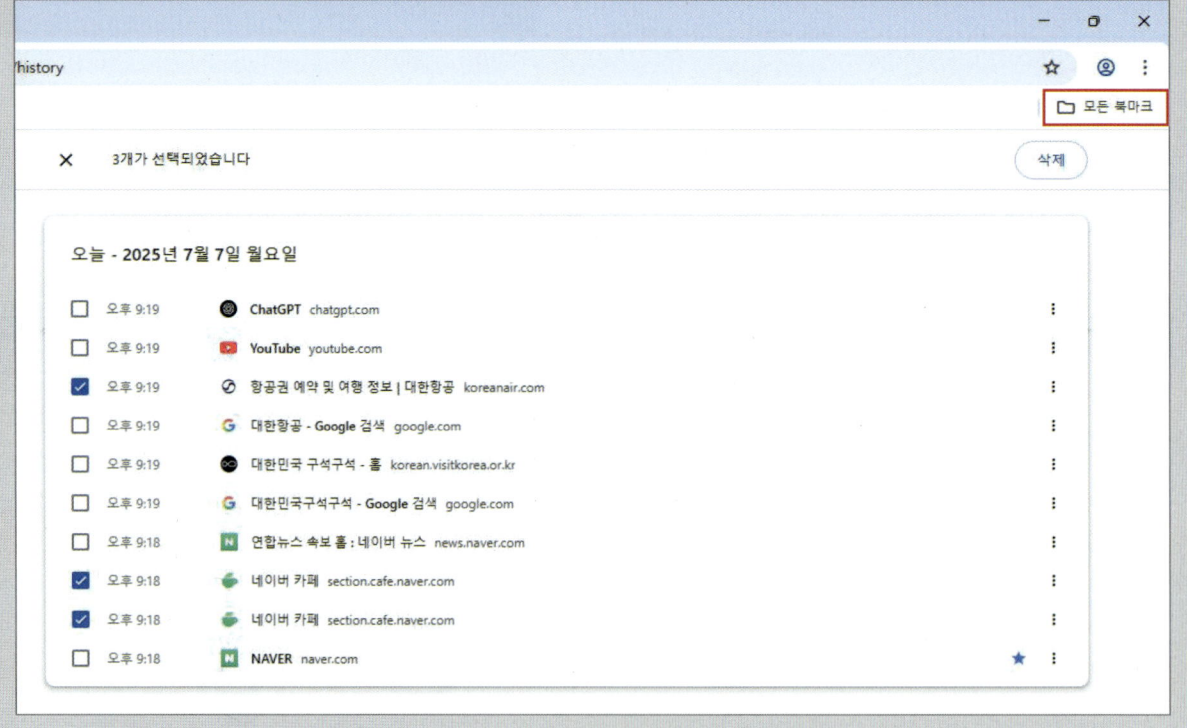

4 인터넷 사용 기록 삭제하기

1. [:]-[방문 기록]을 클릭하면 크롬 브라우저로 방문한 사이트를 확인할 수 있습니다.

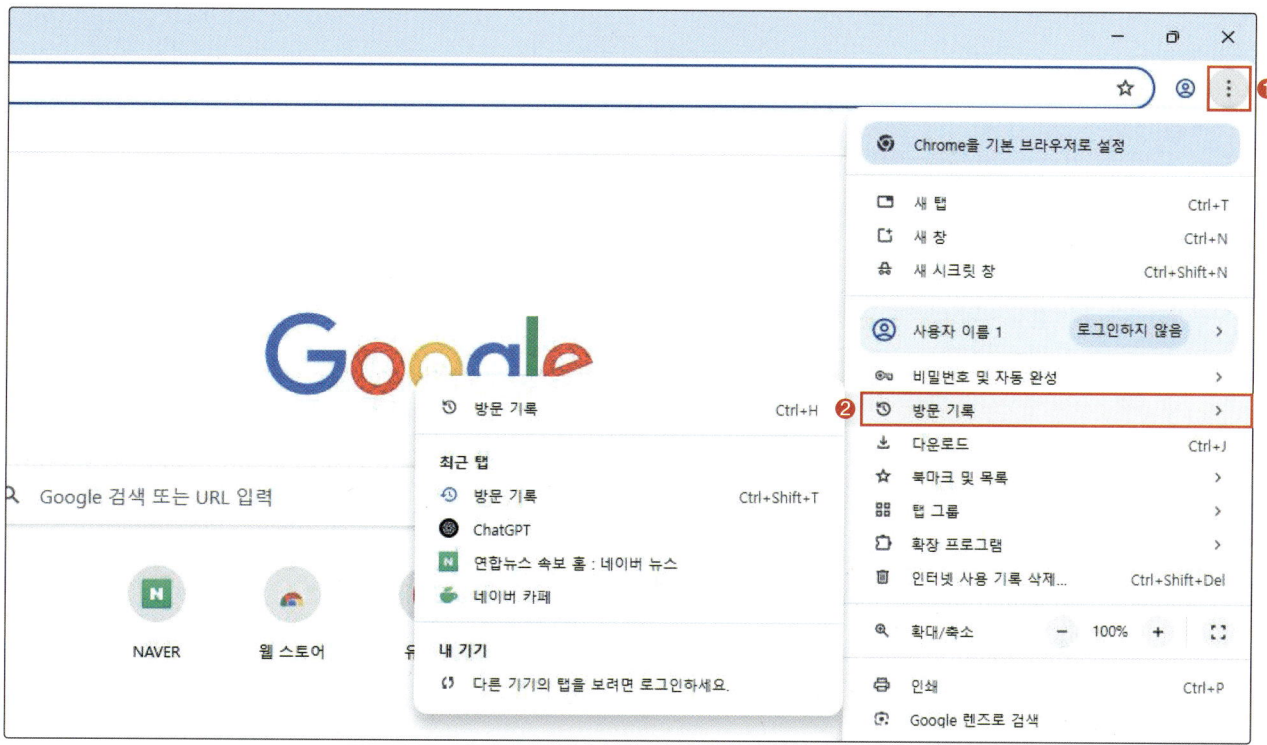

2. 크롬 브라우저로 방문한 사이트나 로그인한 정보를 모두 삭제하기 위해 [:]-[인터넷 사용 기록 삭제]를 클릭합니다.

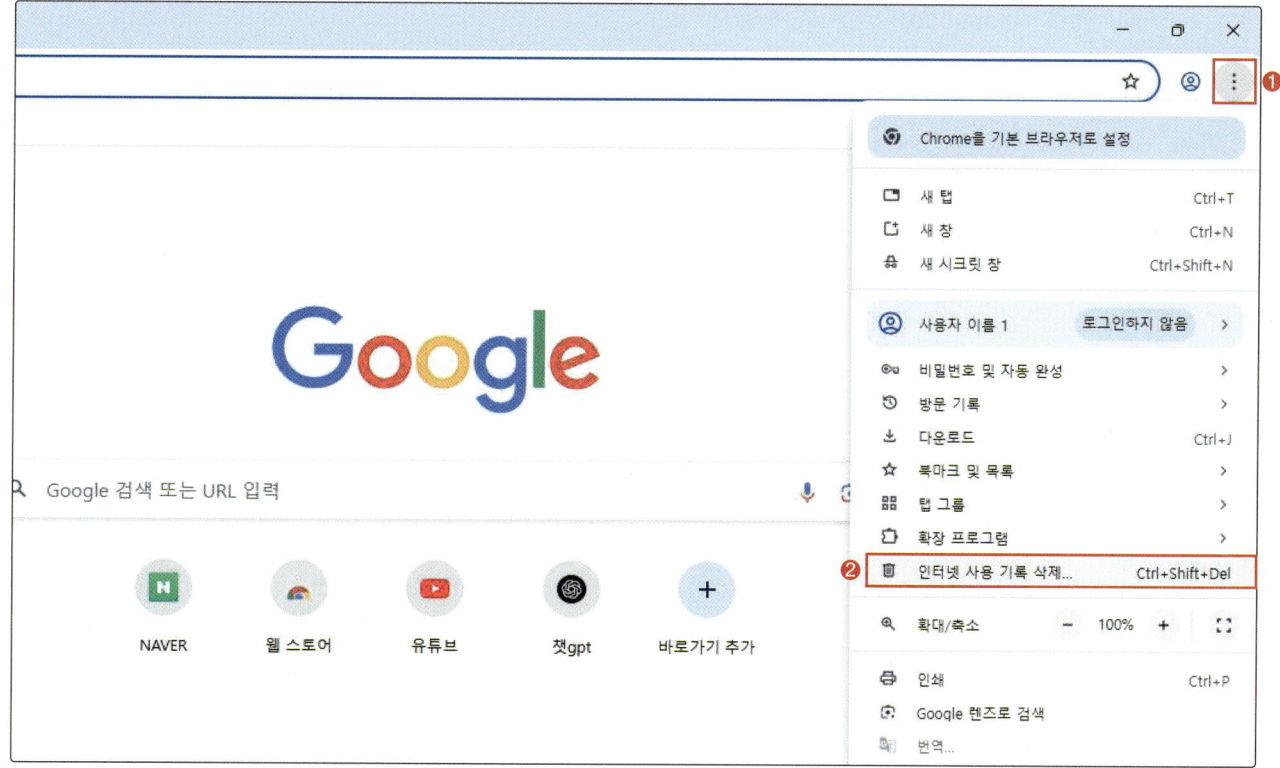

3. [인터넷 사용 기록 삭제] 창의 [기본] 탭에서 기간을 '24시간'으로 지정한 후 [고급] 탭을 클릭합니다.

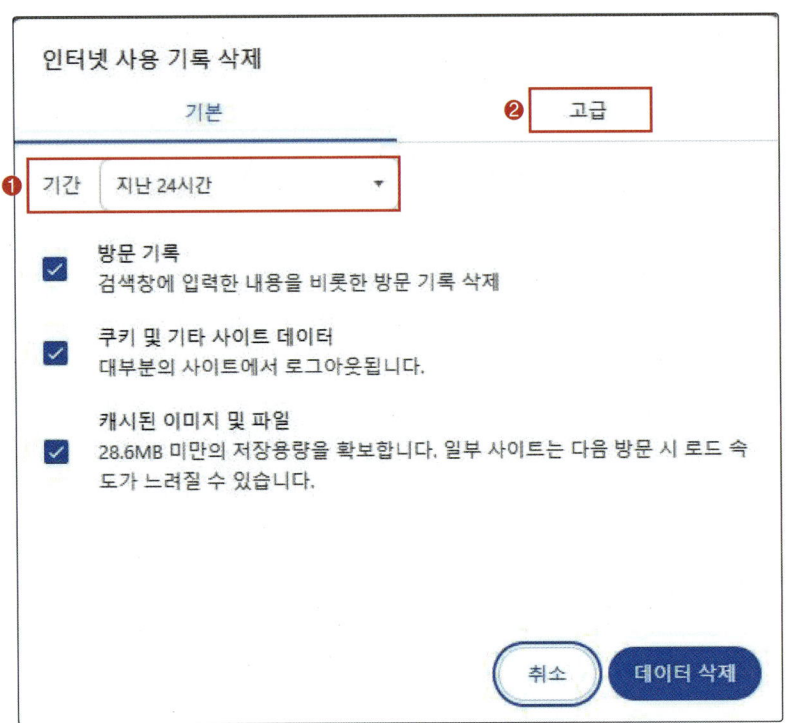

4. 고급 탭에서 기간을 '지난 24시간'으로 지정하고, 삭제할 항목을 선택한 후 [데이터 삭제]를 클릭합니다.

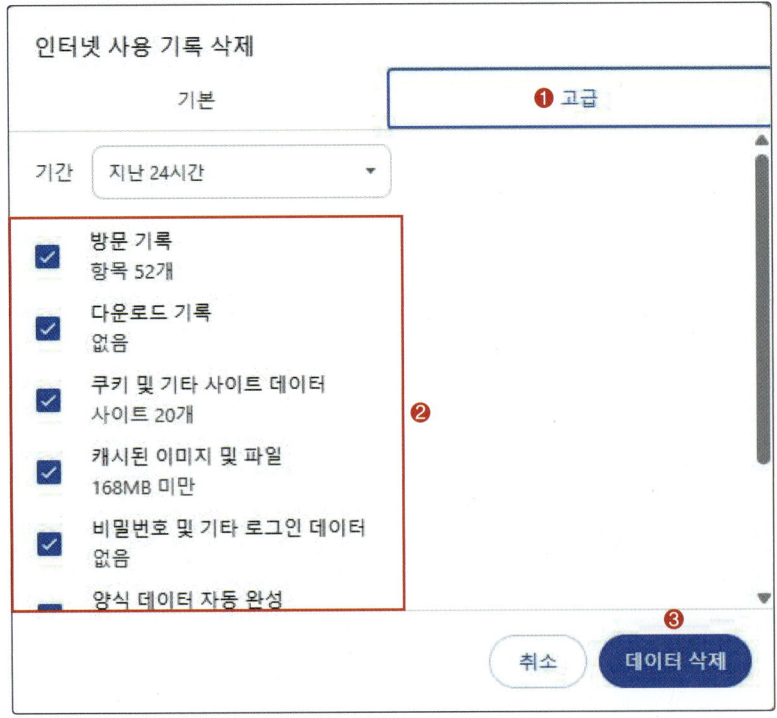

5. [:]-[방문 기록]을 클릭하면 방문 기록이 삭제된 것을 확인할 수 있습니다.

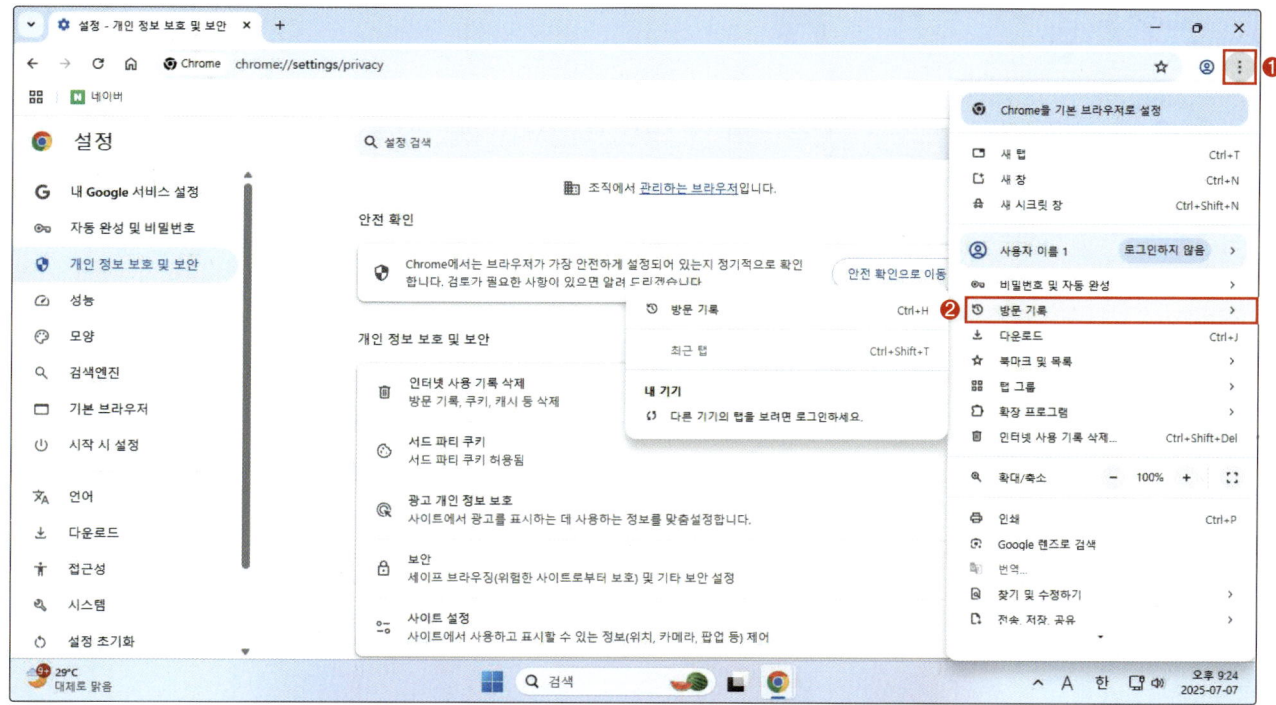

> tip
>
> 방문 기록을 선택하여 삭제할 수 있습니다. [:]-[방문 기록]-[방문 기록]을 클릭하여 삭제할 사이트를 선택한 후 [삭제]를 클릭합니다.

혼자 풀어보기

1 구글 ai 사이트 구글스튜디오(https://aistudio.google.com)와 챗gpt(https://openai.com)를 북마크에 추가하고, 북마크 관리자에서 확인해보세요.

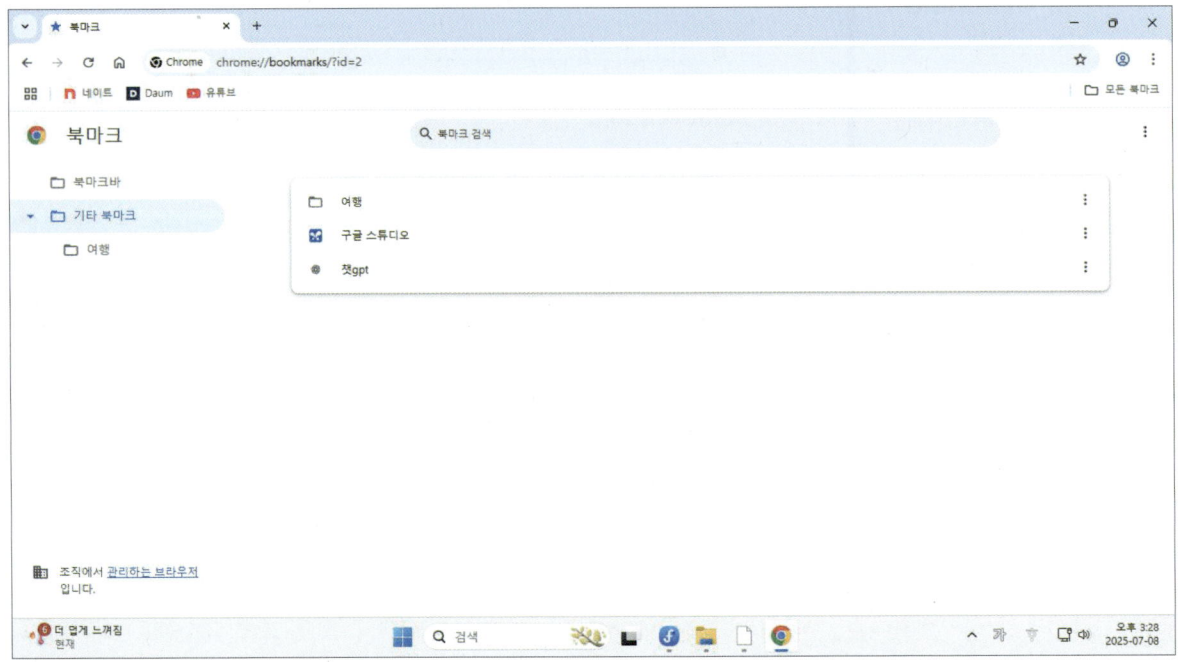

2 제미나이 사이트를 북마크에 [AI] 폴더를 만들어 저장해보세요.

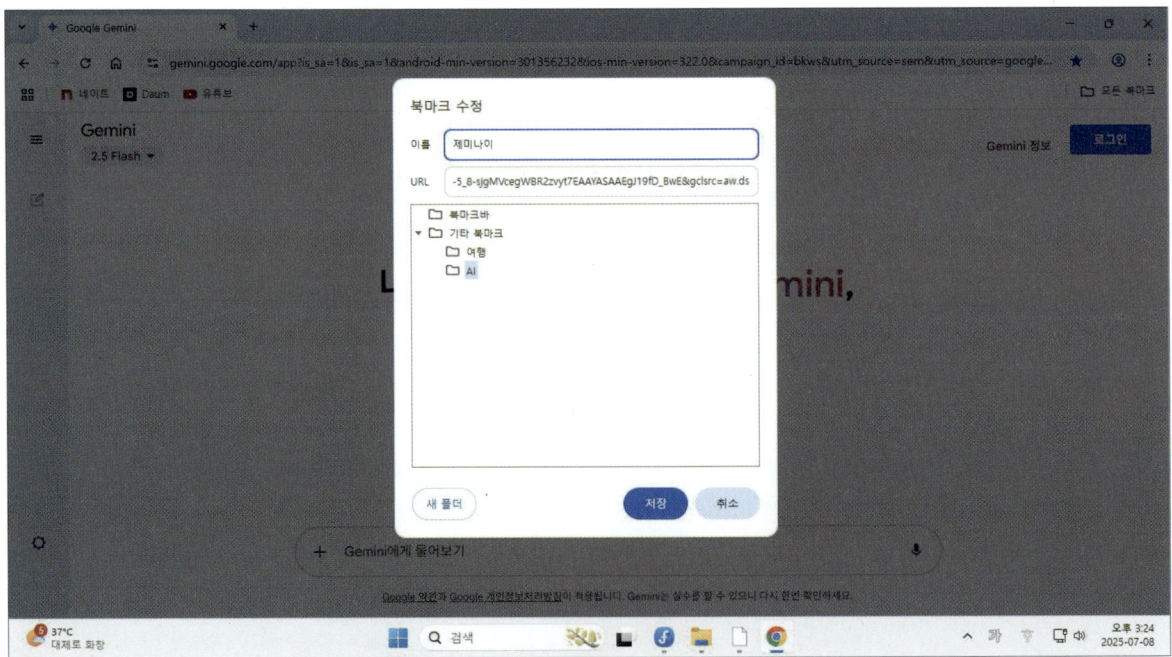

③ 북마크 관리자에서 구글ai 스튜디오와 챗gpt 북마크를 [AI] 폴더로 이동해보세요.

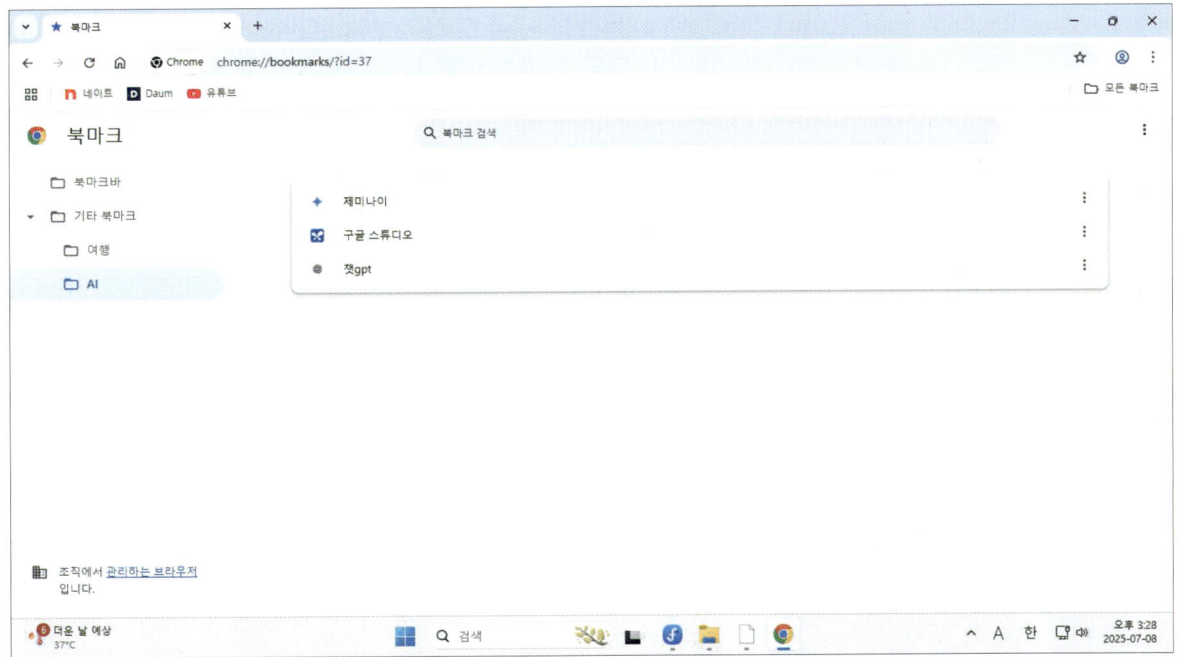

④ 구글 드라이브를 검색하여 북마크바에 추가해보세요.

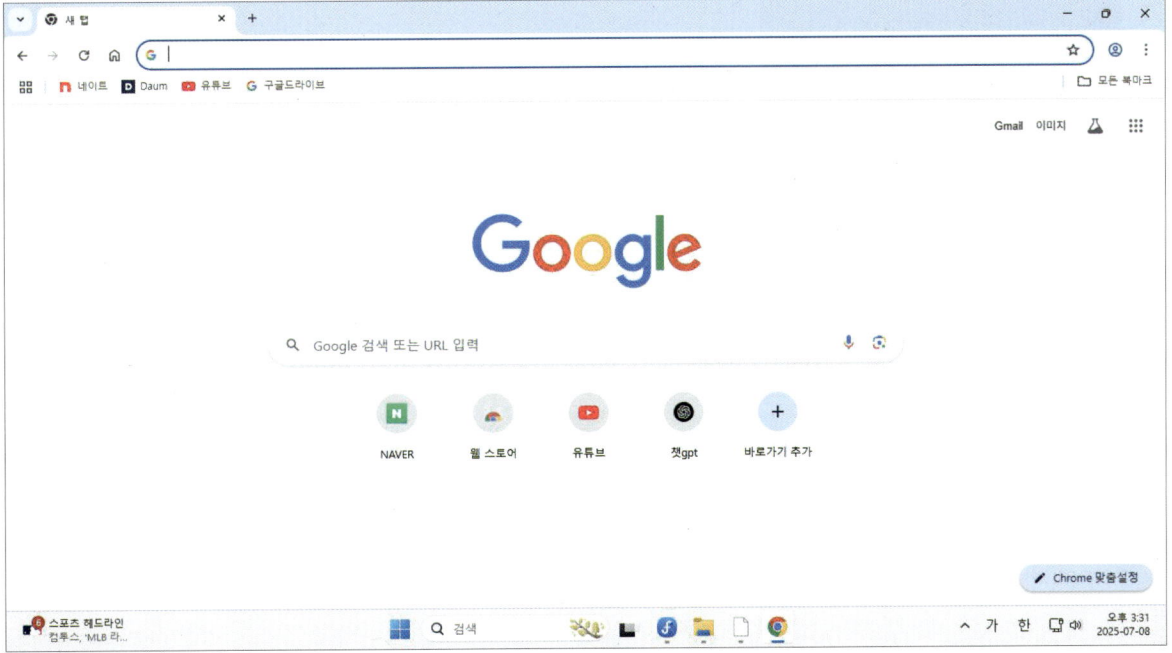

SECTION 09 구글 드라이브 다루기

윈·도·우·1·1

구글 드라이브에 자료를 보관하고 공유시키면 아무데서나 자료를 꺼내서 사용할 수 있습니다. 예를 들어 집에서 작업했던 내용들을 구글 드라이브에 보관해 놓으면 다른 곳에서 간단하게 가져와서 작업이 가능합니다. 구글 드라이브를 사용하려면 먼저 구글 계정이 있어야 됩니다. 안드로이드폰(삼성 휴대폰)을 가지고 있으면, 구글 계정이 있을 것입니다. 본인의 구글 계정을 확인한 후 구글에서 제공하는 무료 드라이브를 사용하는 방법에 대해 알아보겠습니다.

1 구글 계정 휴대폰과 연결하기

1. 스마트폰에서 알림영역을 아래로 드래그하여 [설정]을 터치합니다. [설정] 화면에서 [Google]를 터치한 다음 본인의 구글 아이디를 확인합니다

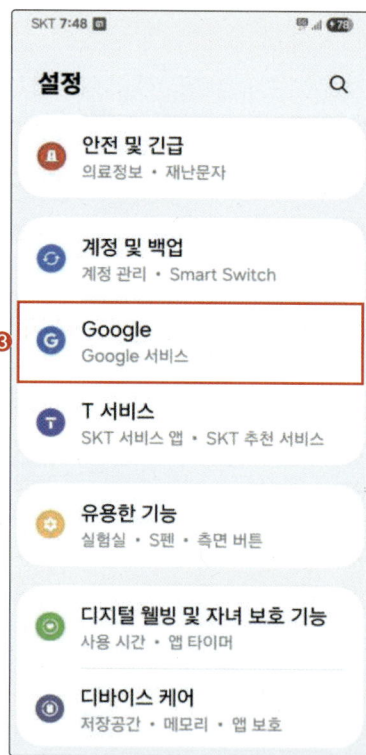

2. 컴퓨터의 크롬 브라우저에 로그인하기 위해 계정 아이콘-[Chrome 로그인]을 클릭합니다.

3. [Chrome에 로그인] 화면에 스마트폰에서 확인한 본인의 구글 아이디를 입력하고 [다음]을 클릭합니다.

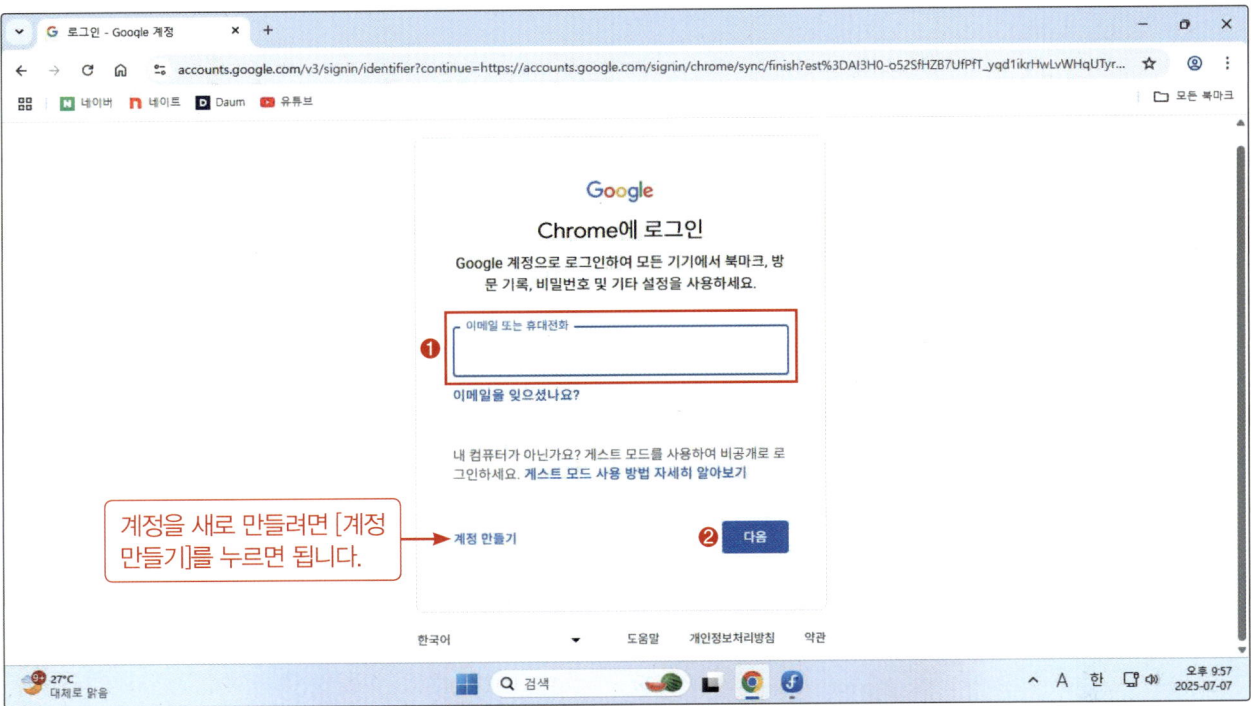

4. 구글 비밀번호 입력 창에서 '비밀번호 표시'에 체크 표시를 한 다음, 화면을 보고 비밀번호를 입력한 후 [다음]을 클릭합니다.

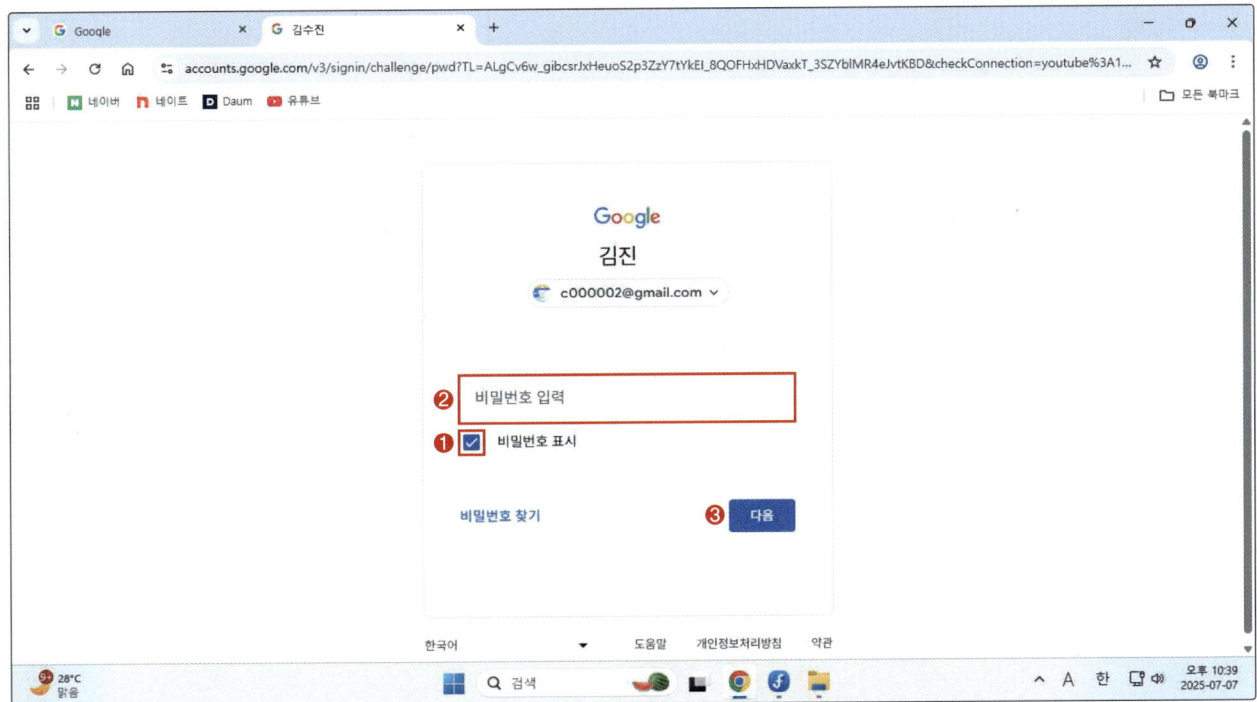

tip '비밀번호 표시'에 체크를 하면 오타 등으로 잘못 입력하지 않고 정확히 입력할 수 있습니다. 단, 다른 사람에게 비밀번호가 노출될 수 있으니 주의하세요.

tip
구글 로그아웃하기

① 크롬 브라우저의 계정 아이콘 – [Chrome에서 로그아웃]을 클릭합니다.

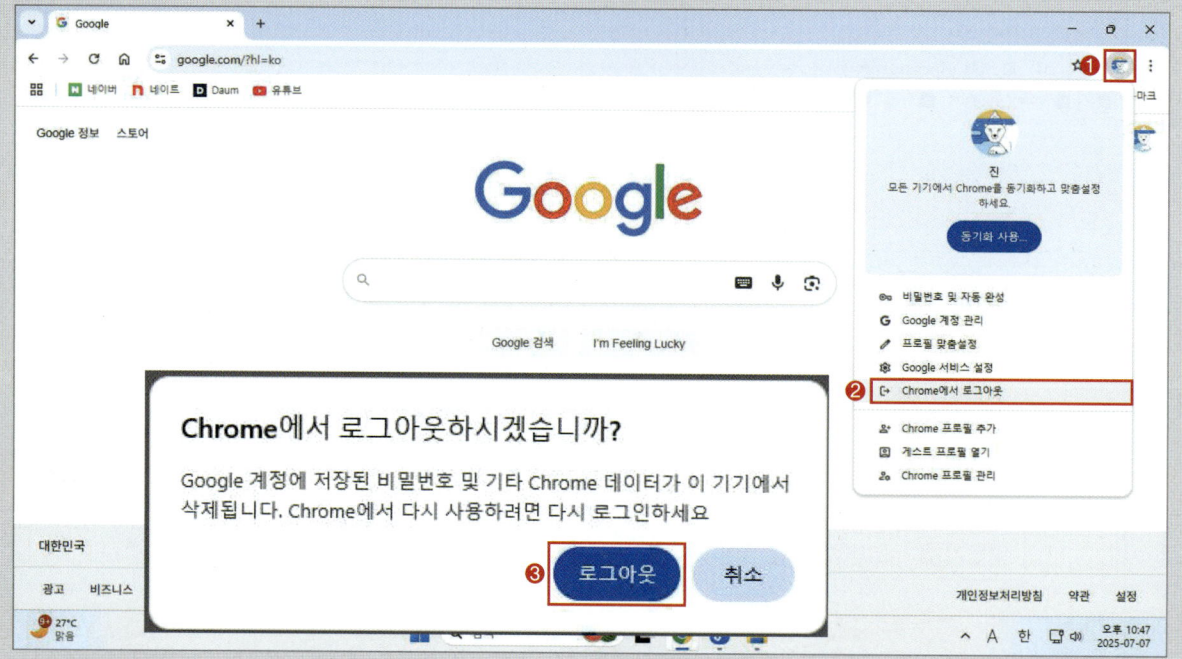

② [계정 선택] 화면에서 본인의 계정을 클릭합니다.

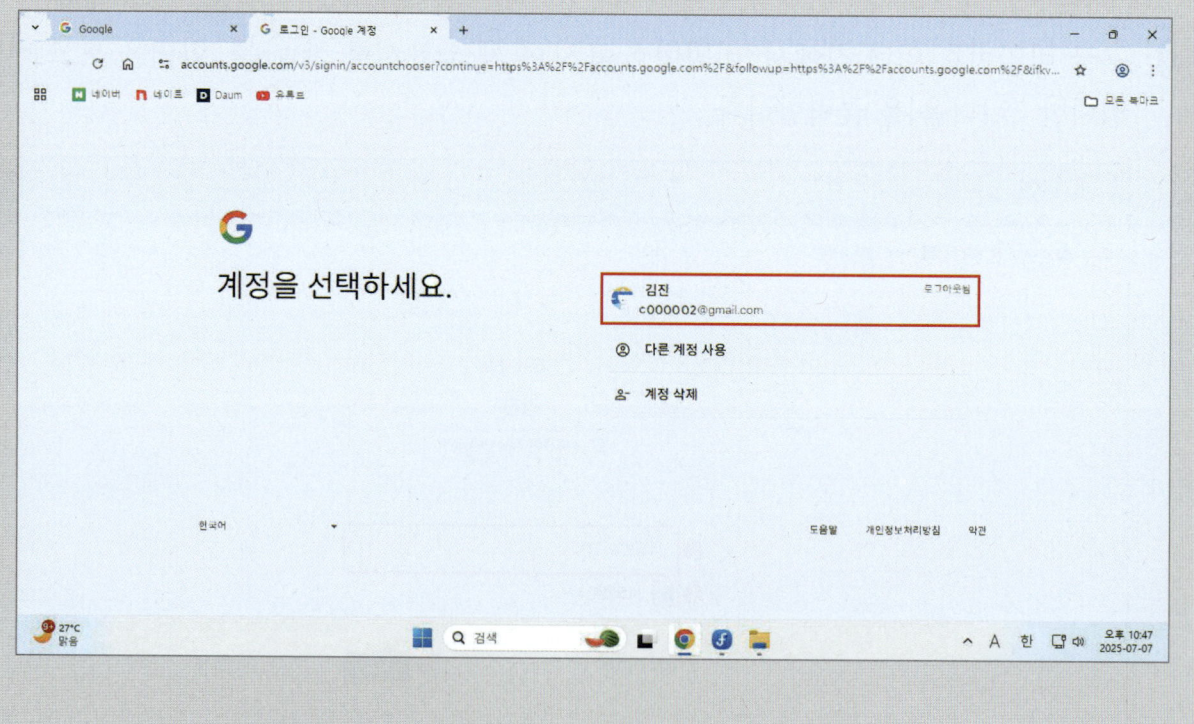

③ 본인의 계정 옆에 표시된 계정 삭제를 클릭합니다.

비밀번호 찾기

구글 비밀번호를 잃어버린 경우 [비밀번호 찾기]로 비밀번호를 새로 설정해야 됩니다. 구글 비밀번호 입력 창에서 [비밀번호 찾기]를 클릭하여 본인 인증 절차를 거친 후 비밀 번호를 재설정 합니다.

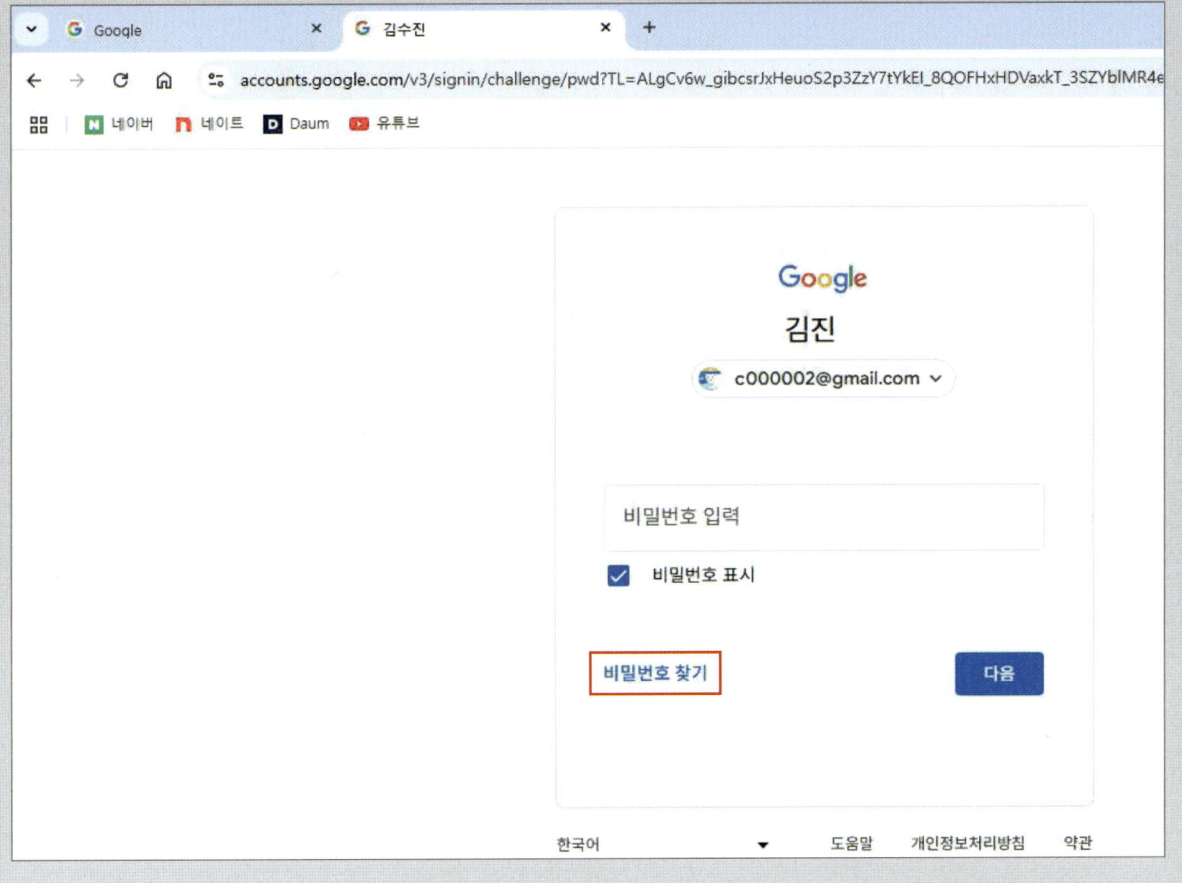

Section 09 구글 드라이브 다루기

2 파일 업로드하기

1. ⋮⋮⋮ [구글 앱]을 클릭한 다음, [드라이브]를 클릭합니다.

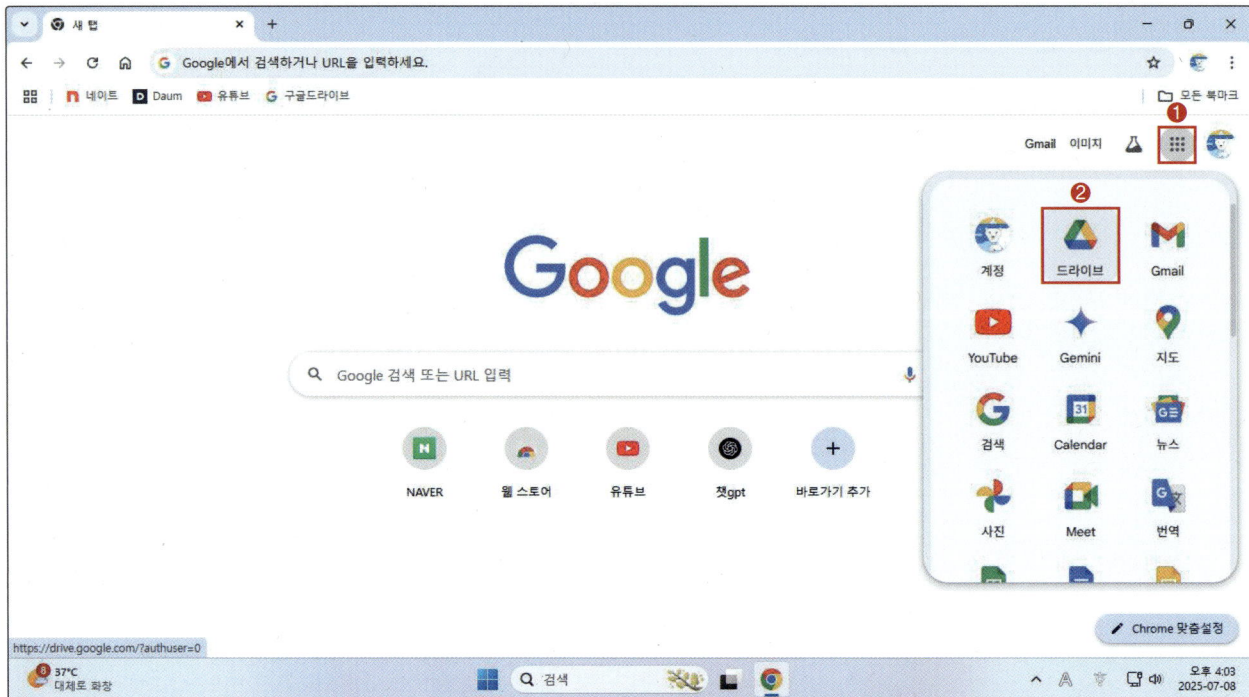

> **tip** 구글 로그인이 안되어있을 경우 먼저 크롬 브라우저에서 계정 아이콘을 클릭한 다음, [Chrome에 로그인]을 클릭하여 로그인해야 합니다.

2. 파일을 업로드하기 위해 [신규]를 클릭합니다.

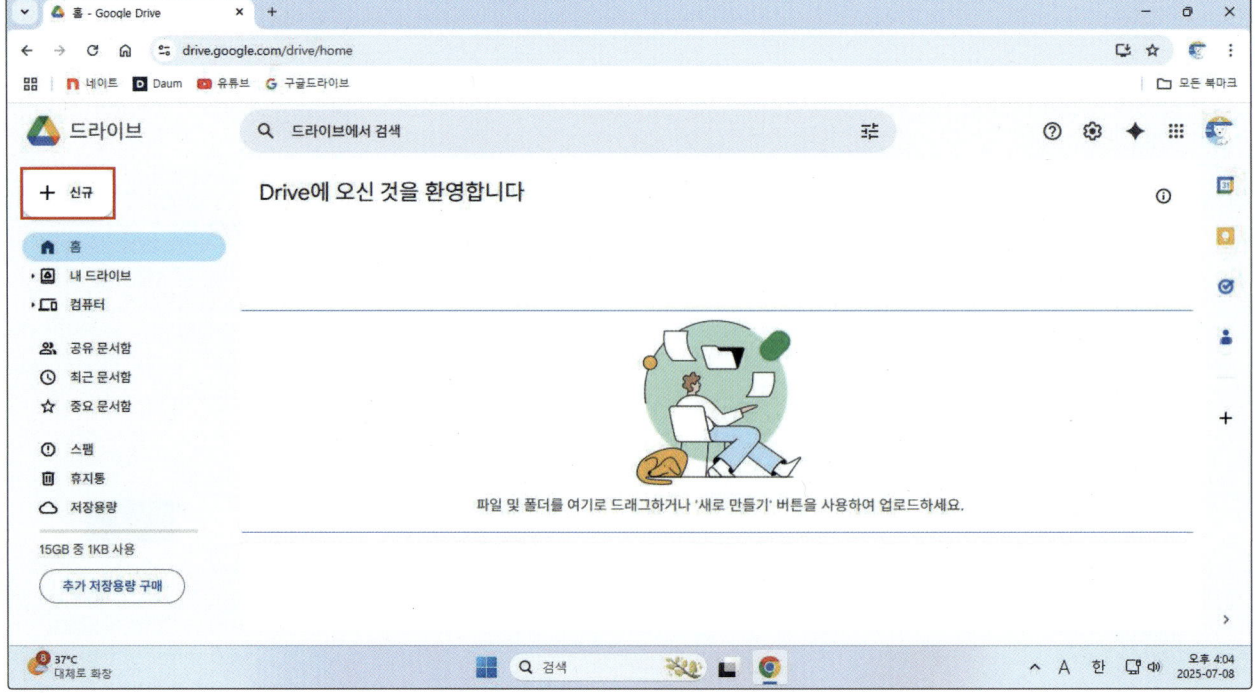

3. [파일 업로드]를 클릭합니다.

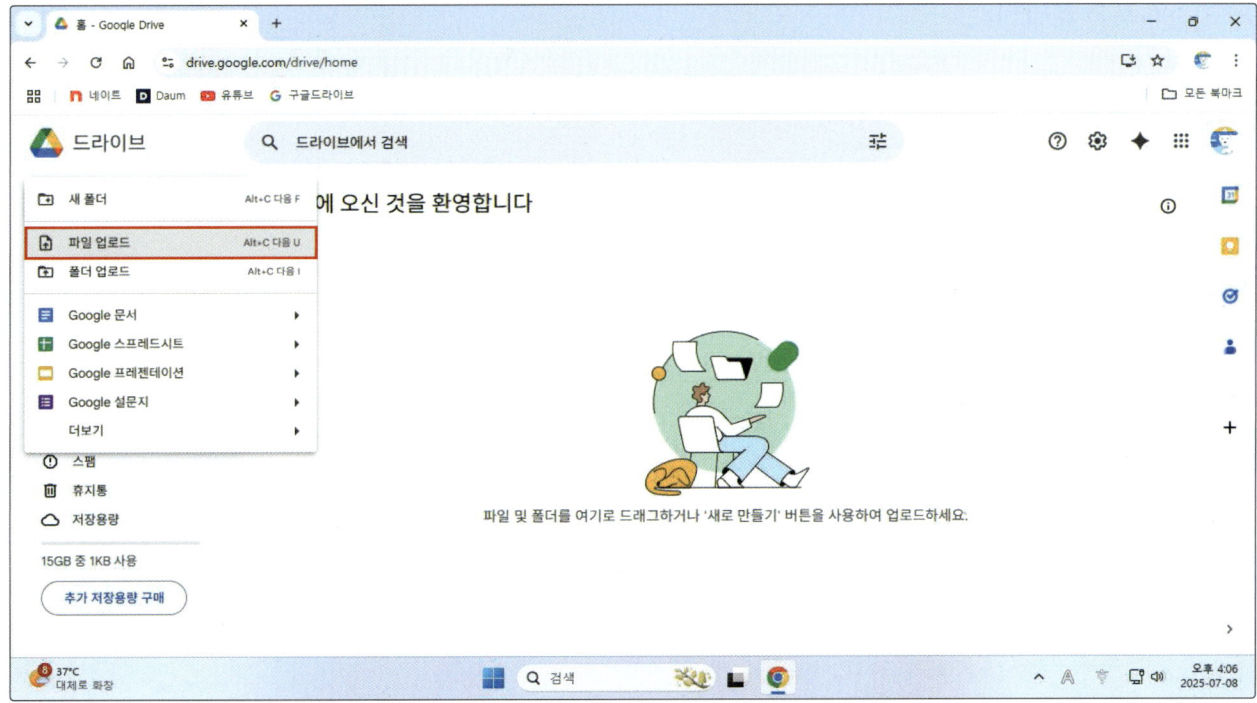

4. [열기] 대화상자에서 업로드할 파일을 Ctrl 를 누른 상태로 클릭하여 선택한 다음, [열기]를 클릭합니다.

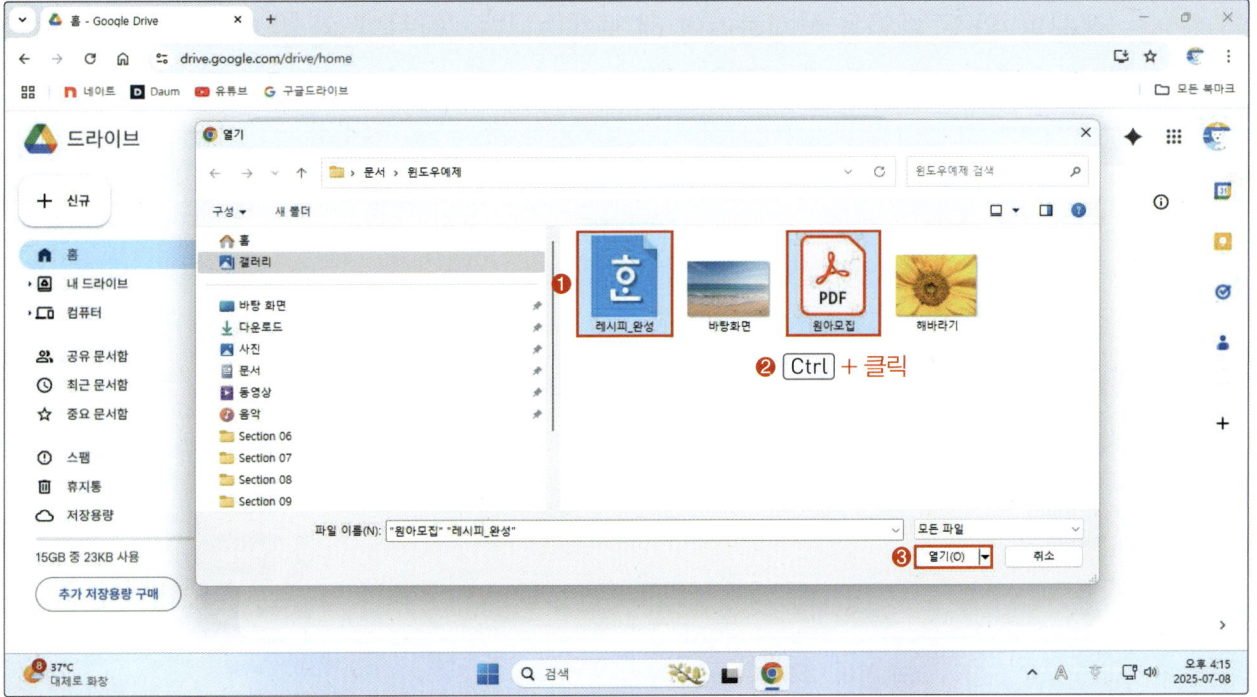

> **tip** 선택할 파일이 많은 경우 Ctrl 을 누른 상태로 파일을 여러 개 선택할 수 있습니다.

5. 다음과 같이 업로드 완료 팝업창이 뜨면 C [새로 고침]을 클릭하거나 F5 를 눌러 페이지를 새로고침합니다.

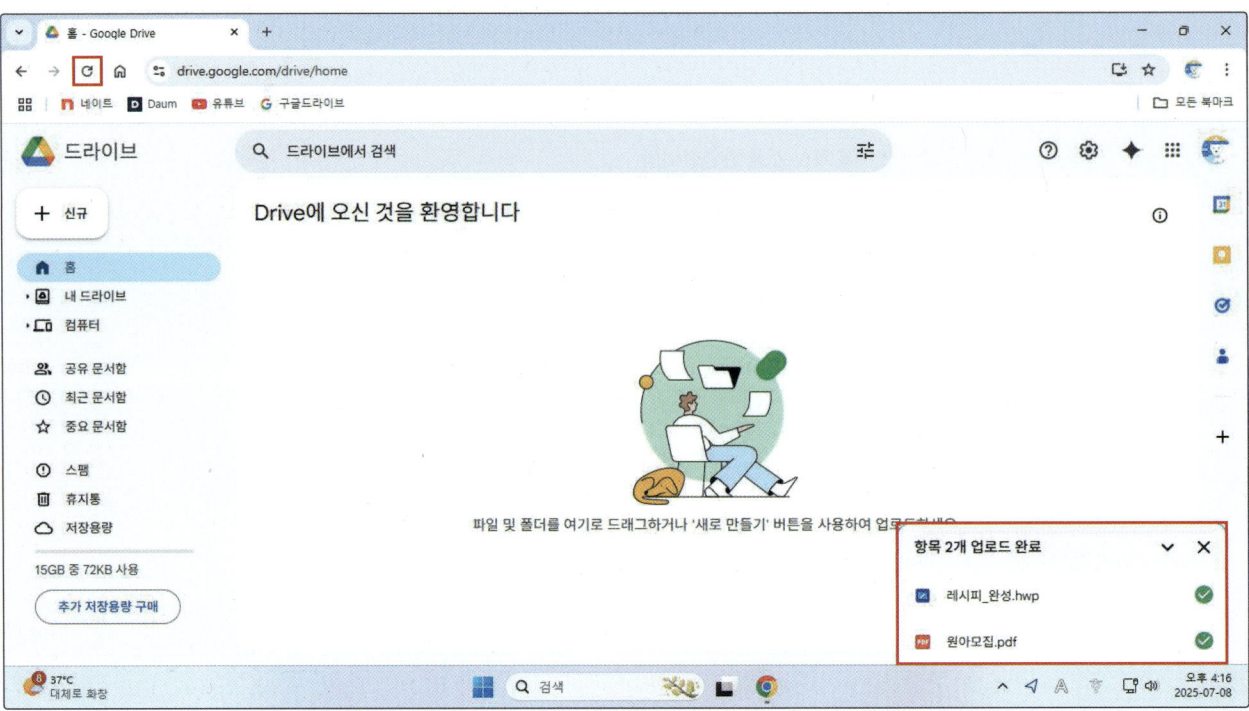

6. 다음과 같이 파일이 업로드된 것을 확인할 수 있습니다. 필요 없는 파일은 삭제할 수도 있습니다. '레시피_완성' 파일을 삭제하려면 해 보겠습니다. '레시피_완성' 파일의 : [추가작업]을 클릭하여 [휴지통으로 이동]을 클릭합니다.

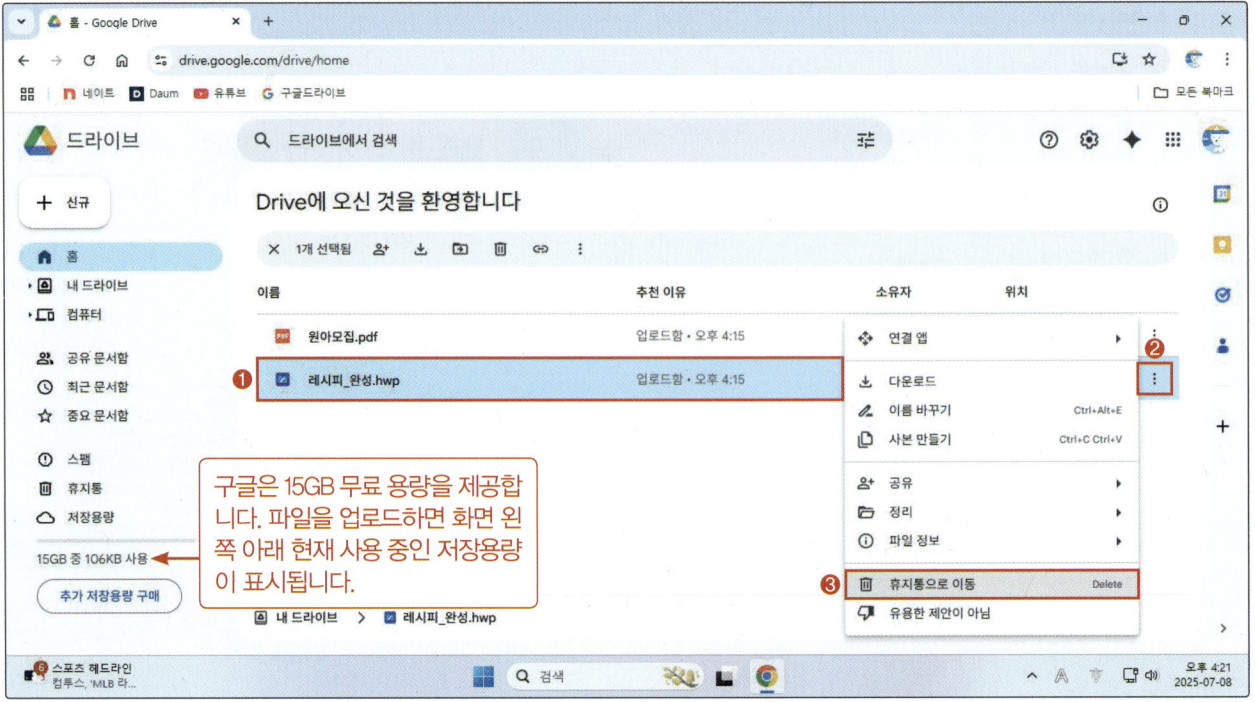

7. [휴지통]을 클릭하면 삭제한 파일이 임시보관되어 있습니다. 휴지통에 보관된 파일을 영구삭제하려면 [휴지통 비우기]를 클릭한 다음, 완전히 삭제할 것인지 묻는 창이 나타나면 [완전 삭제]를 클릭합니다.

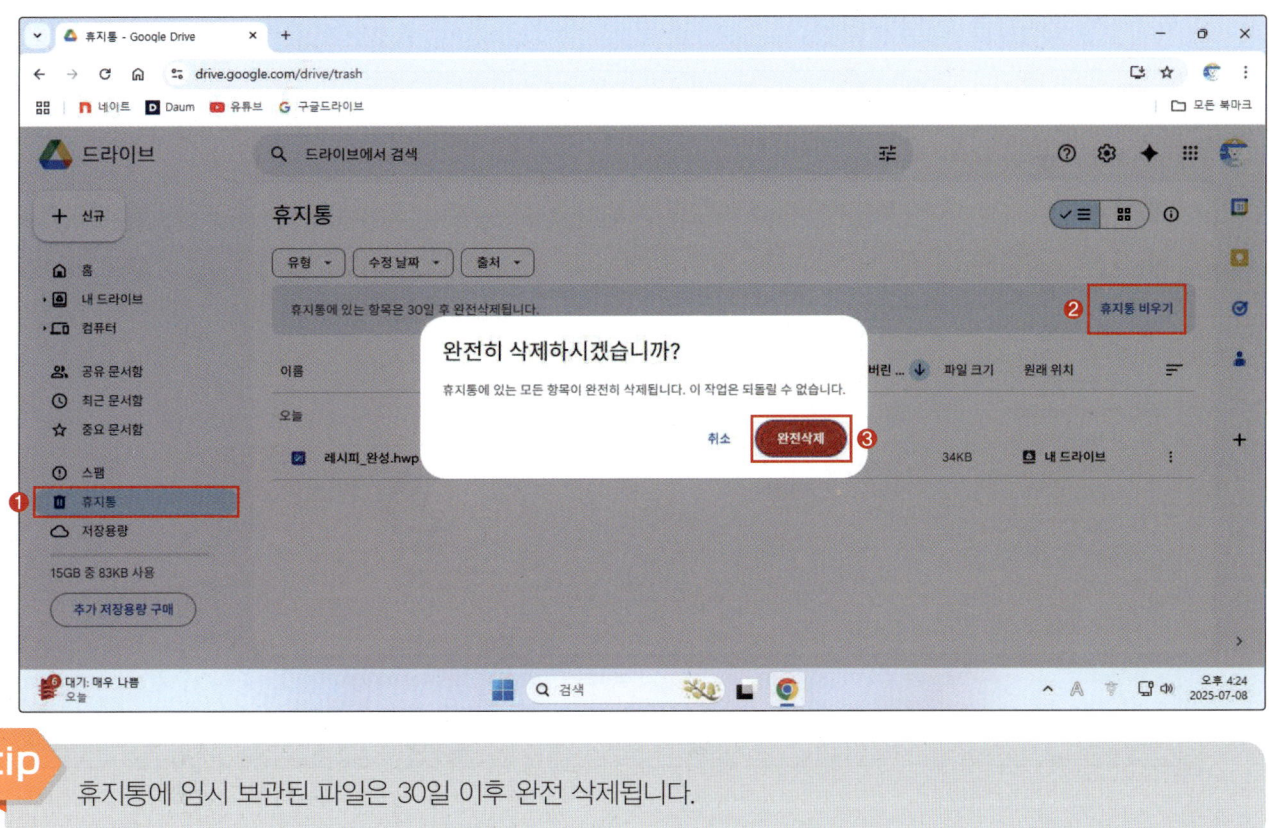

> **tip** 휴지통에 임시 보관된 파일은 30일 이후 완전 삭제됩니다.

8. 휴지통에서 파일이 완전히 삭제되었습니다. 영구 삭제된 파일은 복원할 수 없습니다.

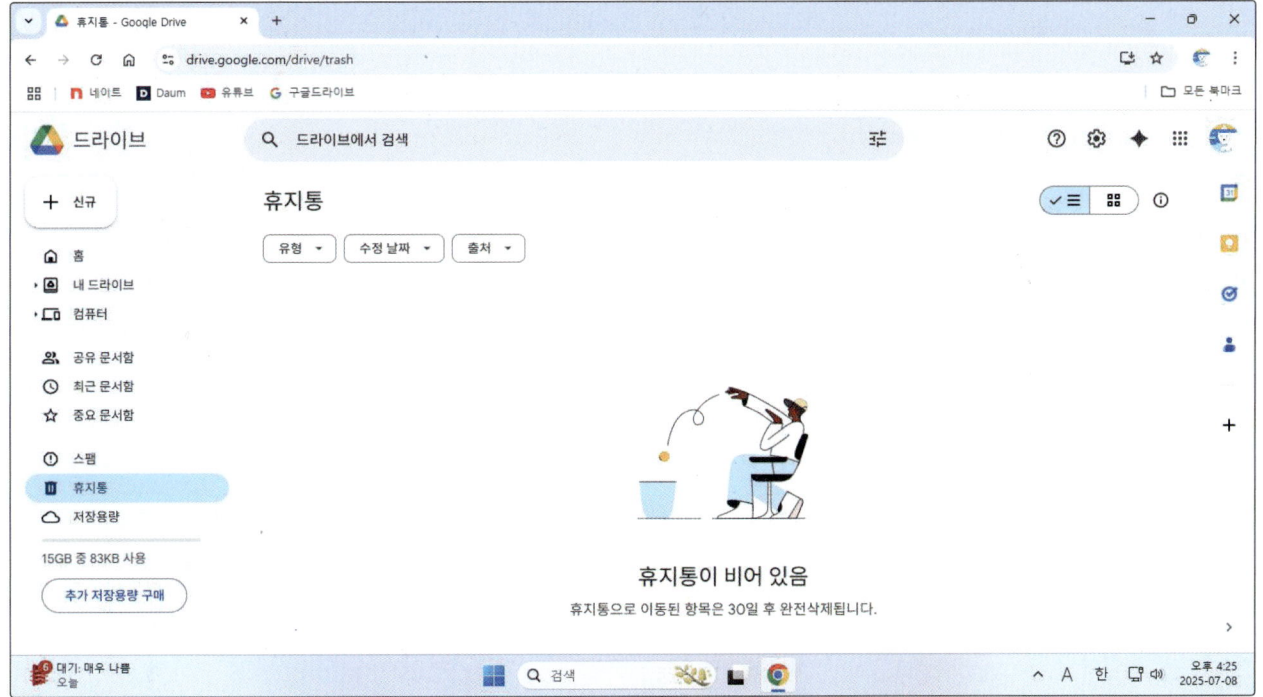

3 폴더 만들어 업로드하기

1. 업로드할 파일들이 많을 경우 폴더별로 나누어 저장할 수 있습니다. 폴더를 만들기 위해 [신규]-[새 폴더]를 클릭합니다.

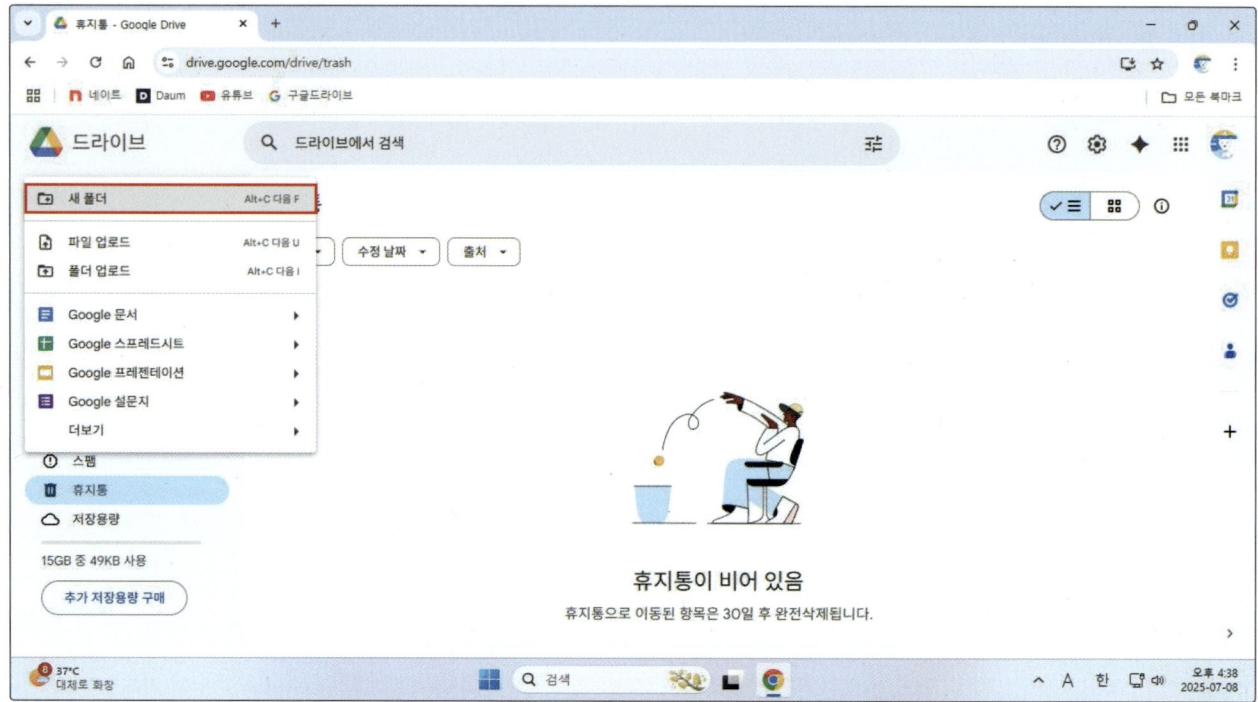

2. 새 폴더 이름을 "이미지"로 입력하고 [만들기]를 클릭합니다.

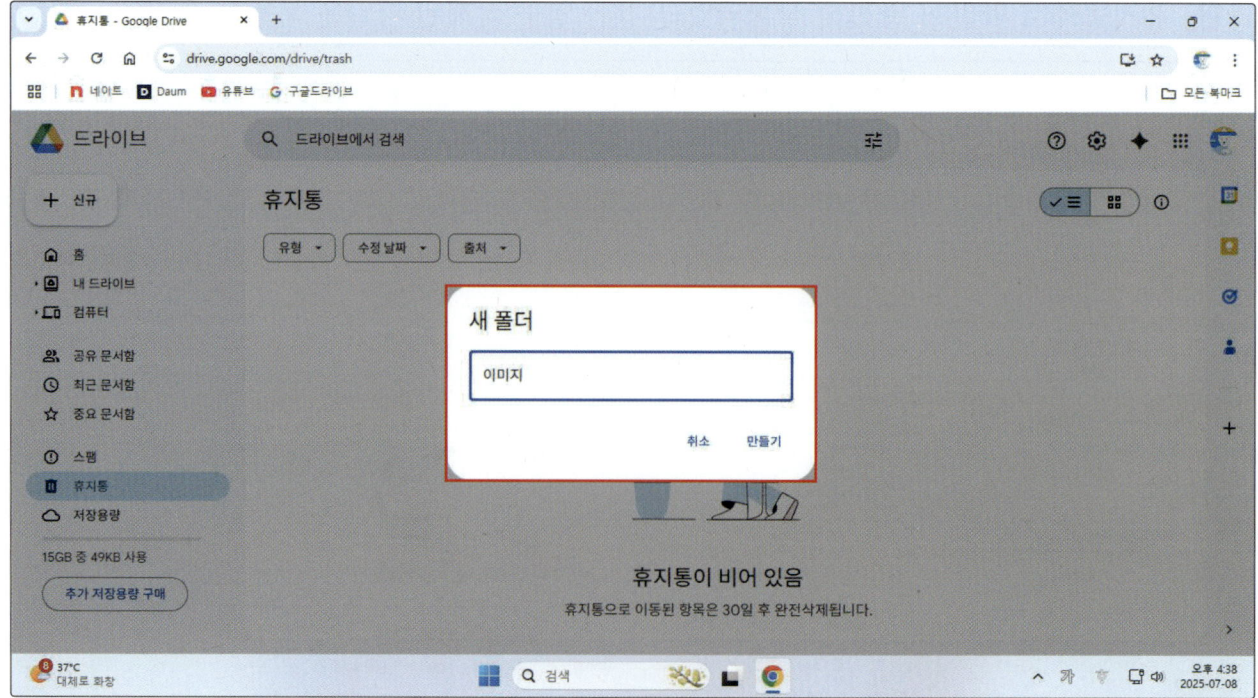

3. [내 드라이브]를 클릭하면 폴더가 만들어진 것을 확인할 수 있습니다. [이미지] 폴더를 더블클릭하여 이미지 폴더로 이동합니다.

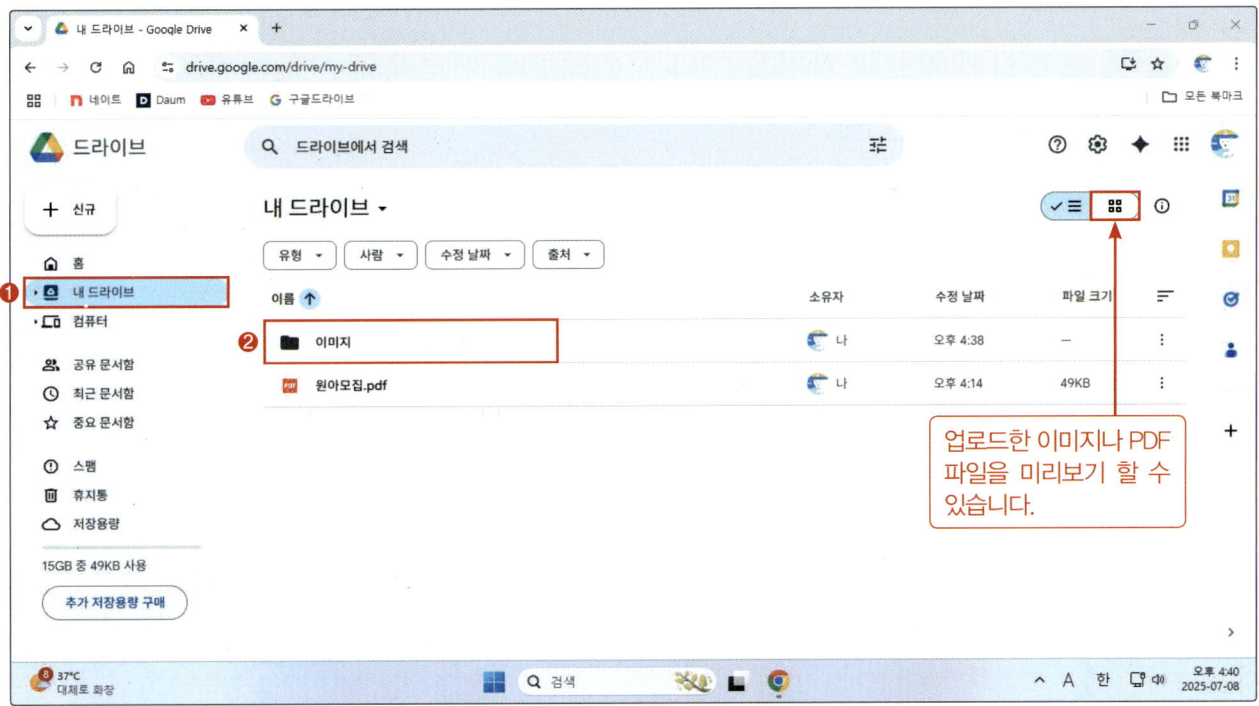

4. [신규]-[파일 업로드]를 클릭합니다. [열기] 대화상자에서 이미지 폴더에 업로드할 파일을 선택한 다음 [열기]를 클릭하면 됩니다.

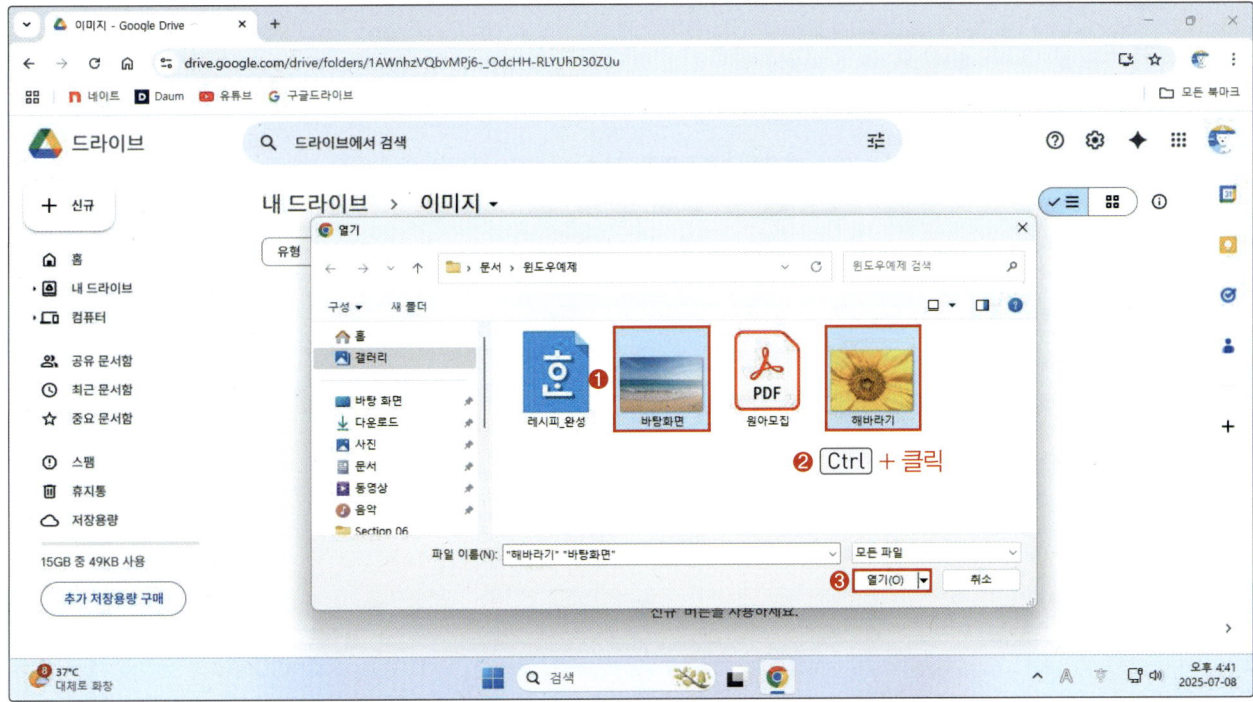

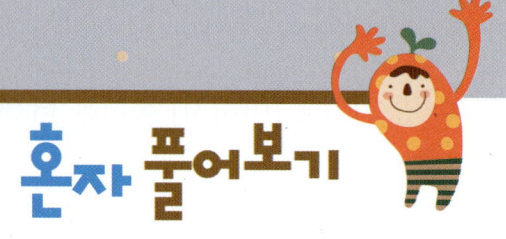

혼자 풀어보기

1 컴퓨터에 저장된 사진을 구글 드라이드에 업로드해보세요.

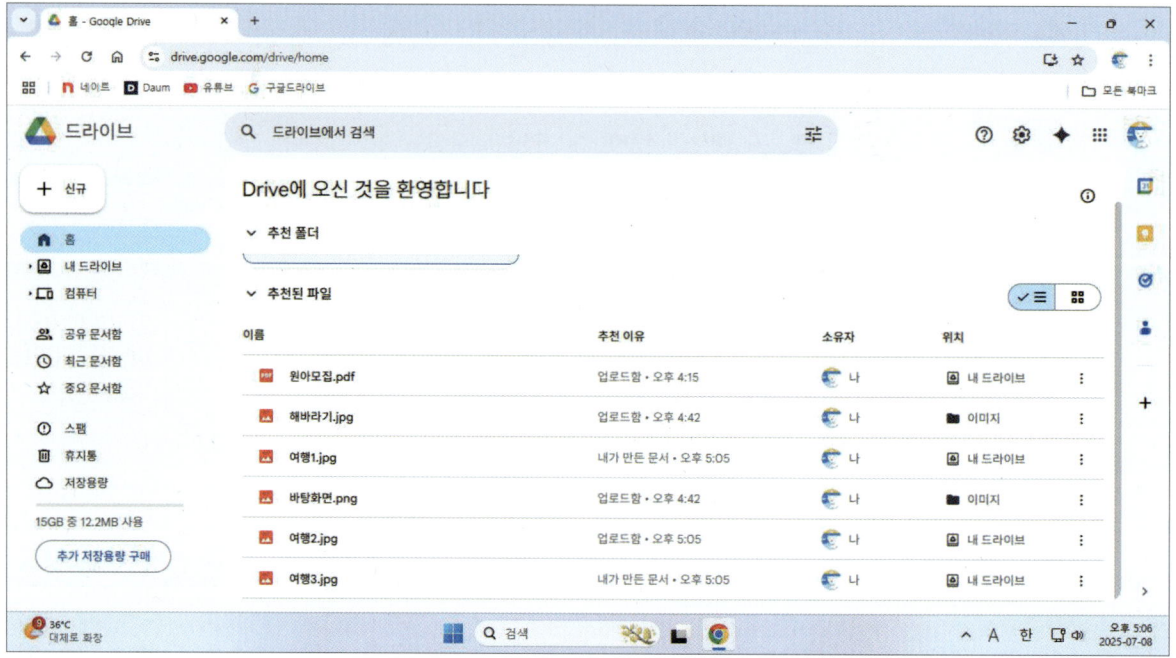

2 불필요한 파일을 휴지통으로 이동해보세요.

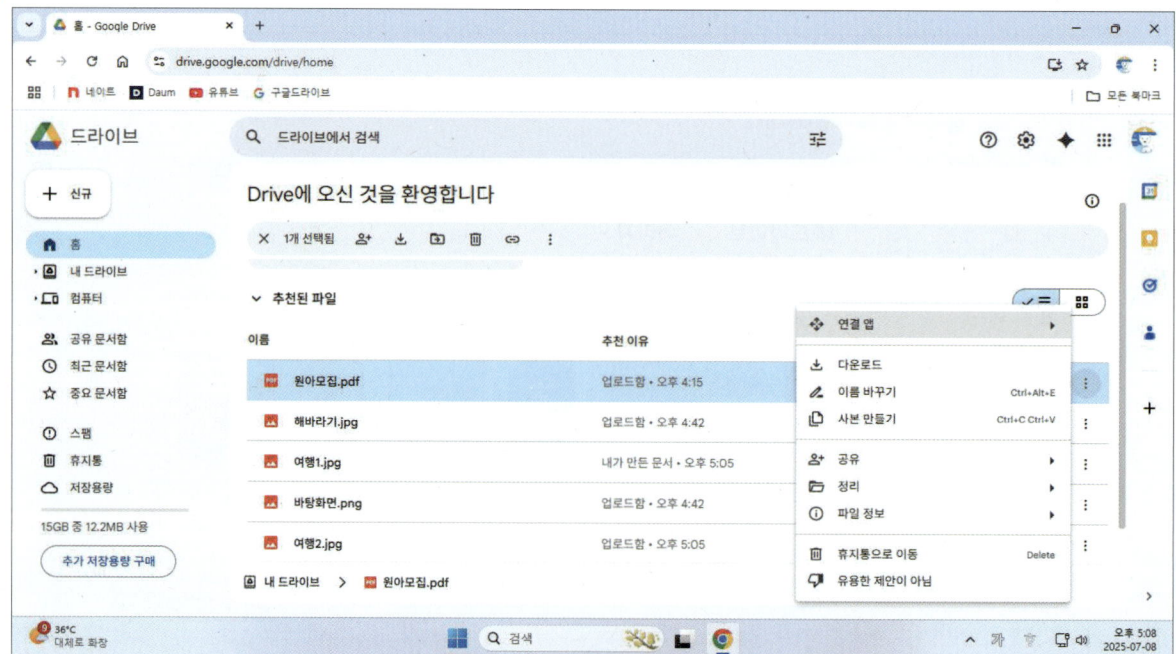

③ [휴지통]에 보관 중인 파일을 확인하고 휴지통을 비워보세요.

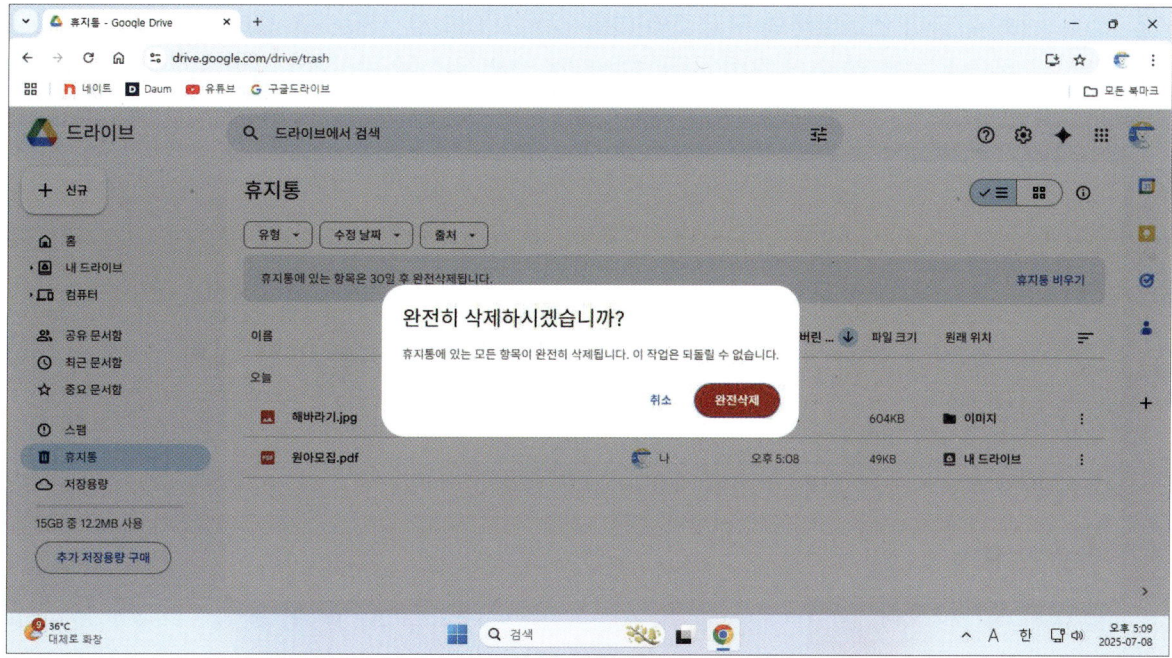

④ [업무파일]과 [여행사진] 폴더를 만들어보고, 각 폴더에 파일을 업로드해보세요.

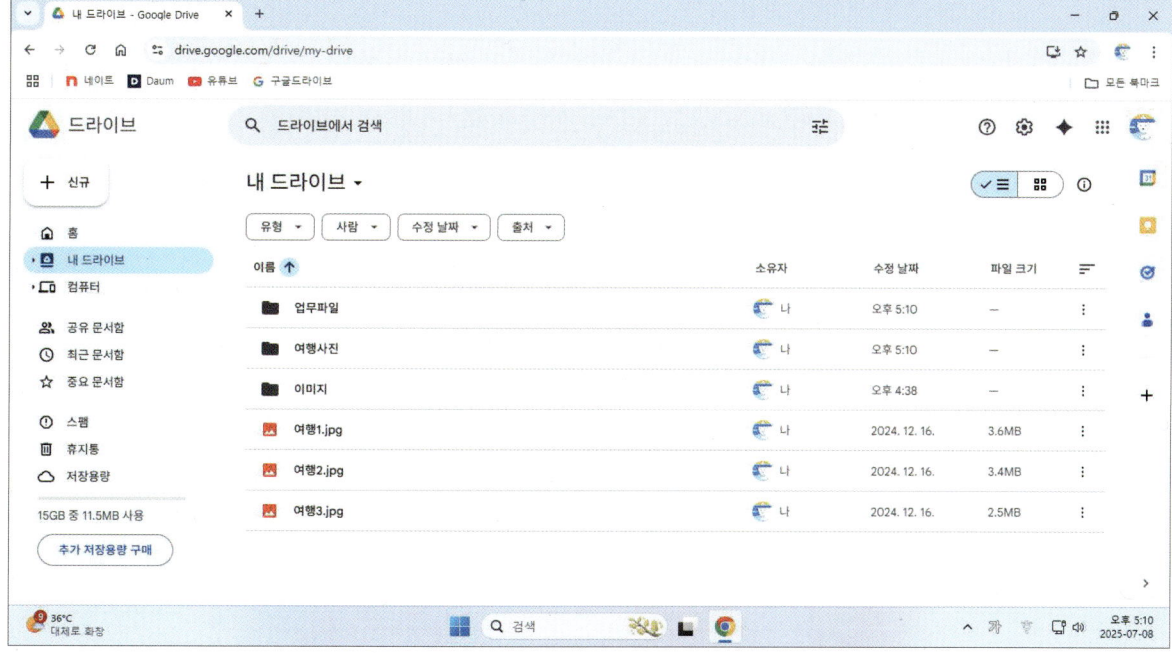

SECTION 10 구글 앱 활용하기

윈·도·우·1·1

구글에서는 구글 드라이브 이외에 캘린더, 번역, 지도 등 다양한 서비스를 제공합니다. 컴퓨터의 구글과 스마트폰의 구글 아이디를 같은 아이디로 사용하면 휴대폰을 잃어버렸을 때 휴대폰의 위치를 알 수 있으며, 구글 캘린더로 월별 일정을 관리할 수 있습니다.

1 잃어버린 내 휴대폰 찾기

1. 크롬 브라우저에 로그인한 상태에서 검색어에 "휴대전화찾기"를 검색한 다음, [휴대전화 찾기]를 클릭합니다.

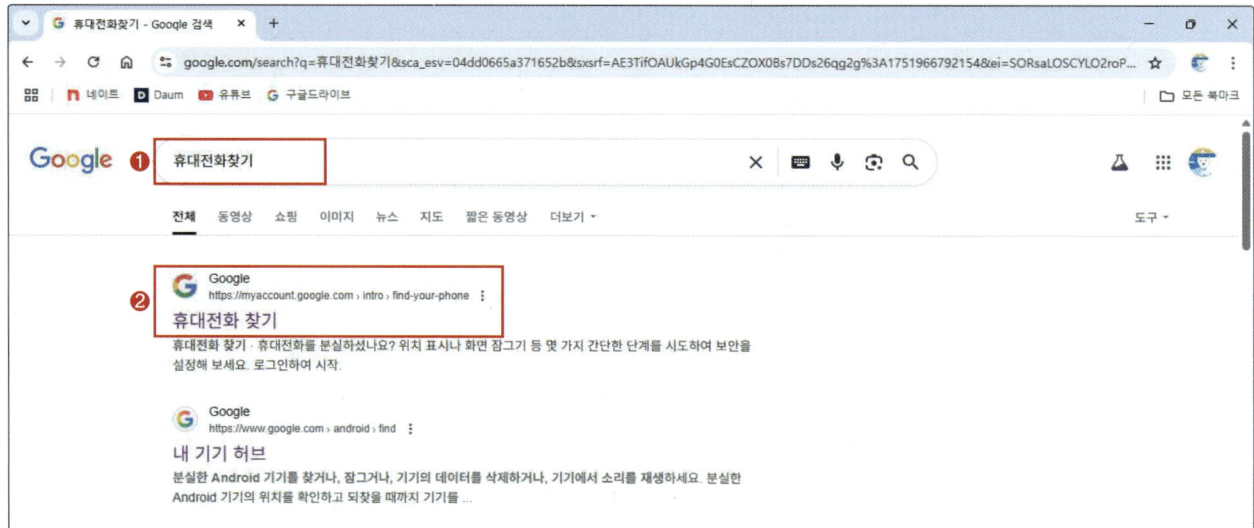

2. [휴대전화 찾기] 화면에서 사용하고 있는 스마트폰 기종을 클릭합니다.

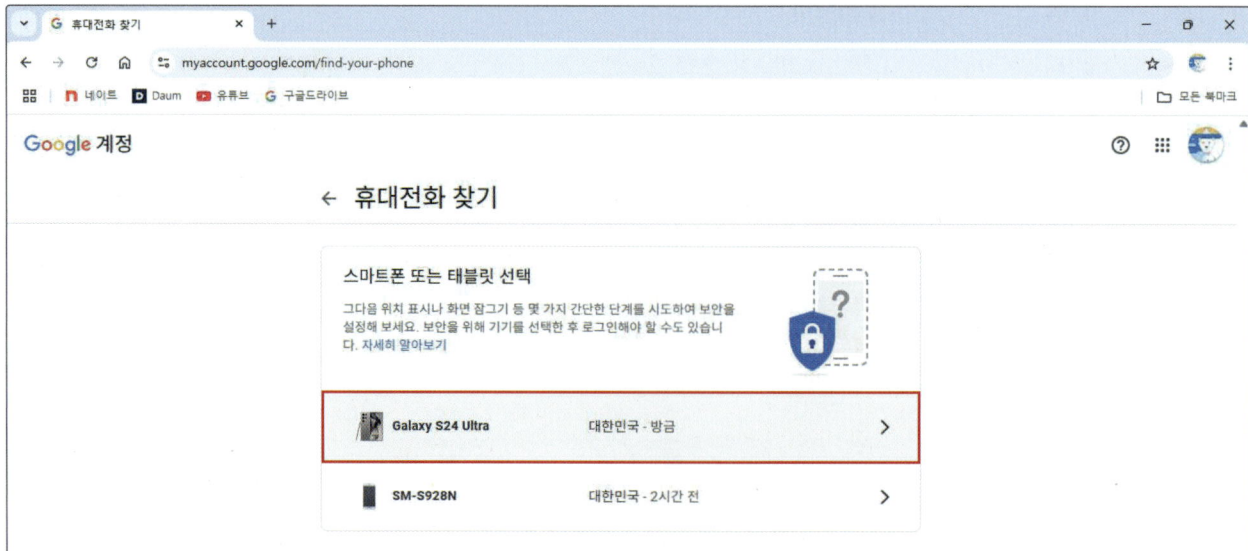

3. [내기기 허브] 탭에서 현재 스마트폰의 위치가 지도에 표시되면 [소리 재생]을 클릭합니다.

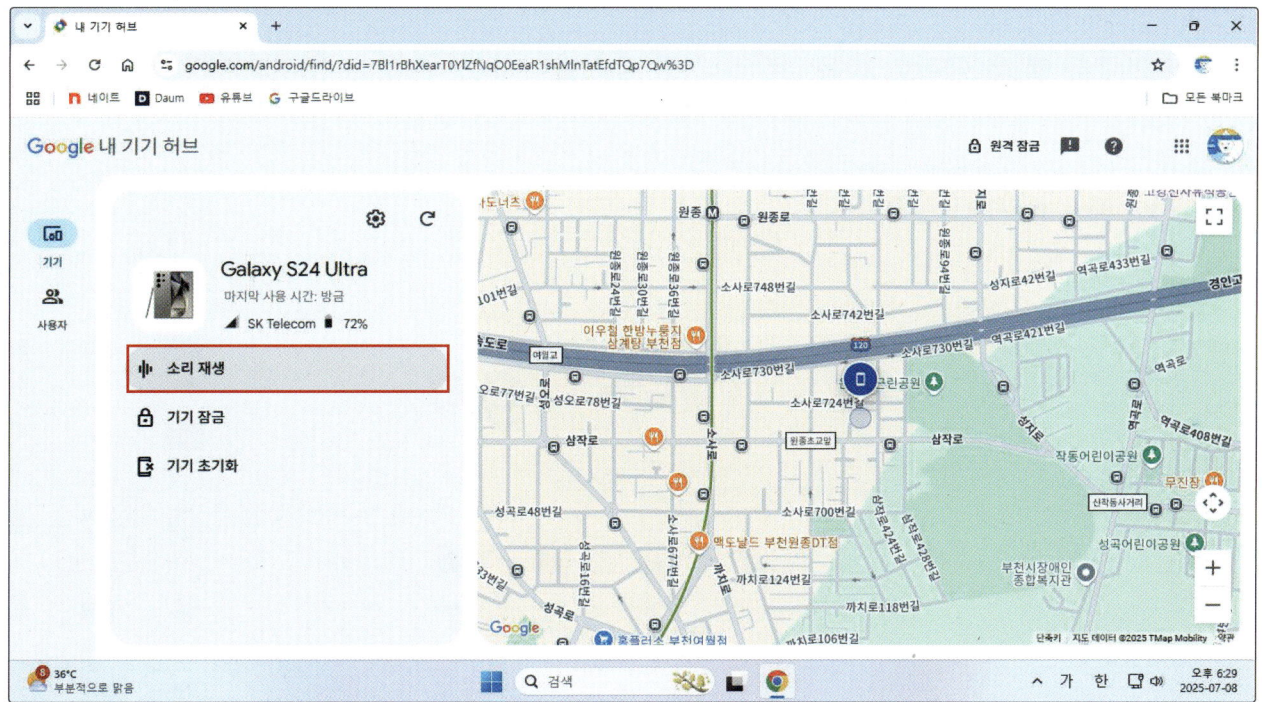

4. 휴대전화에 전화벨이 울리면서 위치를 확인할 수 있습니다. [소리 중지]를 클릭합니다.

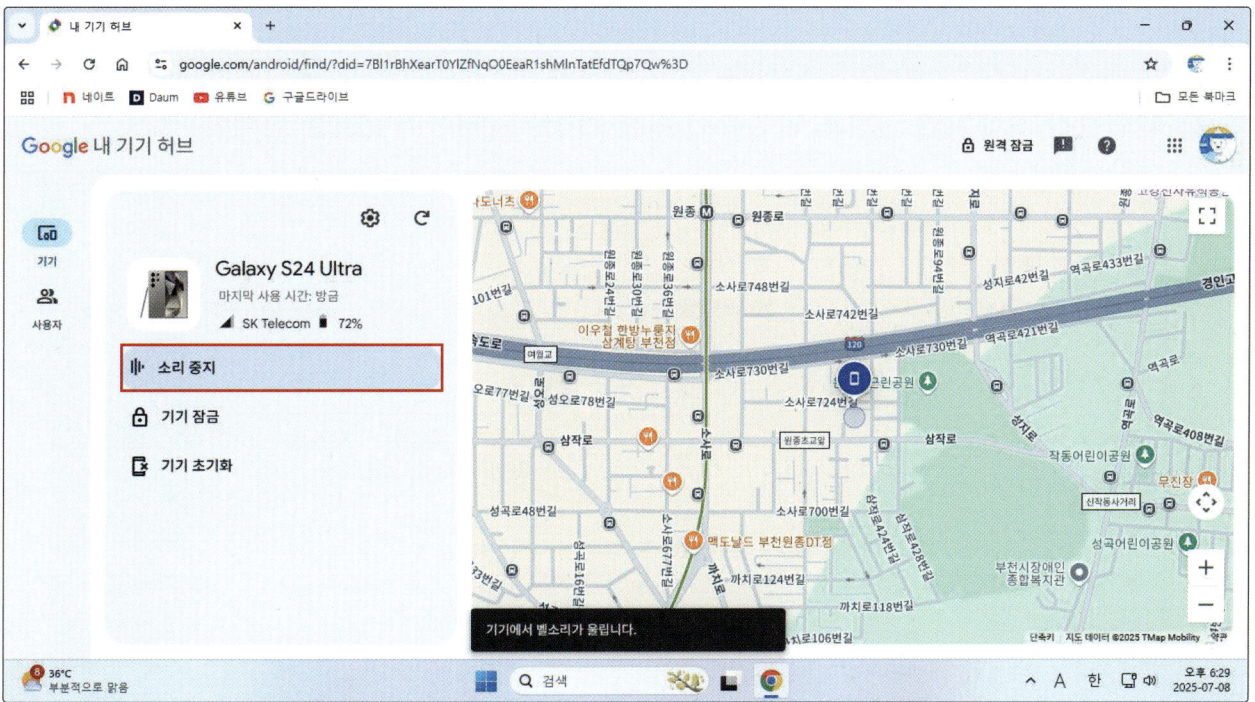

> **tip**
> **기기 잠금** : 비밀번호를 설정하여 휴대폰을 잠급니다. 잠금을 해제하려면 입력한 비밀번호를 알고있어야 풀 수 있습니다.
> **기기 초기화** : 휴대폰의 위치를 찾을 수 없을 때 기기를 초기화하여 모든 데이터를 삭제할 수 있습니다.

2 구글 캘린더로 일정 관리하기

1. ▦ [구글 앱]을 클릭한 다음, [캘린더]를 클릭합니다.

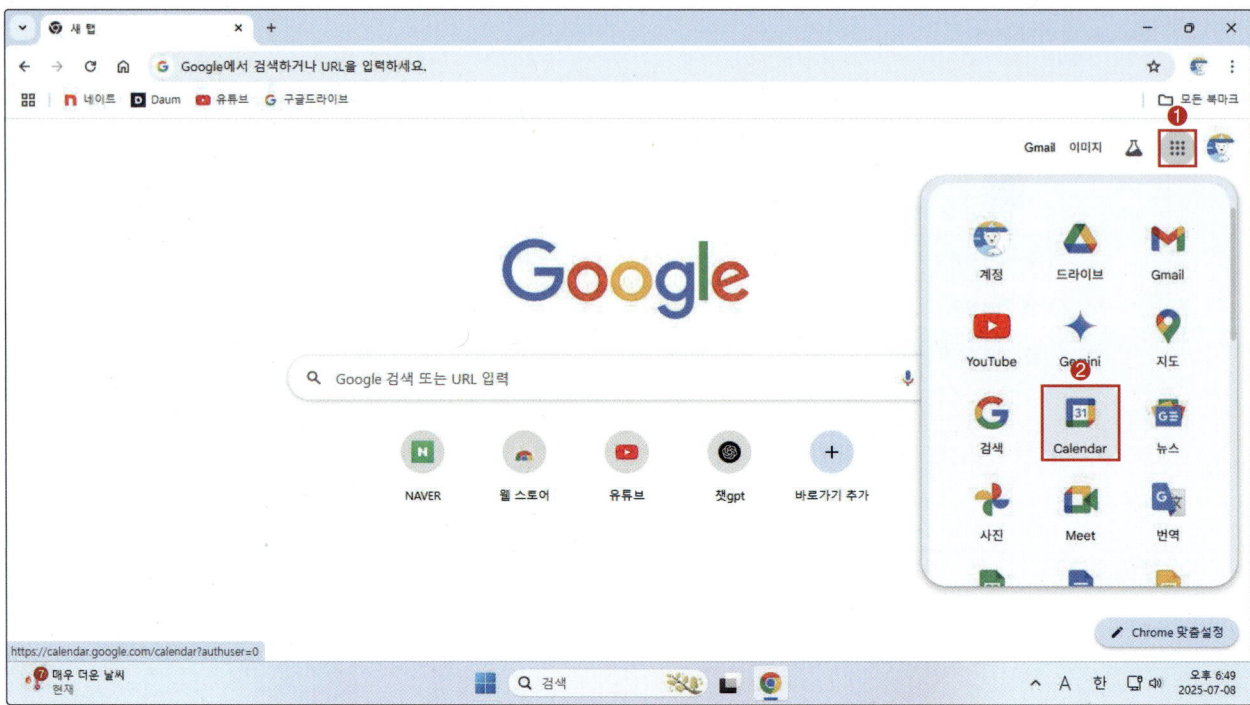

2. 캘린더가 실행되면 월별로 설정하기 위해 [주]를 클릭하여 [월]을 선택합니다.

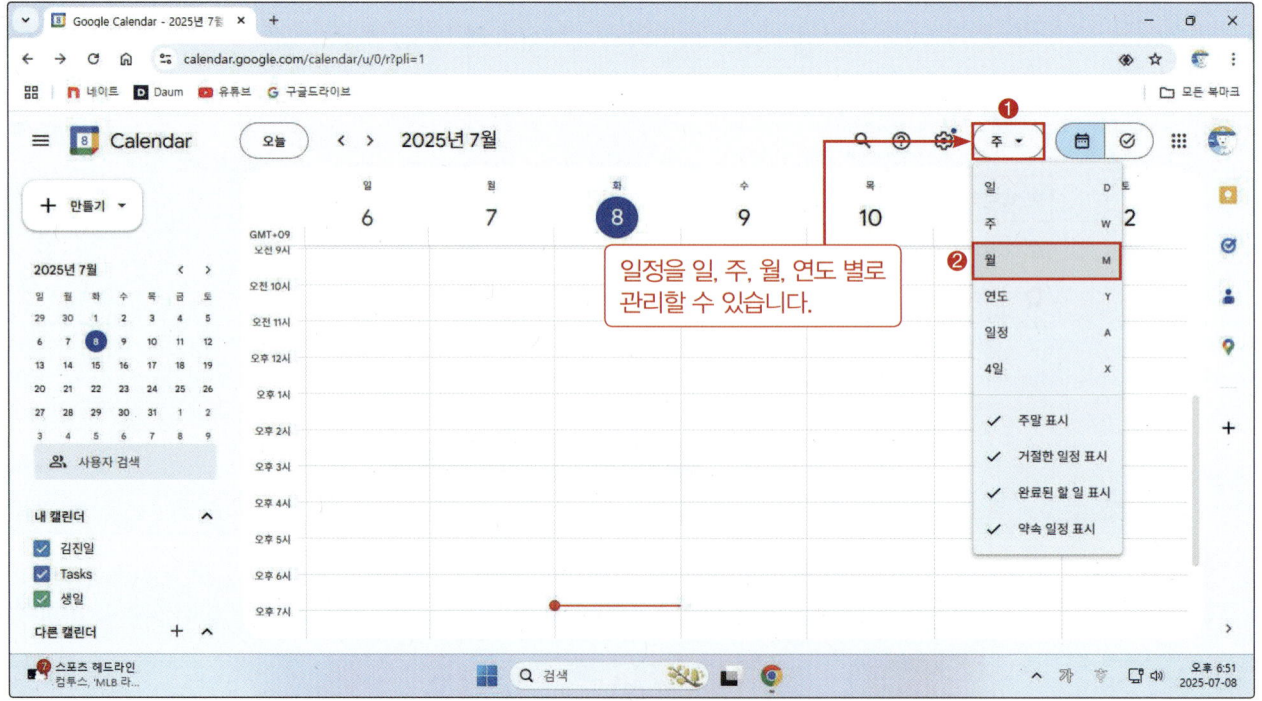

일정을 일, 주, 월, 연도 별로 관리할 수 있습니다.

104 · 윈도우 11 & 인터넷(구글, 크롬)

3. 캘린더가 월별로 변경되었습니다. 일정을 등록하기 위해 원하는 날짜를 더블클릭하여 일정을 입력합니다. 일정 반복을 위해 날짜를 클릭합니다.

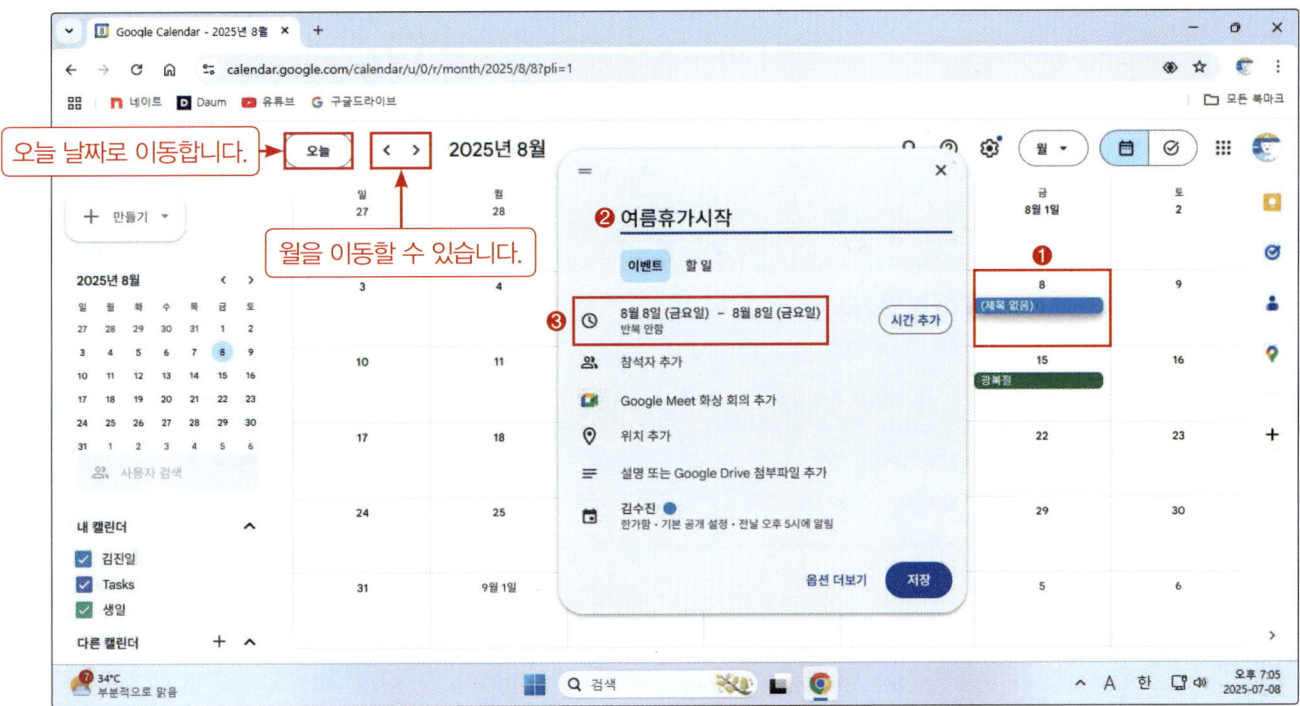

4. 일정이 종료되는 날짜를 선택하고, [저장]을 클릭합니다.

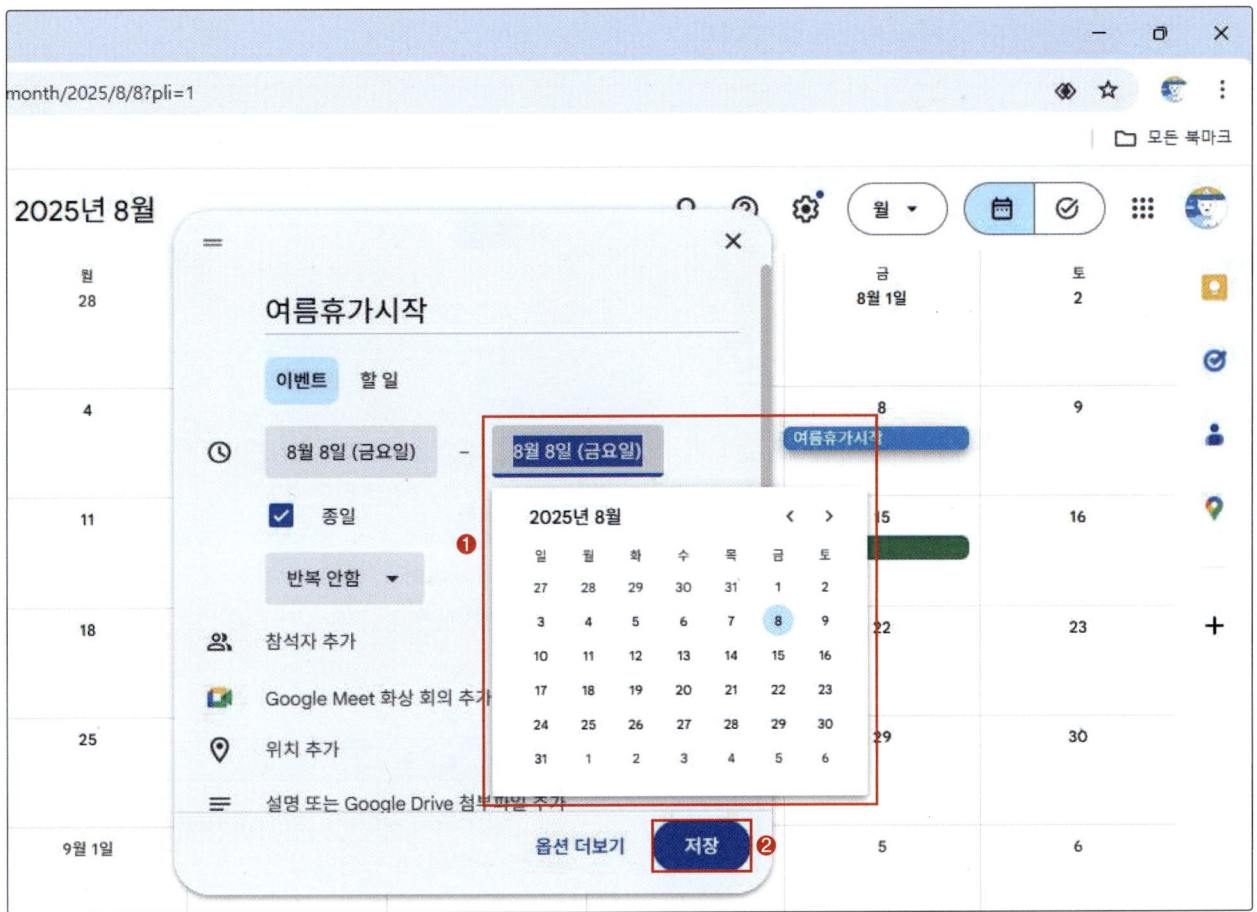

Section 10 구글 앱 활용하기 **105**

5. 다음과 같이 일정이 등록됩니다. 일정을 수정하고 싶으면 등록된 일정을 클릭한 다음, ✏️ [일정 편집]을 클릭합니다.

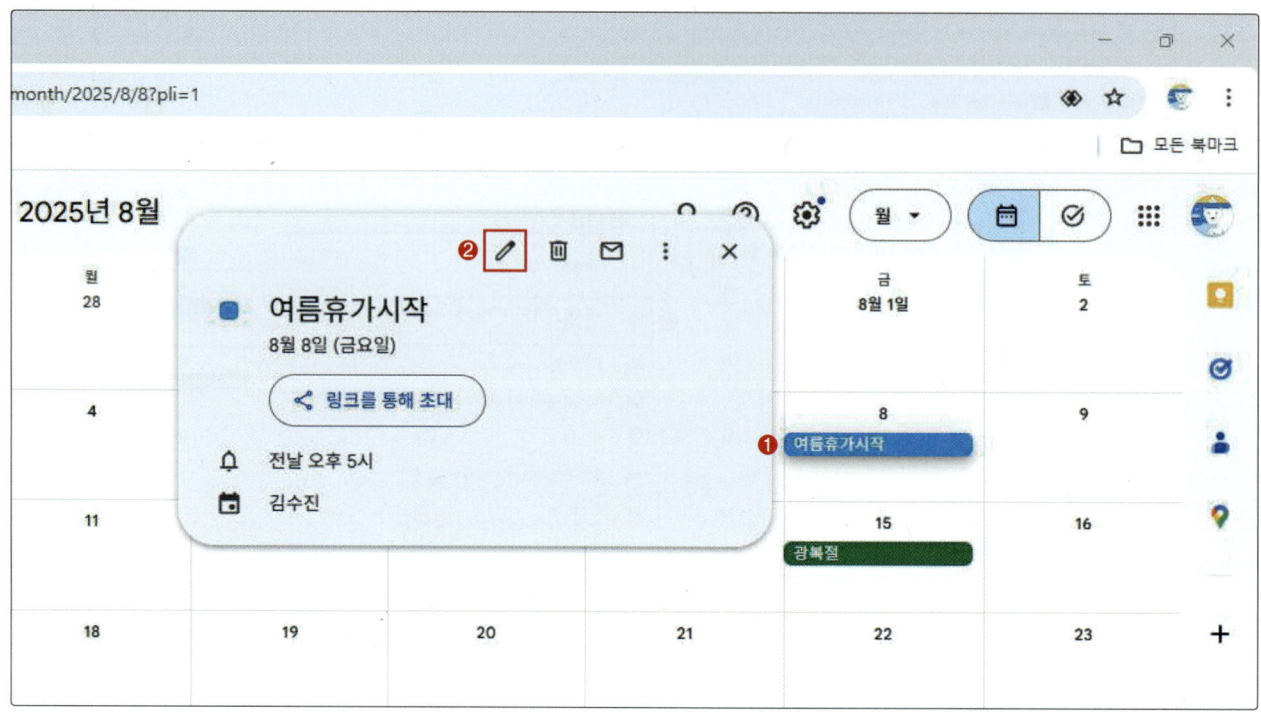

6. 종료 날짜를 클릭하여 일정이 끝나는 날짜를 선택하고, 일정 색상 선택을 클릭하여 원하는 색을 선택합니다. [저장]을 클릭합니다.

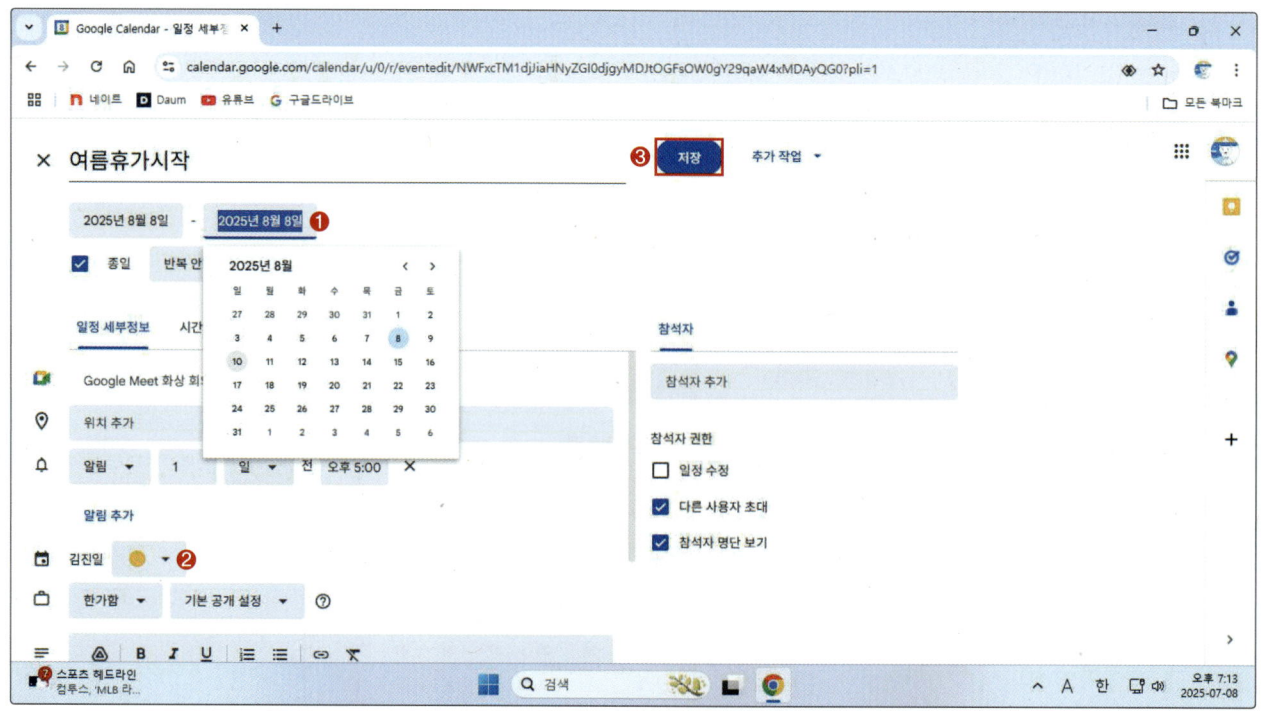

> **tip** 일정 색상 업무 별로 지정하면 시각적으로 일정을 빠르게 구분할 수 있습니다.

106 • 윈도우 11 & 인터넷(구글, 크롬)

7. 다음과 같이 일정이 등록된 것을 확인할 수 있습니다.

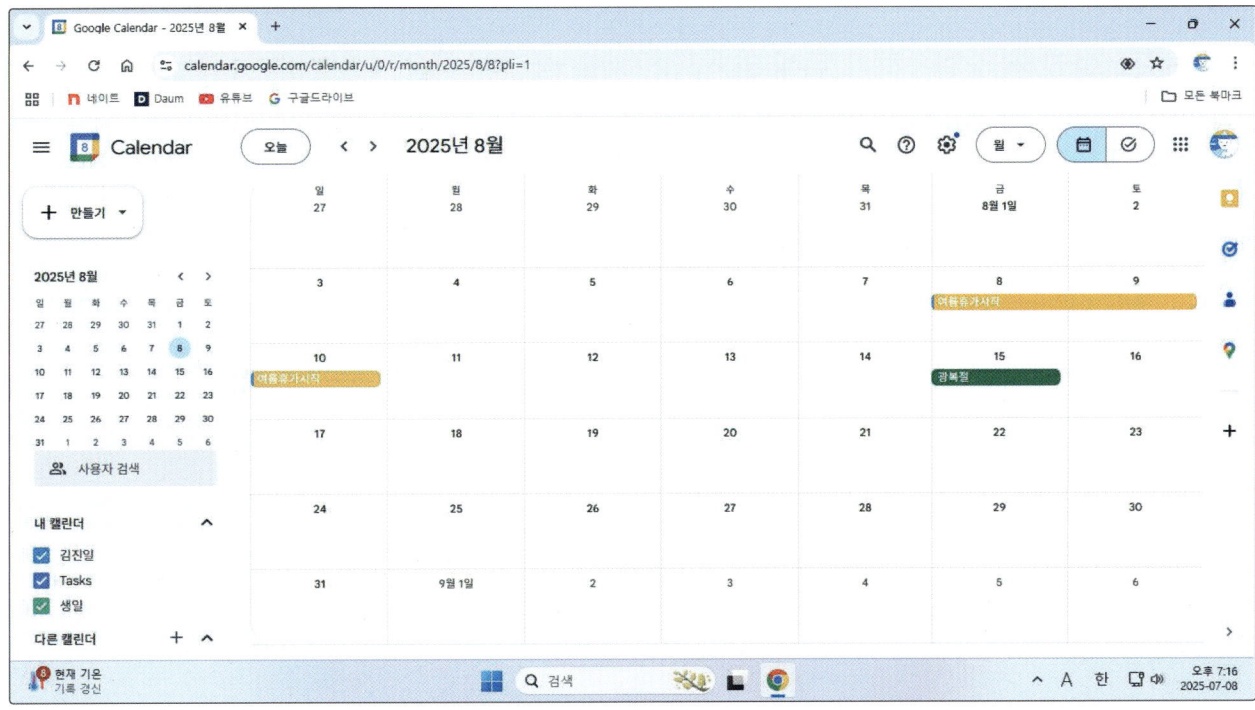

8. 바탕화면에 캘린더 바로가기 아이콘을 만들고 싶으면 창의 크기를 작게 줄인 다음, 주소 입력 줄 앞에 아이콘을 바탕화면으로 드래그하면 됩니다.

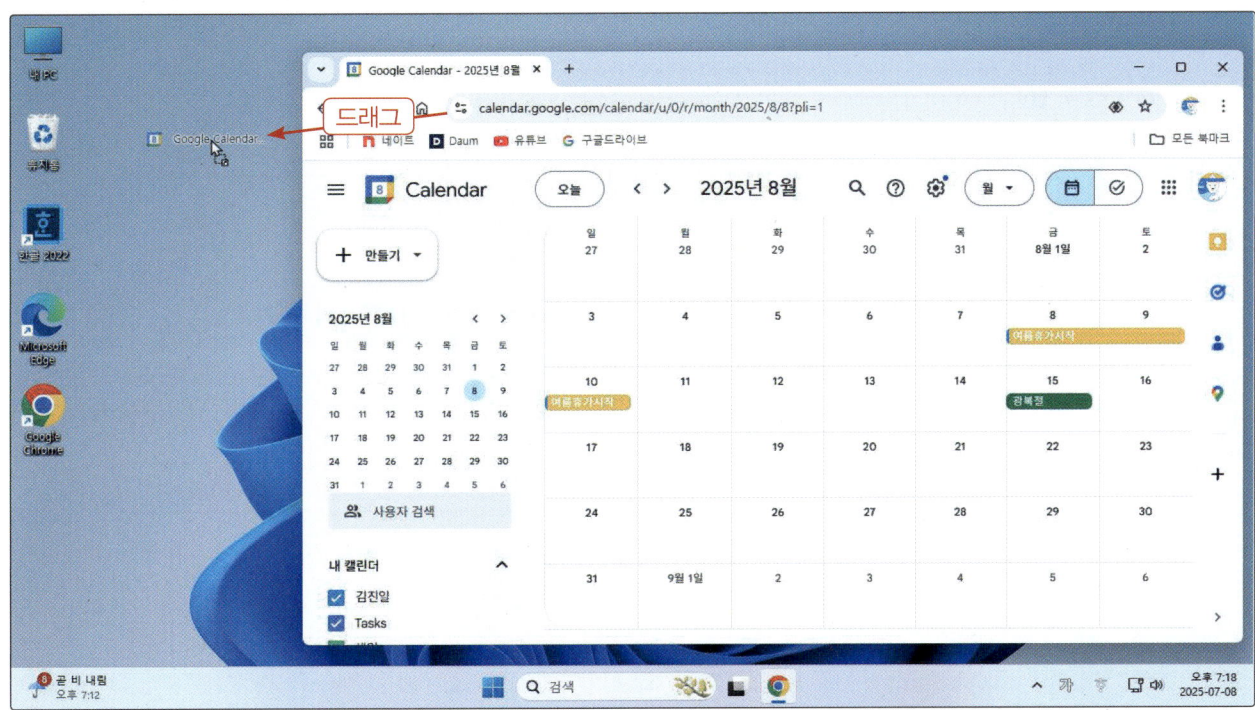

3 구글 번역 이용하기

1. 구글 번역 앱을 활용하기 위해 ⋮⋮⋮ [구글 앱]을 클릭한 다음, [번역]을 클릭합니다.

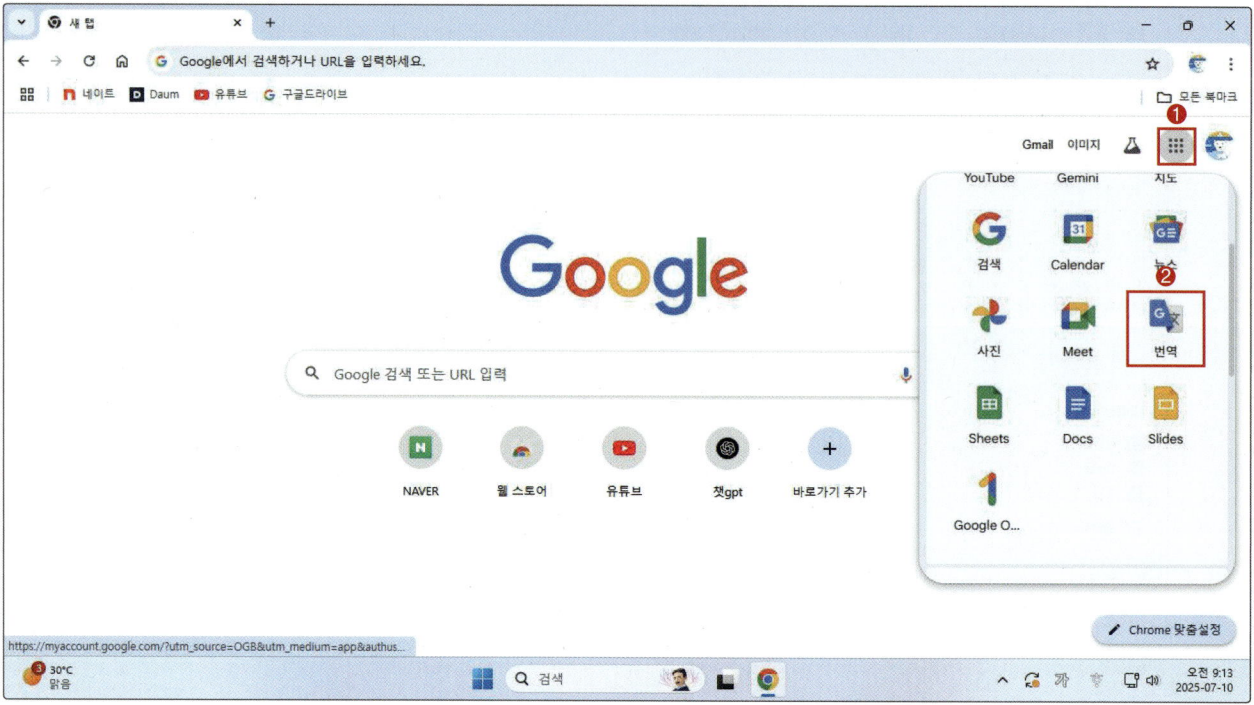

2. 출발 언어를 [한국어]로 선택하고 도착 언어를 [영어]로 지정한 다음, 한국어 입력란에 "오늘 날씨가 매우 덥습니다."를 입력하면 영어로 번역됩니다.

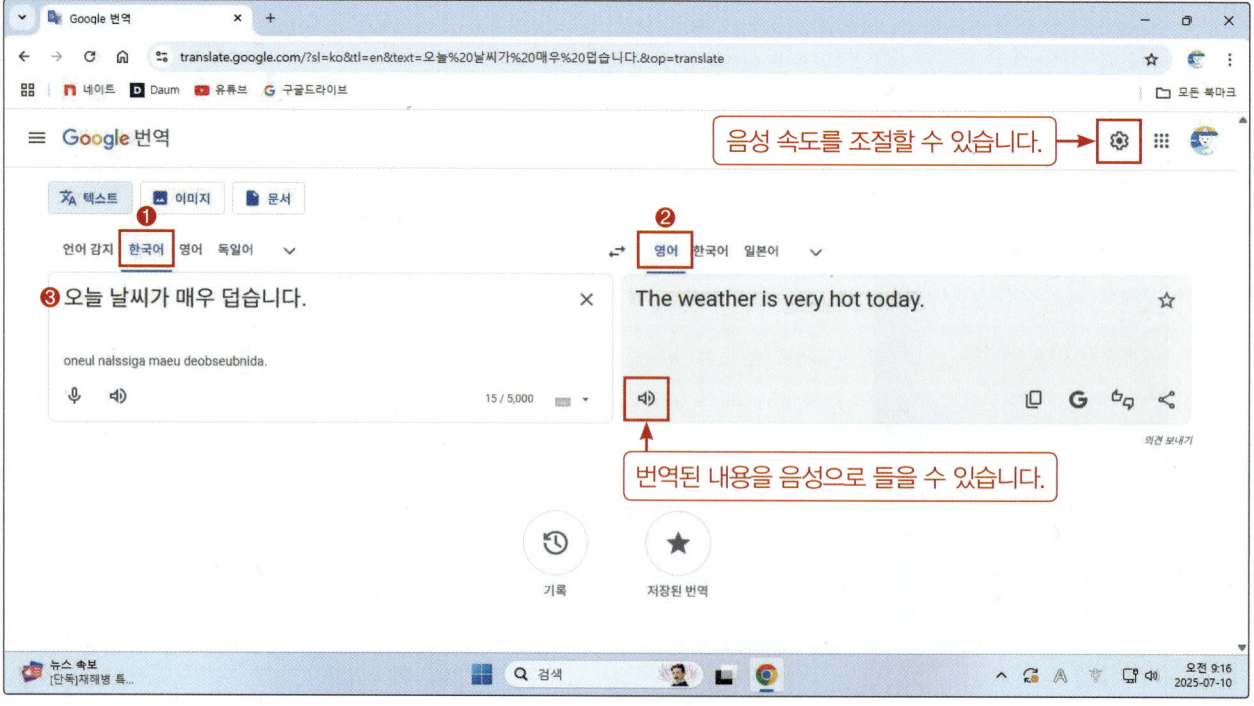

3. 구글 검색란에 "구글ai스튜디오"를 검색합니다. 검색 결과화면에서 [Google AI Studio]를 클릭합니다.

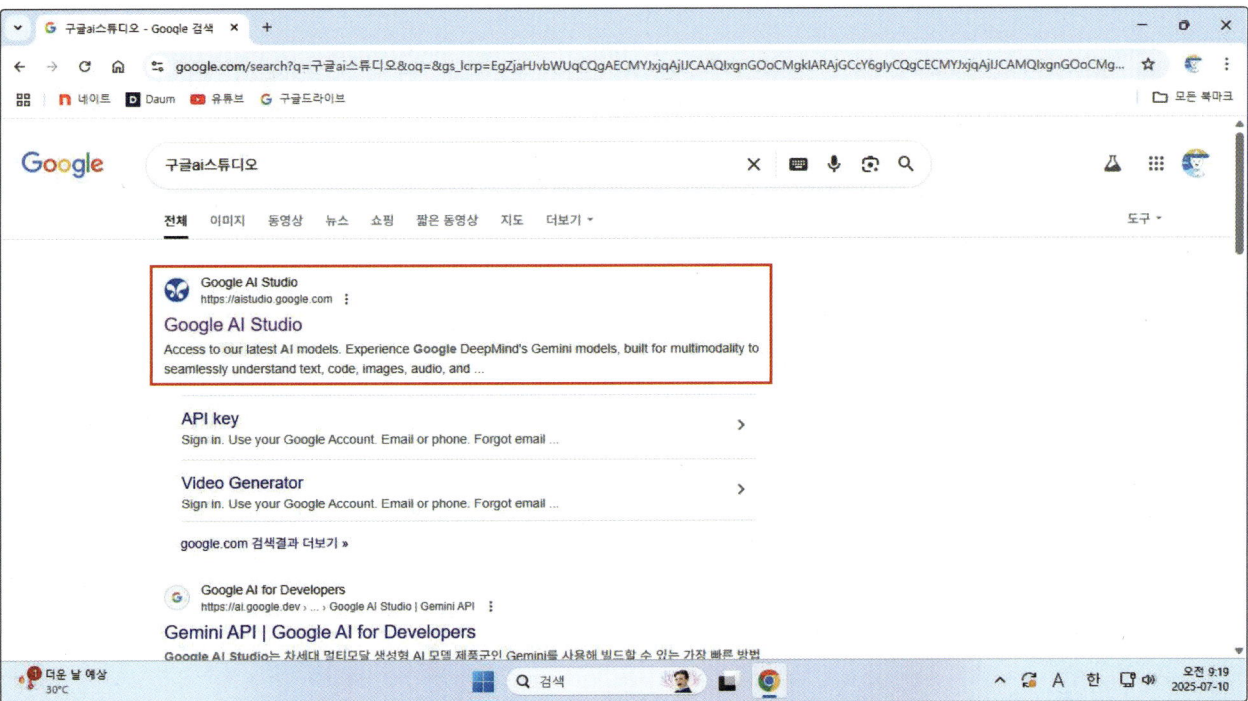

4. 구글ai스튜디오는 생성형AI 사이트로, 영어로 화면에 나타납니다. 영어 화면을 한글로 표시하기 위해 화면 빈곳에서 마우스 오른쪽 단추를 클릭하여 [한국어(으)로 번역]을 클릭하면 한국어로 번역이 되어 표시됩니다.

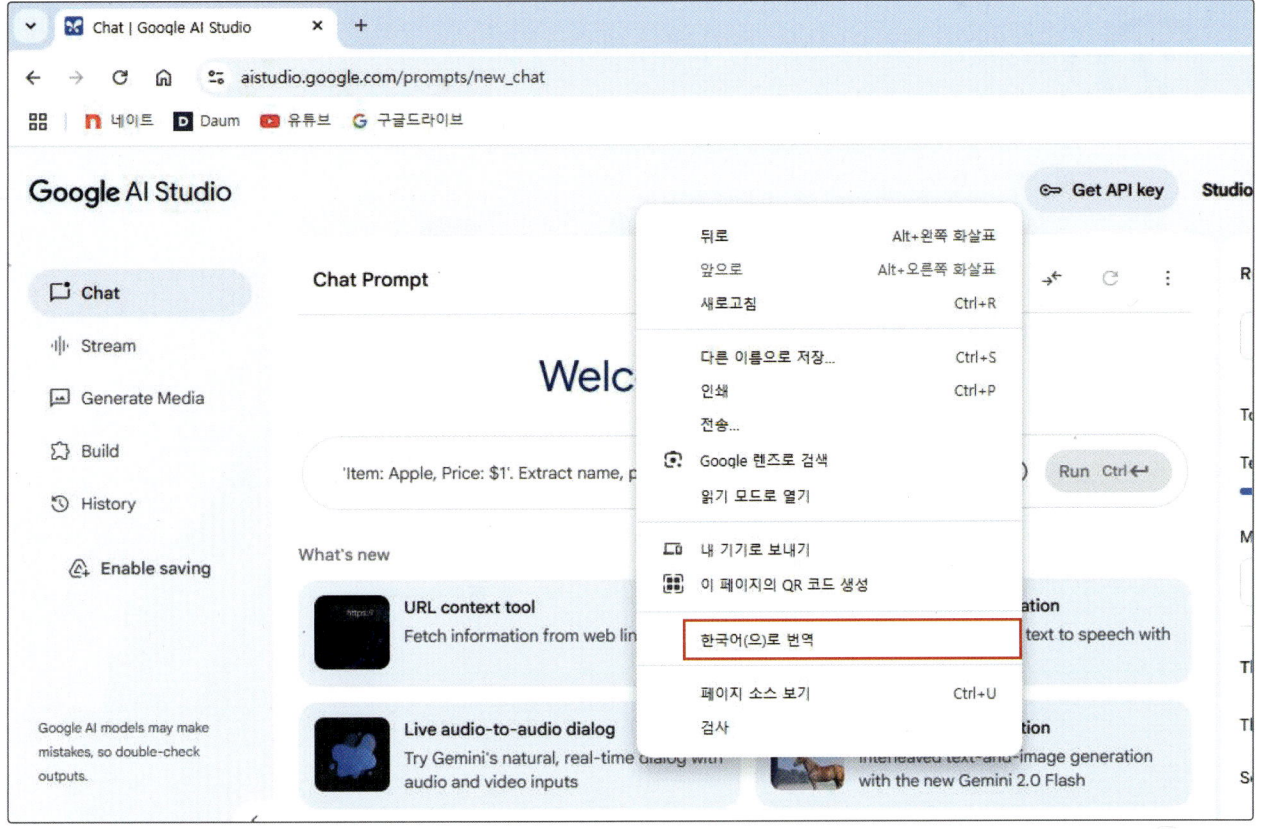

혼자 풀어보기

1 내 기기 찾기 서비스를 이용하여 스마트폰의 위치를 찾아보고, 소리 재생을 해보세요.

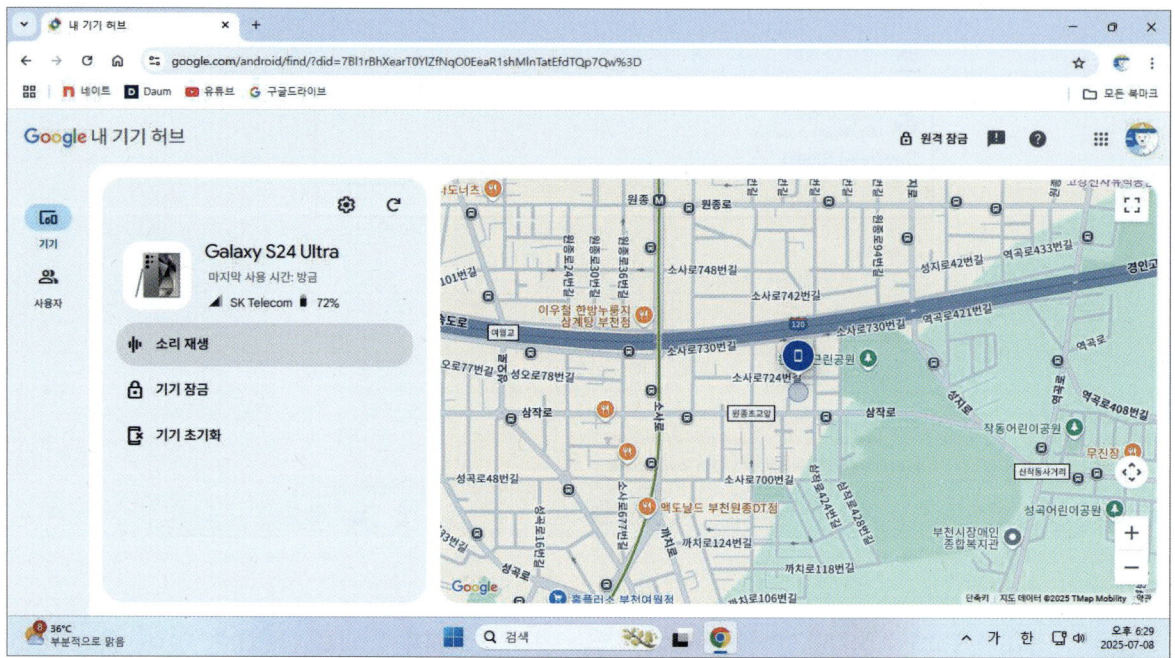

2 구글 캘린더로 일정을 추가해보세요.

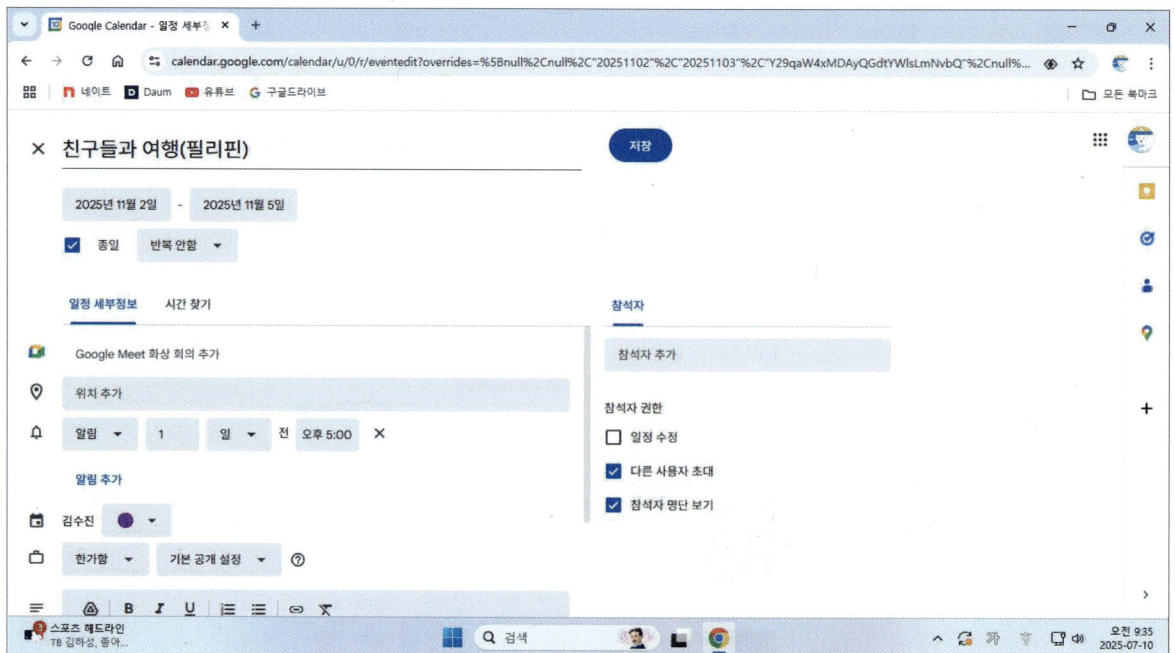

③ 잘못 등록된 일정을 삭제해보세요.

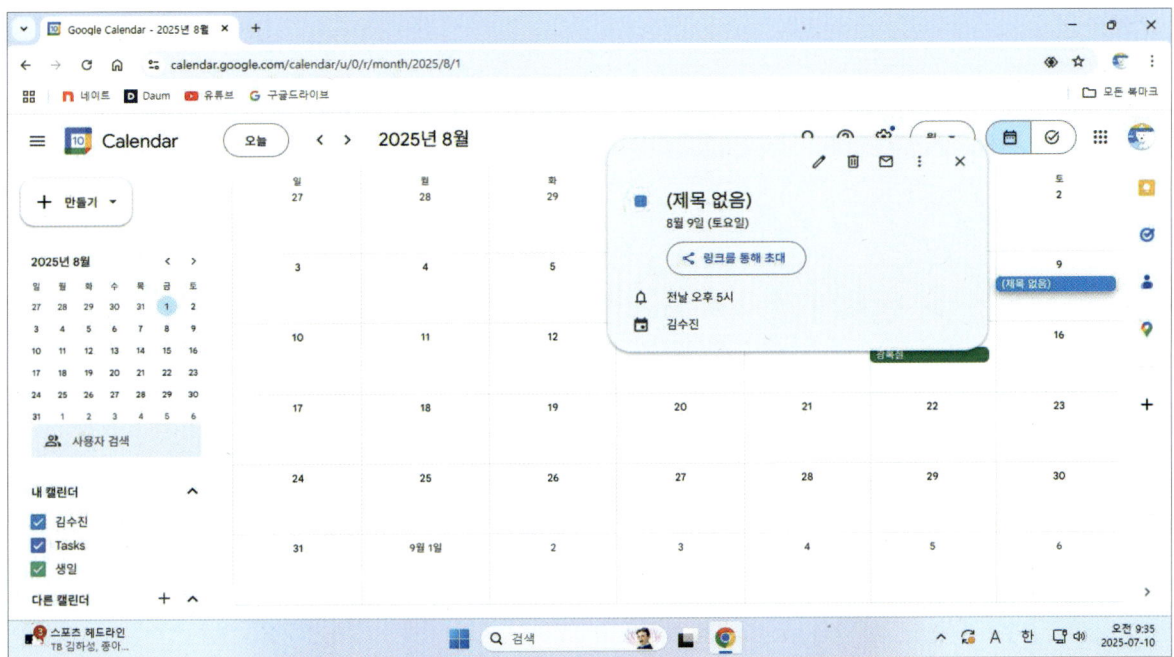

④ 구글 번역을 이용하여 "이건 얼마인가요?"를 일본어를 번역해보세요.

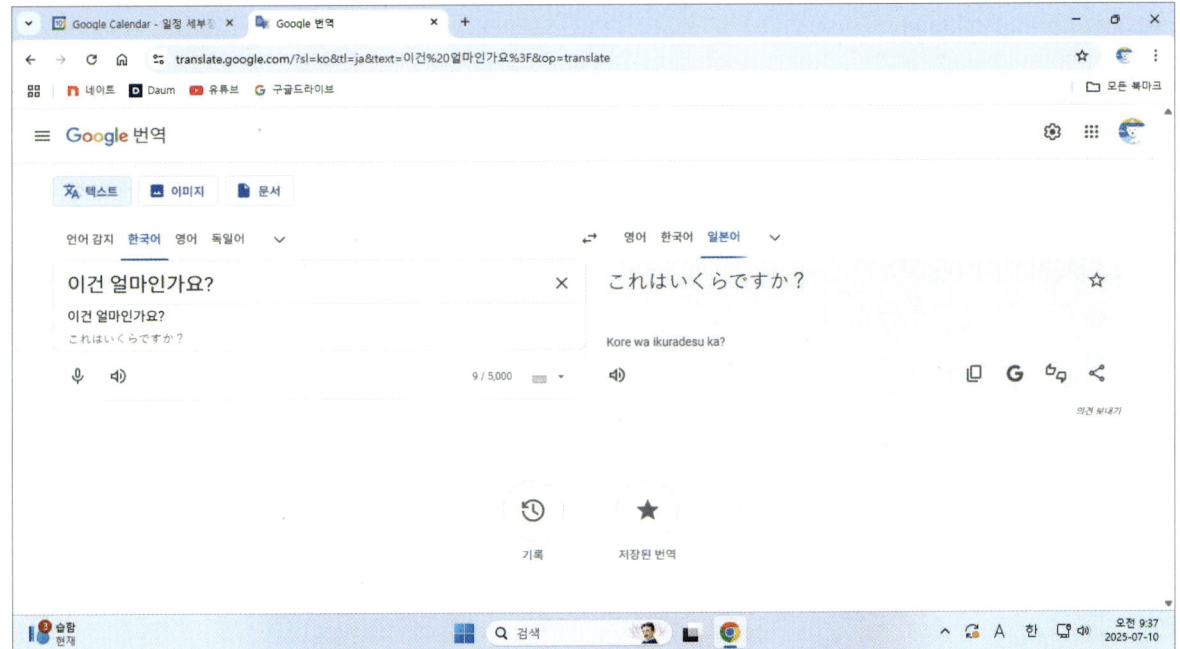

Start! 첫걸음
윈도우 11&인터넷(구글, 크롬) 단계별 정복하기

2025년 9월 1일 초판 인쇄
2025년 9월 10일 초판 발행

펴낸이	김정철
펴낸곳	아티오
지은이	김수진
마케팅	강원경
표지 디자인	박효은
편집 디자인	이효정
인 쇄	조은피앤피
전 화	031-983-4092~3
팩 스	031-696-5780
등 록	2013년 2월 22일
정 가	10,000원
홈페이지	http://www.atio.co.kr
주 소	경기도 고양시 일산동구 호수로 336 (브라운스톤, 백석동)

* 잘못된 책은 구입처에서 교환하여 드립니다.
* 이 책의 저작권은 저자에게, 출판권은 아티오에 있으므로 허락없이 복사하거나 다른 매체에 옮겨 실을 수 없습니다.